NEW THE TEPS

청해

더 뉴텝스
실전연습 **300**

동영상 강좌 소개

뉴텝스 300 뛰어넘기 – 청해
www.darakwon.co.kr/lectures

뉴텝스 청해 파트별 출제 포인트를 요목조목 파헤쳐서
뉴텝스 300점을 뛰어넘을 수 있도록 도와주는 강좌다.
영역별 포인트와 유형별 문제풀이 전략을 알려주어,
정확하고 빠르게 문제를 푸는 안목을 키워준다.

강좌 구성: 20강
학습 기간: 2개월
가격: 70,000원

강사	황수정

이화여자대학교 행정학
고려대학교 교육대학원 영어교육학
前 서울대학교 텝스 강의
前 해커스 어학원 텝스 강의
前 이익훈 어학원 텝스 강의
前 파고다 어학원 텝스 강의
前 민병철 어학원 TOEIC, TOEFL 강사

청해
더 뉴텝스 실전연습 300

지은이 NEW TEPS Research Team
펴낸이 정규도
펴낸곳 (주)다락원

초판 1쇄 발행 2018년 9월 1일
초판 4쇄 발행 2023년 8월 31일

편집 강화진, 유아름, 이동호
디자인 김나경, 조화연, 토비트
영문 감수 Michael A. Putlack

다락원 경기도 파주시 문발로 211
내용문의 (02)736–2031 내선 533
구입문의 (02)736–2031 내선 250~252
Fax (02)732–2037
출판등록 1977년 9월 16일 제 406-2008-000007호

Copyright © 2018, 다락원

ISBN   978-89-277-4124-4 14740
       978-89-277-4123-7 14740 (set)

http://www.darakwon.co.kr
다락원 홈페이지를 방문하시면 상세한 출판정보와 함께
동영상강좌, MP3자료 등 다양한 어학 정보를 얻으실 수 있습니다.

신유형 분석 반영!

뉴텝스 최강 실전대비서!

NEW THE TEPS

NEW TEPS Research Team

청해

더 뉴텝스 **실전연습**

300

다락원

Contents

Section 1 파트별 Listening Point

PART I 질의 응답   20

- **LP 01** 의문사가 있는 의문문
- **LP 02** 의문사가 없는 의문문
- **LP 03** 평서문
- **LP 04** 관용표현

PART II 짧은 대화   26

- **LP 01** 의문사가 있는 의문문
- **LP 02** 의문사가 없는 의문문
- **LP 03** 평서문
- **LP 04** 관용표현

PART III 긴 대화   32

- **LP 01** 대의 파악 1: 주제 찾기
- **LP 02** 대의 파악 2: 화자가 주로 하고 있는 것 찾기
- **LP 03** 세부 내용 파악 1: 옳은 사실 찾기
- **LP 04** 세부 내용 파악 2: 특정 정보 찾기
- **LP 05** 추론: 추론하기

PART IV 짧은 담화   44

- **LP 01** 대의 파악 1: 주제 찾기
- **LP 02** 대의 파악 2: 요지 찾기
- **LP 03** 세부 내용 파악 1: 옳은 사실 찾기
- **LP 04** 세부 내용 파악 2: 특정 정보 찾기
- **LP 05** 추론 1: 추론하기
- **LP 06** 추론 2: 화자가 가장 동의할 것 같은 문장 찾기

신유형
PART V 긴 담화   58

- **LP 01** 대의 파악 & 세부 내용 파악
- **LP 02** 대의 파악 & 추론
- **LP 03** 세부 내용 파악 & 추론

Section 2 파트별 훈련

Part Ⅰ	68
Part Ⅱ	73
Part Ⅲ	79
Part Ⅳ	87
Part Ⅴ	92

Section 3 Actual Test 01~06

Actual Test 01	98
Actual Test 02	102
Actual Test 03	106
Actual Test 04	110
Actual Test 05	114
Actual Test 06	118

Section 4 Dictation 01~06

Dictation 01	124
Dictation 02	141
Dictation 03	158
Dictation 04	175
Dictation 05	192
Dictation 06	209

Q. NEW TEPS란 무엇인가요?

A. 최근의 영어사용 환경 변화와 영어교육 및 평가의 새로운 추세를 반영하고자 기존 TEPS 시험을 새롭게 개편한 영어 인증시험입니다.

Q. 그렇다면 어떻게 바뀌었으며, 가장 큰 변화는 뭔가요?

A. 각 영역의 문항 수(총 200 → 135문항)와 시험시간(약 140 → 105분)이 축소되었습니다. 또한 청해와 독해 부분에 새로운 유형이 도입되었고 문법과 어휘 시험이 통합되었습니다.

구분	문제유형	문항수	제한 시간	점수 범위
청해 Listening Comprehension	**Part I** 한 문장을 듣고 이어질 대화로 가장 적절한 답 고르기 (문장 1회 청취 후 선택지 1회 청취)	10	40분	0 ~ 240점
	Part II 짧은 대화를 듣고 이어질 대화로 가장 적절한 답 고르기 (대화 1회 청취 후 선택지 1회 청취)	10		
	Part III 긴 대화를 듣고 질문에 가장 적절한 답 고르기 (대화 및 질문 1회 청취 후 선택지 1회 청취)	10		
	Part IV 담화를 듣고 질문에 가장 적절한 답 고르기 (1지문 1문항) (담화 및 질문 2회 청취 후 선택지 1회 청취)	6		
	신유형 **Part V** 담화를 듣고 질문에 가장 적절한 답 고르기 (1지문 2문항) (담화 및 질문 2회 청취 후 선택지 1회 청취)	4		
어휘 Vocabulary	**Part I** 대화문의 빈칸에 가장 적절한 어휘 고르기	10	통합 25분	0 ~ 60점
	Part II 단문의 빈칸에 가장 적절한 어휘 고르기	20		
문법 Grammar	**Part I** 대화문의 빈칸에 가장 적절한 답 고르기	10		0 ~ 60점
	Part II 단문의 빈칸에 가장 적절한 답 고르기	15		
	Part III 대화 및 문단에서 문법상 틀리거나 어색한 부분 고르기	5		
독해 Reading Comprehension	**Part I** 지문을 읽고 빈칸에 가장 적절한 답 고르기	10	40분	0 ~ 240점
	Part II 지문을 읽고 문맥상 어색한 내용 고르기	2		
	Part III 지문을 읽고 질문에 가장 적절한 답 고르기 (1지문 1문항)	13		
	신유형 **Part IV** 지문을 읽고 질문에 가장 적절한 답 고르기 (1지문 2문항)	10		
합계 14개 유형		135 문항	105분	0~600점

Q. 점수 체계에 변화가 있나요?

A. 기존의 200문항에서 135문항으로 문항수를 줄여 점수 체계를 변경하였습니다. 각 영역별 최고점수는 청해와 독해 각 240점이며, 어휘와 문법은 각 60점으로 총점 600점입니다.

Q. 기존 TEPS 점수와 NEW TEPS 점수의 환산은 가능한가요?

A. 기존 TEPS의 총점 990점과 NEW TEPS의 600점은 최고점수에 해당하며 동일한 능력으로 간주됩니다. 개정 전후 TEPS 점수 체계를 비교하는 환산표는 아래와 같습니다.

기존 TEPS	NEW TEPS
990~937	600~551
936~870	550~501
867~799	500~451
799~724	450~401
723~643	400~351
641~557	350~301
555~469	300~251
467~381	250~201
379~282	200~151
280~178	150~101

NEW TEPS 등급 구성표

등급	점수	능력 검정 기준(Description)
1+급 (Level 1+)	526~600	**Native Level of English Proficiency** 외국인으로서 최상급 수준의 의사소통 능력. 교양 있는 원어민에 버금가는 정도로 의사소통이 가능하고 전문 분야 업무에 대처할 수 있음.
1급 (Level 1)	453~525	**Near-Native Level of Communicative Competence** 외국인으로서 최상급 수준에 근접한 의사소통 능력. 단기간 집중 교육을 받으면 대부분의 의사소통이 가능하고 전문 분야 업무에 별 무리 없이 대처할 수 있음.
2+급 (Level 2+)	387~452	**Advanced Level of Communicative Competence** 외국인으로서 상급 수준의 의사소통 능력. 단기간 집중 교육을 받으면 일반 분야 업무를 큰 어려움 없이 수행할 수 있음.
2급 (Level 2)	327~386	**High Intermediate Level of Communicative Competence** 외국인으로서 중상급 수준의 의사소통 능력. 중장기간 집중 교육을 받으면 일반 분야 업무를 큰 어려움 없이 수행할 수 있음.

등급	점수	능력 검정 기준(Description)
3+급 (Level 3+)	268~326	**Mid Intermediate Level of Communicative Competence** 외국인으로서 중급 수준의 의사소통 능력. 중장기간 집중 교육을 받으면 한정된 분야의 업무를 큰 어려움 없이 수행할 수 있음.
3급 (Level 3)	212~267	**Low Intermediate Level of Communicative Competence** 외국인으로서 중하급 수준의 의사소통 능력. 중장기간 집중 교육을 받으면 한정된 분야의 업무를 다소 미흡하지만 큰 지장 없이 수행할 수 있음.
4+급 (Level 4+)	163~211	**Novice Level of Communicative Competence** 외국인으로서 하급 수준의 의사소통 능력. 장기간의 집중 교육을 받으면 한정된 분야의 업무를 대체로 어렵게 수행할 수 있음.
4급 (Level 4)	111~162	
5+급 (Level 5+)	55~110	**Near-Zero Level of Communicative Competence** 외국인으로서 최하급 수준의 의사소통 능력. 단편적인 지식만을 갖추고 있어 의사소통이 거의 불가능함.
5급 (Level 5)	0~54	

파트별 출제유형

NEW TEPS 청해는 5개의 파트로 나뉘며 총 40문항으로 이루어져 있다. Part Ⅰ~Ⅲ는 10문항씩 출제되고, Part Ⅳ는 6문항, Part Ⅴ는 하나의 담화에 2개 문항으로 총 4문항이 출제된다. Part Ⅰ~Ⅲ는 대화로, Part Ⅳ~Ⅴ는 담화로 이루어져 있다.

PART Ⅰ 한 문장을 듣고 이어질 대화로 가장 적절한 답 고르기

Part Ⅰ은 총 10문항으로, 한 문장이 제시된 후 그에 적절한 대답을 찾는 문제로 구성된다.

M Do you need a hand with that? (a) Let's give him a big hand. (b) My hand is hurt. (c) Sure. I can help if you like. (d) This box is really heavy.	M 그거 좀 도와줄까? (a) 그 분에게 큰 박수 부탁드립니다. (b) 손이 아파. (c) 물론이야. 원한다면 기꺼이 도울게. (d) 이 상자 정말 무겁다.

PART Ⅱ 짧은 대화를 듣고 이어질 대화로 가장 적절한 답 고르기

Part Ⅱ 역시 총 10문항이지만, 세 문장의 대화가 제시된 후 그에 적절한 대답을 찾는 문제로 구성된다.

M Hannah, did you lose a book? W I don't think I lost anything. Why do you ask? M I just found this book with your name on it. Are you sure this isn't your book? (a) I got this book from the library. (b) Don't ask too much. It's rude. (c) Oh, I must have dropped it. Thanks. (d) You shouldn't have made such a stupid mistake.	M Hannah, 책 잃어버렸니? W 잃어버린 것 없는 것 같은데, 왜? M 방금 이 책을 찾았는데, 네 이름이 적혀 있어서. 네 책 아닌 것 확실해? (a) 이 책 도서관에서 빌려온 거야. (b) 너무 많이 묻지는 마. 무례한 행동이야. **(c) 아, 내가 떨어뜨렸나 봐. 고마워.** (d) 그런 멍청한 실수를 하지 말았어야 했어.

PART Ⅲ 긴 대화를 듣고 질문에 가장 적절한 답 고르기

Part Ⅲ 역시 총 10문항이지만, Part Ⅰ~Ⅱ와는 전혀 다른 형태로 구성된다. 우선 한 문장의 상황 설명과 6~7문장의 대화가 제시되고, 그후 이에 관련된 질문이 주어진다. 적절한 대답을 찾는 문제이다.

Listen to a conversation between two coworkers.

M Holly, how was your trip to India?

W It was fantastic! India is such a beautiful country. What did you do during vacation?

M I stayed home for a whole week.

W Still, that must have been a nice break for you. You really needed one, right?

M True, but it can't compare to going to India.

W Come on. You can go to India during the next break.

Q: What is the conversation mainly about?

(a) The best time to take a trip

(b) The characteristics of India

(c) How they spent their break

(d) The man's personality

두 동료 간의 대화를 들으시오.

M Holly, 인도 여행 어땠어?

W 훌륭했어! 인도가 그렇게 아름다운 나라인지 몰랐어. 너는 휴가 때 뭐했니?

M 일주일 내내 집에만 있었어.

W 그래도 달콤한 휴식이었겠다. 넌 정말 휴식이 필요했잖아?

M 그건 그렇지만, 인도 여행이랑 비교할 수는 없지.

W 왜 그래. 다음 휴가에 인도로 가면 되잖아.

Q: 대화는 주로 무엇에 관한 것인가?

(a) 여행 갈 최적의 시기

(b) 인도의 특징

(c) **휴가를 어떻게 보냈는지**

(d) 남자의 성격

Part IV는 총 6문항으로, 30초~40초 정도의 담화와 관련 질문이 주어진다. 이에 적절한 대답을 찾는 문제이다. Part IV부터는 담화 → 질문 → 담화 → 질문 → 선택지 순으로 담화를 두 번씩 들려준다.

Many people over the age of 50 develop insomnia due in no small part to sleeping pattern changes related to age. About a third of that age group in Canada takes sleeping pills to go to sleep. Scientists believe that it is hormonal changes that cause insomnia among old people. In addition to this, about a fourth of the age group suffers sleep disturbances. The causer varies from person to person. But one thing that is for sure is that smoking is a known handicap to sleep.

Q: Which is correct according to the talk?

(a) Smoking has positive effects on our health.
(b) Study shows smokers go to sleep earlier than nonsmokers.
(c) There is a close relationship between insomnia and age.
(d) Smoking has nothing to do with insomnia.

50세 이상의 많은 사람들이 불면증에 시달리는데, 이는 나이와 관련된 수면 패턴의 변화 때문이다. 캐나다에서는 해당 연령대의 1/3이 잠들기 위해 수면제를 복용한다. 과학자들은 호르몬의 변화가 나이든 사람들에게 불면증을 일으키는 것으로 본다. 이 외에도 해당 연령대의 1/4이 수면 장애에 시달린다. 원인은 사람마다 다양하다. 그러나 한 가지 확실한 것은 흡연이 수면에 장애가 된다는 것이다.

Q: 담화에 따르면 옳은 것은 무엇인가?
(a) 흡연은 건강에 긍정적인 영향을 미친다.
(b) 연구는 흡연자가 비흡연자보다 더 빨리 잠든다는 사실을 보여준다.
(c) 불면증과 나이 사이에 밀접한 관련이 있다.
(d) 흡연은 불면증과 아무 관련이 없다.

Dictation

Dictation 01

Part I Questions 1~10

◀ MP3 4-01

1 w _____ today?

   (a) I'm ready to go.
   (b) Not bad.
   (c) Thanks a lot.
   (d) _____.

2 M Do you know Mary?

   (a) Yes, I'm Mary.
   (b) _____ today.
   (c) She's over there.
   (d) _____.

3 w You're going to _____ if you keep eating like that.

   (a) I lost five pounds last month.
   (b) I love the food at this place.
   (c) Yeah, _____.
   (d) He weighs more than I do.

4 w This doesn't seem like _____.

   (a) You seem a little nervous today.
   (b) You shouldn't correct him like that.
   (c) I have all of the answers.
   (d) _____ is right?

5 w You're _____, aren't you?

   (a) Yes, I am in my office now.
   (b) Yes, I'm heading downtown.
   (c) No, I don't have any work to do.
   (d) No, I moved to a _____.

6 M We're trying to find the local supermarket.

   (a) _____ on produce.
   (b) Go straight three blocks.
   (c) I shop at the one down the street.
   (d) _____ in the evening.

Actual Test에서 풀었던 문제를 받아쓰기로 다시 학습해 볼 수 있다. 고난도 유형인 세부 내용 파악과 추론 유형까지 꼼꼼한 청해 연습이 가능하다.

Section
1

파트별
Listening
Point

□ **유형분석**   의문사 본래의 뜻으로 물어보는 문제와, Why don't you ~?와 같이 의문사가 들어간 관용표현으로 물어보는 문제가 있다. 약 1~3문항 출제된다.

□ **문항패턴**   **Where** did you purchase it?

What were the results of the operation?

Why don't you meet us there in a couple of hours?

□ **풀이전략**   질문에 대한 직접적인 대답보다 **간접적이고 우회적인 대답**이 주로 답이 된다. Why don't we catch a movie tonight?에 Sure, let's go. / No, I don't have time.과 같은 선택지보다 Let me check my schedule.과 같은 간접적인 선택지가 답으로 제시된다.

🎧 리스닝 포인트 찾기

M   Why are you so late this time?

(a) I was caught in traffic.

(b) Take your time.

(c) I was late last time.

(d) I don't know why he keeps saying that.

◀ MP3 **1-01**

→ **포인트 ❶** Why로 물어본다고 해서 because가 답으로 나오는 것은 아니다.

→ **포인트 ❷** 대화에 제시된 time을 그대로 사용한 오답이다.

해석   M   이번에는 왜 그렇게 늦은 거야?

(a) 차가 막혔어.

(b) 천천히 해.

(c) 나 지난번에도 늦었잖아.

(d) 그가 왜 계속 그런 말을 하는지 모르겠어.

해설   늦은 이유를 묻고 있으므로 차가 막혔다는 대답이 가장 적절하다.

어휘   **be caught in traffic** 교통체증에 걸리다   **take one's time** 천천히 하다

LP | 02   의문사가 없는 의문문

□ **유형분석**   be동사나 do동사, 혹은 조동사로 시작하는 의문문으로 약 2~3문항 출제된다.

□ **문항패턴**   **Do** you know Mary?
                 Were you able to solve that crossword puzzle?
                 Have you decided what you're going to do this summer?

□ **풀이전략**   의문사가 없는 의문문 문제의 경우 일반적으로 Yes나 No로 대답하지만, 뻔한 대답보다는 **간접적이고 우회적인 내용**이 답으로 제시된다.

⊙ 리스닝 포인트 찾기

W   Does this jacket look too casual for work?

     (a) I think that the pants fit well.
     (b) It was a casual meeting.
     (c) Yes, the jacket is expensive.
     (d) It depends on the dress code.

 ◀ MP3 **1-02**

포인트 ❶ 대화에 제시된 casual을 그대로 사용한 오답이다.

포인트 ❷ Yes,로 대답했지만 뒤에 이어지는 대답이 전혀 다른 내용이다.

포인트 ❸ 재킷이 너무 캐주얼하다거나 그렇지 않다는 직접적인 대답보다, '복장 규정에 따라 다를 것이다'와 같이 간접적인 내용의 선택지가 답이 된다.

해석   W 이 재킷 회사에서 입기에 너무 캐주얼한가?

     (a) 바지가 참 잘 맞는 것 같아.
     (b) 일상적인 만남이었어.
     (c) 응. 재킷이 비싸네.
     (d) 복장 규정에 따라 다르겠지.

해설   재킷이 캐주얼한지 그렇지 않은지는 각 회사의 복장 규정에 달려 있을 것이다.

어휘   **casual** 격식을 차리지 않는; 평상시의   **fit** (모양, 크기가) 맞다   **dress code** 복장 규정

LP | 03 평서문

□ 유형분석　평서문 문제는 답변이 여러 형태로 나올 수 있으므로 의문문 문제보다 어렵게 느껴지는 유형이며, Part I에서 가장 많은 비중을 차지한다.

□ 문항패턴　Please pour me a cup of coffee.
You'll never believe what just happened!
We're trying to find the local supermarket.

□ 풀이전략　의문문 문제보다 헷갈리는 선택지가 더 많이 등장한다. **확실히 오답인 선택지부터 걸러내어** 답을 찾는 것이 좋다.

🔍 리스닝 포인트 찾기

W I really appreciate your helping me with the assignment.

  ◀ MP3 **1-03**

(a) It's due the day after tomorrow. ──────→ 포인트 ❶ 마감일을 설명하는 오답이다.

(b) The assignment is about the effects of globalization. ──→ 포인트 ❷ 과제를 설명하는 오답이다.

(c) Thanks for asking. I can swing it. ──────→ 포인트 ❸ 물어본 것에 대한 고마움을 표현하는 오답이다.

(d) I bet that you would've done the same for me.

해석　W 과제 도와줘서 정말 고마워.

(a) 마감 기한은 모레까지야.
(b) 세계화의 영향에 대한 과제야.
(c) 물어봐줘서 고마워. 나 혼자 할 수 있어.
(d) **분명 너도 나에게 똑같이 해주었을 거야.**

해설　과제를 도와줘서 고맙다는 말에 자신이 부탁했어도 상대방 역시 똑같이 해주었을 것이라는 대답이 가장 적절하다.

어휘　**appreciate** 고마워하다　**assignment** 과제　**due** ~하기로 되어 있는, 예정인
globalization 세계화　**swing** 흔들다; 해내다　**bet** ~이 분명하다

LP | 02 의문사가 없는 의문문

□ **유형분석**   be동사나 do동사, 혹은 조동사로 시작하는 의문문이 출제된다.

□ **문항패턴**   **Can** you take a message then?
　　　　　　　Have you visited a doctor yet?
　　　　　　　Don't you think it's too expensive?

□ **풀이전략**   Part I과 마찬가지로 Yes나 No의 뻔한 대답보다는 **간접적이고 우회적인 내용**이 답으로 제시된다.

🔍 리스닝 포인트 찾기

W Excuse me? Can you help me for a second?

M No problem. How can I help you?

W Can you give me directions to the Blue House?

　　(a) Sorry. I don't live around here.

　　(b) Do I know you?

　　(c) You can't miss it.

　　(d) You can use as many colors as possible.

◀ MP3 **1-06**

▶ **포인트 ❶** 의미가 명확한 의문문이 제시되었으므로 세 번째 문장만 잘 들어도 정답을 유추할 수 있다.

▶ **포인트 ❷** 길을 가르쳐주는 뻔한 선택지보다, 자신도 이 근처에 살지 않아 잘 모른다는 우회적인 내용의 선택지가 답이 된다.

해석　W 실례합니다만, 잠시 저를 도와주실 수 있나요?
　　　　M 그럼요. 무엇을 도와드릴까요?
　　　　W 청와대 가는 길 좀 알려주시겠어요?

　　　　(a) 죄송합니다만, 제가 이 근처에 살지 않아서요.
　　　　(b) 저를 아세요?
　　　　(c) 분명히 찾으실 수 있을 거예요.
　　　　(d) 가능한 한 많은 색깔을 사용하실 수 있습니다.

해설　길을 물어보는 여자에게 자신도 여기 살지 않아 모른다는 대답이 가장 적절하다.

어휘　**for a second** 잠시　　**directions** 지시; 길 안내　　**the Blue House** 청와대
　　　　You can't miss it. 틀림없이 찾을 수 있을 거예요.　　**as ~ as possible** 가능한 한 ~하게

□ **유형분석**   Part I과 마찬가지로 답변이 여러 형태로 나올 수 있으므로 의문문 문제보다 어렵게 느껴지는 유형이다.

□ **문항패턴**   I can't believe it ended that quickly.
I took some classes when I was in school.
There must have been some stiff competition.

□ **풀이전략**   의문문 문제보다 헷갈리는 선택지가 더 많이 등장한다. **확실히 오답인 선택지부터 걸러내어** 답을 찾는 것이
좋다.

🎧 리스닝 포인트 찾기

M   I have a very important project to be taken care of
tonight.
W   But what about our dinner date?
M   I am afraid that we will have to cancel it.

(a) You have never been wrong.
(b) Dinner is ready.
(c) Then let's meet on another day instead.
(d) What kind of project is it?

🔊 MP3 **1-07**

포인트 ❶ 세 번째 문장만으로도 답을 유추
할 수 있다. 약속을 취소하려는 말에 대한
대답을 찾으면 된다.

포인트 ❷ 대화에 제시된 dinner와 project
를 그대로 사용한 오답이다.

해석   M   오늘 밤에 처리해야 할 아주 중요한 프로젝트가 있어요.
W   그럼 저녁 식사 데이트는 어떻게 하고요?
M   취소해야 할 것 같아요.

(a) 당신이 틀린 적은 없었죠.
(b) 저녁 준비됐어요.
(c) 그럼 다음번에 만나도록 해요.
(d) 무슨 프로젝트예요?

해설   내용의 흐름만 잘 따라간다면 풀 수 있는 문제다. 저녁 식사를 취소해야 할 것 같다고 했으므로 다음에 만나자는 대답이
가장 적절하다.

어휘   **take care of** ~을 돌보다; 처리하다   **cancel** 취소하다   **instead** 대신

□ **유형분석** Part Ⅱ와 Ⅲ에서는 Part Ⅰ보다 더 많은 관용표현이 등장한다. 평소 다양한 숙어 및 구어체 표현을 익혀두는 것이 좋다.

□ **문항패턴** I just **got tired of** having long hair.
　　　　　 You **must have forgotten** to use suntan lotion.

□ **풀이전략** 주어지는 문장에서 **관용표현으로 사용된 단어가 선택지에 그대로 나오면 오답일 가능성**이 높다. 새로운 단어와 **표현**이 있는 선택지를 집중해서 듣는 것이 좋다.

🔍 리스닝 포인트 찾기

◀ MP3 **1-08**

W　Frank, is everything all right? You look run down these days.

M　I am moonlighting as a bartender.

W　You shouldn't overextend yourself so much that you ┈┈→ 　　get burned out.

　　(a) You'd better stop complaining.
　　(b) Thanks for your concern. It's just for the winter.
　　(c) Let's ask the editor to extend the deadline.
　　(d) I owe you one.

포인트 ❶ 대화에 제시된 overextend oneself는 '(일을) 과도하게 하다'라는 표현이지만, (c)는 extend라는 단어를 그대로 사용한 오답을 제시했다.

해석 W Frank, 별일 없니? 너 요즘 피곤해 보인다.
　　　 M 밤에 바텐더로 부업을 해.
　　　 W 녹초가 될 정도로 너무 과하게는 하지마.

　　　　(a) 불평은 그만하는 게 좋겠어.
　　　　(b) 걱정해 줘서 고마워. 겨울 동안만 할 거야.
　　　　(c) 편집자에게 마감 기한을 늘려달라고 부탁하자.
　　　　(d) 너에게 신세를 졌네.

해설 여자는 남자가 일을 과도하게 하는 것을 걱정하고 있으므로 겨울 동안만 할 것이니 괜찮다는 대답이 가장 적절하다.

어휘 **run down** 지친, 피곤한　**moonlight** 부업을 하다　**overextend oneself** (일을) 과도하게 하다
　　　 burn out 에너지를 소진하다　**concern** 걱정, 염려　**owe** 빚지다

PART Ⅲ

긴 대화

Listening Pattern

 토픽

 문제 흐름

 질문 유형

친구, 연인, 가족,
회사 동료 간의
일상 회화

병원, 약국, 상점,
우체국 등 다양한 상황

상황 설명과
6~7문장의 대화

질문과
적절한 대답

- **대의 파악**
  - 주제 찾기
  - 화자가 주로 하고 있는
    것 찾기
- **세부 내용 파악**
  - 옳은 사실 찾기
  - 특정 정보 찾기
- **추론**
  - 추론하기

Listening Point

1 21~30번, 총 10문항

2 상황 설명 → 대화 → 질문 → 선택지 순

3 대의 파악, 세부 내용 파악, 추론의 출제 비율은 3:5:2 정도로, 세부 내용 파악이 가장

많은 비중을 차지한다.

4 노트 테이킹이 핵심이다.

→ 대화를 들을 때 어떤 유형이 출제될지 모르는 상태이므로 주제는 물론, 숫자, 시간, 요일

과 같은 세부 정보 또한 노트 테이킹해야 한다.

→ 키워드, 기호 등을 활용하여 빠르게 적는 연습을 해야 한다.

5 대화에서 설명된 내용을 동일한 의미의 다른 단어나 어구로 표현한 패러프레이징

(paraphrasing) 선택지가 주로 답이 된다.

□ **유형분석** 대화의 큰 줄거리를 물어보는 유형이다.

□ **문항패턴** What is the conversation **mainly about**?
  What is the **main topic** of the conversation?

□ **풀이전략** 대의 파악 문제는 **첫 번째 문장**에 유의하여 들으면 쉽게 답을 찾을 수 있다. 오답이 종종 **대화의 세부 내용**으로 만들어지므로 숫자, 시간, 요일과 같은 세부 정보 또한 **노트 테이킹**해 두어야 한다.

◎ 리스닝 포인트 찾기

Listen to a conversation in a car.

◀ MP3 **1-09**

W The morning traffic in this area is awful! I don't think I can make it to the airport, let alone catch my flight.

M Don't worry. I am doing my best to get into the fast lane.

W Is there a shortcut?

M There is, but chances are high that it's congested, too.

W Then, let's take a chance and go for the shortcut.

M Okay, if you insist.

포인트 ❶ 첫 문장에 대화의 주제가 나타나 있다.

Q: **What is the main topic of the conversation?**

  (a) Traffic congestion
  (b) Ways to reduce the number of traffic jams
  (c) Finding a shortcut
  (d) How to get to the airport in time

포인트 ❷ (a)의 교통 혼잡이나 (c)의 지름 길 찾기 모두 대화에는 나오지만, (a)는 공항에 제시간에 도착하기 어려운 이유이며, (c)는 공항에 제시간에 도착하기 위해 선택한 구체적인 방법이므로 모두 대화의 세부 정보에 그친다.

해석 차 안에서의 대화를 들으시오.

W 이 지역은 아침에 차가 너무 막혀! 이러다가는 비행기 타는 건 고사하고 공항에도 제시간에 가지 못하겠는걸.
M 걱정 마. 가장 빠른 차선으로 가려고 최선을 다하고 있어.
W 혹시 지름길이 있나?
M 있긴 한데, 거기도 혼잡할 가능성이 높아.
W 그러면 운에 맡기고 지름길로 가보자.
M 그래. 정 그렇다면.

Q: 대화의 주제는 무엇인가?
   (a) 교통 혼잡
   (b) 교통 정체를 줄이는 방법
   (c) 지름길 찾기
   (d) 공항에 제시간에 도착하는 방법

해설 첫 문장에서 여자는 공항에 제시간에 도착하지 못할 것 같다고 이야기하고, 이후로 남자와 함께 가장 빨리 공항으로 갈 수 있는 방법을 모색하고 있다.

어휘 **traffic** 교통(량)   **make it** 성공하다; 시간 맞춰 가다   **let alone** ~은 고사하고   **shortcut** 지름길
chance 가능성   **congested** 붐비는, 혼잡한   **take a chance** 운에 맡기다, 해보다   **insist** 고집하다, 주장하다

대의 파악 2: 화자가 주로 하고 있는 것 찾기

□ **유형분석**   두 명의 화자 중 한 명, 혹은 두 화자가 무엇을 하고 있는지 묻는 유형이다.

□ **문항패턴**   What is the woman **mainly trying to do**?

What are the man and woman **mainly doing** (in the conversation)?

What is the man **mainly complaining about** (in the conversation)?

□ **풀이전략**   **두 화자의 관계 파악**이 도움이 될 수 있다. 회사 동료일 경우 업무 요청이나 고마움 표현과 같은 내용이 등장하고, 친구나 연인일 경우 무엇을 먹을지나 어떤 영화를 볼지와 같은 일상적인 내용, 혹은 개인적인 내용이 주가 된다.

◎ 리스닝 포인트 찾기

Listen to a conversation about a woman's problem.

 ◀ MP3 **1-10**

W   I should have become a simultaneous interpreter, lawyer, or doctor.

M   Aren't you satisfied with the career you have chosen?

W   My work is rewarding, but I can hardly make ends meet.

M   At least you are doing something satisfying.

W   My salary is chicken feed, and prices are going up every year.

M   I think you deserve a raise.

W   It wouldn't be so bad if my compensation were fair in the first place.

Q: **What is the woman mainly doing in the conversation?**

(a) Complaining about being underpaid for her work

(b) Worrying about the signs of an economic crisis

(c) Regretting having missed out on a chance to be well paid

(d) Asking the man to do something rewarding

→ **포인트 ❶** should have p.p는 '~했어야 했다'라는 뜻으로 과거에 대한 유감을 표현한다. TEPS에 자주 등장하는 표현이다.

→ **포인트 ❷** make ends meet은 '수지타산을 맞추다, 먹고 살 만큼 벌다'라는 뜻이지만 '거의 ~이 아닌'이라는 뜻의 hardly와 함께 쓰여 여자의 봉급이 먹고 살 만하지 않음을 나타낸다. chicken feed 역시 적은 월급을 나타내는 단어이다.

→ **포인트 ❸** 마지막에 여자가 급여를 처음부터 적정하게 받았으면 좋았을 것이라고 말했지만, 그것이 높은 봉급을 받을 기회를 놓쳤다는 의미는 아니다.

→ **포인트 ❹** 자신의 일이 보람된다는 내용이 나오지만 남자에게 보람된 일을 할 것을 요구하지는 않았다.

여자의 고민에 관한 대화를 들으시오.

W 동시통역사나 변호사, 아니면 의사가 됐어야 했는데.

M 지금 하는 일이 마음에 들지 않는 거야?

W 일은 보람 있는데 먹고 살만 하지가 않아.

M 그래도 만족스러운 일을 하고 있잖아.

W 급여는 너무 적은데 물가는 매년 오르고 있어.

M 네가 급여 인상을 받을 만하다고 생각되는데.

W 처음부터 내 급여가 적정했더라면 상황이 이렇게 나빠진 않을 텐데.

Q: 대화에서 여자가 주로 하고 있는 것은 무엇인가?

(a) 자신의 일에 비해 급여를 적게 받고 있다고 불평하기

(b) 경제 위기의 징후에 대해 걱정하기

(c) 높은 봉급을 받을 기회를 놓친 것을 후회하기

(d) 남자에게 무언가 보람된 일을 할 것을 요구하기

해설 여자는 급여가 너무 적어 먹고 살 만하지 못하다고 불평하고 있다.

어휘 simultaneous interpreter 동시통역사 rewarding 보람 있는
make ends meet 수지타산을 맞추다, 먹고 살 만큼 벌다 chicken feed 쥐꼬리만한 돈
deserve ~을 받을 만하다 raise 임금 인상 compensation 보상; 보수
underpaid 급여가 적은

□ **유형분석** 옳은 사실을 찾는 문제는 대화 전반에 대해, 혹은 특정 인물이나 사물에 대해 질문하므로 전반적인 내용은 물론 구체적인 정보까지 파악해야 하는 고난도 유형이며, TEPS 청해에서 가장 큰 비중을 차지한다.

□ **문항패턴** **Which is correct according to** the conversation?

Which is correct about the woman's son (according to the conversation)?

□ **풀이전략** **구체적인 정보를 노트 테이킹**하는 것이 중요하다. 선택지에서는 **패러프레이징(paraphrasing)**된 문장에 유의해야 한다.

🔍 리스닝 포인트 찾기

Listen to a conversation about a housewarming party.

◀ MP3 **1-11**

M Nancy, you look busy. What's up?

W Tonight, I am going to hold a housewarming party for my coworkers.

> **포인트 ❶** 구체적인 정보를 모두 노트 테이킹해야 (a), (b), (d)가 오답임을 알 수 있다.

M Can I help you prepare for the party tonight?

W Come over here and put the laundry away.

M No problem. Anything else?

W Well, you could do the dishes for me. I'll vacuum and clean the rooms.

Q: Which is correct according to the conversation?

(a) The man has to wash the clothes.

(b) The man will organize a housewarming party.

(c) The woman will have her home tidied up.

(d) The woman will do the dishes.

> **포인트 ❷** 대화의 vacuum and clean the rooms가 have her home tidied up으로 패러프레이징 되었다.

해석 남자의 연기 경력에 관한 대화를 들으시오.

W 무엇이 당신의 연기를 돋보이게 하는지 우리 독자들에게 말씀해 주시겠습니까?

M 저는 이른 나이에 연기를 시작했죠. 이제는 연기가 말 그대로 제 삶의 일부가 되었습니다.

W 저희 독자들과 나누고 싶은 다른 이야기가 있으신가요?

M 제가 어느 정도 운이 좋았다는 것 또한 인정해야 겠네요. 모든 것이 잘 되어 왔거든요.

W 향후 계획은 어떻게 되십니까?

M 휴식 차원에서 세계 여행을 할 계획입니다. 그건 제 연기에도 도움이 될 것 같아요.

Q: 대화로부터 추론할 수 있는 것은 무엇인가?

    (a) 남자는 인터뷰에서 자랑을 늘어놓고 있다.

    (b) 여자는 남자의 가까운 친척이다.

    (c) 여자는 남자에게 반했다.

    (d) 여자는 남자를 인터뷰하고 있다.

해설 여자는 남자의 연기 비결과 앞으로의 방향에 대해 질문하며, 이를 독자들과 공유하고자 하므로 현재 남자를 인터뷰하고 있는 것이다.

어휘 **subscriber** 구독자　　**stand out** 눈에 띄다　　**literally** 말 그대로　　**admit** 인정하다, 받아들이다
show off 자랑하다　　**relative** 친척　　**have a crush on** ~에게 반하다

PART IV

짧은 담화

해석 최근 몇 년 사이 불법 이민자들이 국내로 들어오고 있다. 합법 이민은 장려되어야 하는 것이지만, 불법 이민은 당장 근절되어야 한다. 우리는 국경을 지킬 수 있는 더 많은 방법을 생각해 내야 하고 또한 사람들로 하여금 비자가 만료되는 대로 이 나라를 떠나도록 해야 한다. 간단한 작업은 아닐 것이다. 하지만 모든 이들이 일사불란하게 행동한다면, 국내 불법 이민자들의 수가 현저히 줄어들 것이다.

Q: 화자의 요지는 무엇인가?
    (a) 매년 국내로 들어오는 불법 이민자들의 수가 늘어나고 있다.
    (b) 이민을 허가 받는 외국인의 수를 늘려야 한다.
    (c) 국내 불법 이민자들의 수를 줄이기 위해 조치가 취해져야 한다.
    (d) 정부는 불법 이민자의 증가 문제를 해결하기 위해 충분한 비용을 들이지 않고 있다.

해설 최근 몇 년 간 불법 이민자들이 국내로 들어오고 있으므로 이들을 막기 위한 조치가 취해져야 한다고 주장하고 있다.

어휘 **overrun** 침략하다; 초과하다   **alien** (임시) 체류 외국인   **immigration** 이민
come up with ~을 생각해 내다   **ensure** 반드시 ~하게 하다   **depart** 떠나다
expire 만료되다   **in accord** 일치하는, 부합하는   **markedly** 눈에 띄게, 현저히

LP | 03   세부 내용 파악 1: 옳은 사실 찾기

☐ 유형분석   옳은 사실을 찾는 문제는 담화 전반에 대해, 혹은 특정 인물이나 사물에 대해 질문하므로 전반적인 내용은 물론 구체적인 정보까지 파악해야 하는 고난도 유형이다.

☐ 문항패턴   **Which is correct according to** the report?
　　　　　　　　Which is correct about Public Library (according to the talk)?

☐ 풀이전략   질문에 옳은 사실 찾기 문제가 나온다면 두 번째 담화를 들을 때 처음 **노트 테이킹**에 살을 붙여 나가는 것이 중요하다. 선택지에서는 **패러프레이징(paraphrasing)**된 문장에 유의해야 한다.

🔍 리스닝 포인트 찾기

Of the many diseases that people may get, cancer is one they fear greatly. Not only is it often fatal, but it also usually causes sufferers severe pain. As cancerous tumors grow in the body, they expand and thus apply pressure against various organs and nerves, which can cause great pain and discomfort for people. Around four out of every five sufferers of cancer experience acute pain before dying. This has led doctors to search for ways both to cure cancer and also to decrease the physical and psychological suffering that cancer patients have to endure.

◀ MP3 1-16

포인트 ❶ 세부 정보를 물어보는 문제에서 숫자가 나오면 반드시 노트 테이킹해 둔다. 정답 선택지든, 오답 선택지든 숫자는 꼭 문제화된다.

Q: Which is correct according to the lecture?

　(a) Cancer kills almost everyone who suffers from it.
　(b) Four out of five cancer patients experience only mild pain.
　(c) Cancer is the most fatal disease that people can get.
　(d) Doctors are trying to find ways to lessen the pain from cancer.

포인트 ❷ 담화의 search for ways ～ to decrease the physical and psychological suffering이 (d)의 find ways to lessen the pain from cancer 로 패러프레이징 되었다.

해석 사람들이 걸릴 수 있는 많은 질병 중에서 우리가 가장 두려워하는 것은 암입니다. 암은 종종 치명적일 뿐만 아니라 대개 암에 걸린 이들에게 극심한 고통을 일으킵니다. 암 종양이 몸에서 자라면서 퍼져 다른 기관과 신경에 압박을 가하여 엄청난 고통과 불편함을 유발하는 것이죠. 암 환자 5명 중 4명이 사망하기 전 극심한 고통을 겪는답니다. 이는 의사들로 하여금 암을 치료하는 방법과 암 환자들이 견뎌야 하는 신체적, 심리적 고통을 줄일 수 있는 방법을 찾도록 이끌어 왔습니다.

Q: 강의에 따르면 옳은 것은 무엇인가?
   (a) 암은 암 환자 거의 모두를 사망에 이르게 한다.
   (b) 5명 중 4명의 암환자는 경미한 고통만 겪는다.
   (c) 암은 사람이 걸릴 수 있는 가장 치명적인 질병이다.
   (d) 의사들은 암으로부터의 고통을 경감시키는 방법을 찾으려 하고 있다.

해설 맨 마지막 문장에 의사들이 암 치료법과 암 환자들의 고통을 줄일 수 있는 방법을 찾고자 한다는 내용이 등장한다. (a) 암 환자의 사망률은 언급되지 않았고, (b) 암 환자 5명 중 4명은 사망 전 극심한 고통을 겪는다. (c) 암은 사람들이 걸릴 수 있는 질병 중 가장 두려운 질병이다.

어휘 **fatal** 죽음을 초래하는, 치명적인   **sufferer** 고통받는 사람, 환자   **tumor** 종양
apply pressure 압력(압박)을 가하다   **organ** 장기, 기관   **nerve** 신경   **acute** 극심한; 급성의
endure 견디다, 참다   **mild** 가벼운, 경미한   **lessen** 줄이다

□ **유형분석**   의문사가 있는 구체적인 질문으로 대화의 특정 정보를 묻는 유형이다.

□ **문항패턴**   **What** is identified as the initial reason the interstates were built?

         Why the people eat out even though they have economic difficulties?

□ **풀이전략**   특정 정보 찾기 문제는 **두 번째 담화를 들을 때** 비교적 쉽게 찾을 수 있다. 선택지에서는 **패러프레이징 (paraphrasing)**된 문장에 유의해야 한다.

🔍 리스닝 포인트 찾기

◀ MP3 **1-17**

Many university students are turning away from the humanities and are instead majoring in fields such as management, medicine, and engineering. The reasons most often cited for this are the opportunities for them to find employment and to earn money. Accordingly, universities around the world are decreasing the sizes of their humanities departments. This is causing many professors in the humanities to emphasize interdisciplinary studies, in which students simultaneously study connections between the humanities and the natural sciences. By encouraging these types of majors, humanities professors can keep their fields from becoming irrelevant.

> **포인트 ❶** 이러한 유형의 전공(통합 학문 과정)을 통해 인문학을 유의미하게 만들 수 있다는 해결책이 제시된다. 이 부분을 듣는 것이 관건이다.

Q: What is the solution to decreasing interest in the humanities?

   (a) Investing more money in the humanities

   (b) Expanding the number of professors in the humanities

   (c) Combining the humanities with other fields of study

   (d) Giving more scholarships to students in the humanities

> **포인트 ❷** 담화의 interdisciplinary studies가 (c)의 combining the humanities with other fields of study 로 패러프레이징 되었다.

해석 다수의 대학생들이 인문학을 외면하고, 대신 경영학, 의학, 공학과 같은 분야를 전공하고 있다. 이에 대해 가장 자주 언급되는 이유는 취업과 돈을 벌 수 있는 기회 때문이다. 따라서 전 세계 대학이 인문학부 규모를 축소시키고 있다. 이는 많은 인문학부 교수들이 통합 학문 과정을 강조하도록 만들고 있는데, 여기서 학생들은 인문학과 자연과학 사이의 연관성을 동시에 공부하게 된다. 이러한 유형의 전공을 장려함으로써 인문학부 교수들은 자신의 영역이 무의미하게 되는 것을 막을 수 있다.

Q: 인문학에의 관심이 줄어드는 데 대한 해결 방안은 무엇인가?
    (a) 인문학에 더 많은 돈을 투자하는 것
    (b) 인문학부 교수를 늘리는 것
    (c) 인문학을 다른 분야의 학문과 통합하는 것
    (d) 인문학부 학생들에게 더 많은 장학금을 주는 것

해설 담화의 마지막 부분에 통합 학문 과정을 강조하고 장려하여 인문학을 유의미하게 만들 수 있다는 내용이 나온다.

어휘 **turn away from** 외면하다   **humanities** 인문학   **engineering** 공학
cite (이유, 예를) 들다, 언급하다   **accordingly** 따라서   **interdisciplinary** 여러 학문 분야와 관련된
simultaneously 동시에   **natural sciences** 자연과학, 이과   **keep ~ from ...ing** ~가 ...하는 것을 막다
scholarship 장학금

LP | 05 추론 1: 추론하기

□ **유형분석**　추론 문제는 논리적이고 객관적인 시각을 가지고 풀어야 한다. 대화 전반의 흐름은 물론, 특정 인물이나 사물에 대한 구체적인 정보까지 파악해야 하는 고난도 유형이다.

□ **문항패턴**　**What can be inferred from** the leture?

　　　　　What can be inferred about Wellman's Daycare Center (from the talk)?

□ **풀이전략**　주어진 대화를 확대 해석하거나 논리적으로 비약하여 헷갈리게 하는 선택지가 종종 나오므로 **확실한 오답부터 걸러내어** 답을 찾는 것이 좋다.

🔍 리스닝 포인트 찾기

◀ MP3 **1-18**

As every day passes, veterans of the world wars die in great numbers. As for World War I veterans, there are very few of them who are still alive. Those that remain alive are all over one hundred years of age. Henry Allingham recently died at the age of 112. He was one of the last remaining British veterans of World War I. After the war, he made a point to speak to as many people as possible about the horrors of that war and the many millions of soldiers and civilians who lost their lives in the war.

포인트 ❶ 1차 세계대전에 참전한 용사 중 살아 있는 이는 극소수(very few)라고 했으므로 대부분 사망했음을 추론할 수 있다.

Q: What can be inferred from the talk?

(a) Most veterans of World War I have already died.

(b) Many veterans are enjoying speaking about their war experiences.

(c) Few veterans of World War I are over one hundred years old.

(d) Veterans of past wars have unique experiences.

포인트 ❷ Henry Allingham 옹이 전쟁 경험에 대해 설파하고자 했지만, 그것을 즐겼는지는 알 수 없다.

포인트 ❸ 1차 세계대전 참전용사는 모두 100세가 넘는다.

포인트 ❹ Henry Allingham 옹이 전쟁의 경험에 대해 이야기하고자 했지만 이로써 과거 전쟁 용사들이 독특한 경험이 있다고 추론하기는 어렵다.

해석 하루하루 지나면서 많은 세계대전 참전용사들이 사망한다. 1차 세계대전 참전용사들의 경우, 여태 살아 있는 이는 극소수이다. 아직 생존해 있는 참전용사들은 전부 100세가 넘는다. Henry Allingham 옹은 최근 112세의 나이로 생을 마감했다. 그는 마지막으로 남아 있는 1차 세계대전의 영국 참전용사 중 한 명이었다. 전쟁이 끝난 후 그는 전쟁의 공포와 전쟁에서 목숨을 잃은 수백만 명의 군인과 민간인에 대해 가능한 한 많은 사람들에게 설파하고자 하는 생각을 밝혔다.

Q: 담화로부터 추론할 수 있는 것은 무엇인가?

(a) 대부분의 1차 세계대전 참전용사들은 이미 사망했다.

(b) 많은 참전용사들이 전쟁 경험에 대해 이야기하는 것을 즐기고 있다.

(c) 1차 세계대전 참전용사 중 100세를 넘긴 이는 거의 없다.

(d) 과거 전쟁 용사들은 독특한 경험이 있다.

해설 1차 세계대전 참전용사들 중 극소수만 살아 있다고 했으므로 대부분이 이미 사망했음을 추론할 수 있다.

어휘 **veteran** 참전용사 　 **make a point** 주장을 밝히다, 생각을 밝히다 　 **civilian** 민간인

□ **유형분석**   화자가 가장 동의할 것 같은 문장을 추론하는 문제는 결국 화자의 요지를 묻는 유형과 동일하다. 화자가 진정으로 하고 싶어 하는 말을 파악하는 것이 관건이다.

□ **문항패턴**   **Which statement** would the speaker **most likely agree with**?

           Which statement about Bill Clinton would the speaker **most likely agree with**?

□ **풀이전략**   **역접 연결어 뒤에 이어지는 내용**이나, **의무**를 나타내는 조동사, **의무 / 필수 / 핵심**의 의미를 가진 형용사 등에 유의하여 들어야 한다.

🔍 리스닝 포인트 찾기

Getting married is one of the most important choices people make in their lives. **Unfortunately, people often make the wrong decisions concerning a partner, or things go wrong for various reasons.** With the high rates of divorce these days, **perhaps it is better never to get married at all. It is preferable to remain single** than to go through the heartbreak and trauma of a messy divorce.

 ◀ MP3 **1-19**

> **포인트 ❶** Unfortunately 다음의 내용에서 화자가 하고자 하는 말이 드러난다.

> **포인트 ❷** better과 preferable을 통해 화자의 의견을 강조하고 있다.

Q: Which statement would the speaker most likely agree with?

  (a) Most people will marry the wrong person.

  (b) Being single is better than getting married.

  (c) Date for a long time before deciding to get married.

  (d) There is nothing wrong with getting divorced.

> **포인트 ❸** 담화에서 배우자에 관하여 종종 잘못된 결정을 내린다고는 했으나, 대부분이 잘못된 사람과 결혼할 것이라고 확신하지는 않았다.

> **포인트 ❹** 화자가 동의할 것 같은 문장과는 반대되는 내용이다.

해석 자, 물건이 발명된 이례적인 방법에 대해 말씀을 드리자면, 전자레인지야말로 훌륭한 사례가 됩니다. 한 연구원이 하나의 가능성 있는 통신 기기로서 극초단파를 가지고 실험을 하고 있었고, 극초단파를 내뿜는 기계를 만들었습니다. 하루는 우연히 그가 주머니에 땅콩 초콜릿 바를 가지고 있게 되었습니다. 작동하고 있는 극초단파 기계 가까이 서 있다가 그 것이 끈적거리는 액체로 변한 것을 발견하고는 그가 얼마나 놀랐을지 생각해 보십시오. 추가적인 연구는 극초단파가 땅콩 초콜릿 바에 있는 물 분자에 작용하여 초콜릿이 액체가 되게 만들었다는 것을 밝혔습니다. 그 연구원은 계란과 팝콘 알맹이로 실험을 되풀이했습니다. 이듬해에, 전자레인지는 가정용으로 사용 가능하게 되었습니다.

1 Q: 강의의 주제는 무엇인가?
    (a) 시간의 흐름에 따른 통신 기기의 발달
    (b) 흔한 가전제품의 우연한 발견
    (c) 전자레인지가 음식을 요리하는 방법
    (d) 색다른 방식으로 발명된 유명한 발명품들

2 Q: 전자레인지에 대해 옳은 것은 무엇인가?
    (a) 냉동식품을 요리하는 데만 쓰인다.
    (b) 통신 기기로 쓰일 수 있다.
    (c) 군용으로 개발되었다.
    (d) 대중에게 빠르게 상용화되었다.

해설 1 극초단파로 통신 기기를 만드는 실험을 하던 중 우연히 주머니에 가지고 있던 땅콩 초콜릿 바가 녹아 전자레인지를 발명할 수 있었다는 내용이므로, 흔한 가전제품의 우연한 발견이 강의 주제로 가장 적절하다.

2 연구원이 극초단파로 땅콩 초콜릿 바를 녹이게 된 다음해에 전자레인지가 가정용으로 사용 가능하게 되었으므로 빠르게 상용화된 것이다. (b) 극초단파는 통신 기기로 쓰일 수 있을지도 모르지만, 전자레인지가 통신 기기로 쓰일 수 있는 것은 아니다.

어휘 **speaking of** ~에 관해서 말하자면   **microwave (oven)** 전자레인지; 극초단파   **emit** 방출하다, 발산하다
by coincidence 우연히   **cluster** 무리, 덩어리   **gooey** 부드럽고 끈적거리는   **act on** ~에 반응하다, 작용하다
molecule 분자   **liquefy** 액화되다   **kernel** (견과류나 씨앗의) 알맹이   **accidental** 우연의, 우발적인
appliance 가전제품

□ **유형분석** 담화의 전반적인 내용 파악과 추론을 동시에 요구하는 유형이다.

□ **문항패턴**   main topic / mainly about / mainly being said ~?   +   What can be inferred ~?
                  main point / mainly doing ~?   ~ most likely agree with?

□ **풀이전략** 담화의 전반적인 내용은 처음 들을 때 파악이 되었을 것이다. 따라서 **두 번째 담화를 들을 때는 논리적 흐름에 초점을 맞춰 노트 테이킹**해야 한다.

🔍 리스닝 포인트 찾기

◀ MP3 **1-21**

Starting on August 21, students without proper parking stickers displayed on their vehicles' windshields will not be permitted to park them on university grounds. Parking stickers may be obtained from the university parking enforcement office located on the third floor of the student union building. Its hours are from Monday to Friday from nine to five. The cost for a sticker is $65 per year for students. You must show your student ID and vehicle registration to purchase a sticker. The stickers must be updated annually, and vehicles that are parked on university property with expired stickers or without stickers will be towed at the owner's expense.

> **포인트 ❶** 첫 문장에 안내 방송의 주제가 제시되고 있다.

1 **Q: What is the announcement mainly about?**

(a) How to purchase a parking sticker
(b) Vehicle parking rules for students
(c) The price of student parking stickers
(d) Where on a vehicle to put a parking sticker

> **포인트 ❷** 스티커를 구입하는 방법, 스티커의 비용, 스티커 부착 위치 모두 차량 주차 규정이라는 주제의 세부 정보에 그친다.

2 **Q: What can be inferred from the announcement?**

(a) There are a limited number of parking stickers available.
(b) Students must pay cash to purchase parking stickers.
(c) Stickers from previous years are no longer valid.
(d) Police officers will check vehicles for their stickers.

> **포인트 ❸** 안내 방송의 The stickers must be updated annually가 (c)의 Stickers from previous years are no longer valid로 패러프레이징 되었다.

8월 21일부로, 차량 앞 유리에 올바른 주차 스티커를 부착하지 않은 학생은 대학 캠퍼스 내에 주차 허용이 되지 않습니다. 주차 스티커는 학생회관 건물 3층에 위치한 대학 주차관리 사무소에서 발급받으실 수 있습니다. 근무 시간은 월요일부터 금요일까지 9시에서 5시까지입니다. 주차 스티커 가격은 학생의 경우 연간 65달러입니다. 스티커를 구입하시려면 반드시 학생증과 차량 등록증을 보여주셔야 합니다. 스티커는 매년 갱신되며, 대학 구내에 주차된 차량에 만료된 스티커가 있거나, 스티커가 없을 경우 차량 소유주의 비용 부담으로 견인 조치됩니다.

1 Q: 안내 방송은 주로 무엇에 관한 것인가?
    (a) 주차 스티커를 구입하는 방법
    (b) 학생들을 위한 차량 주차 규정
    (c) 학생 주차 스티커의 비용
    (d) 주차 스티커를 붙이는 위치

2 Q: 안내 방송으로부터 추론할 수 있는 것은 무엇인가?
    (a) 이용 가능한 주차 스티커의 개수에 제한이 있다.
    (b) 학생들이 주차 스티커를 구입하려면 반드시 현금으로 결제해야 한다.
    (c) 전년도의 스티커는 더 이상 유효하지 않다.
    (d) 경찰이 차량의 스티커를 확인할 것이다.

1 대학 캠퍼스 내에 주차를 하기 위해서는 주차 스티커를 발급받아 부착해야 한다는 규정을 설명하는 안내 방송이다.

2 스티커는 매년 갱신된다고 하였으므로 전년도 스티커는 유효하지 않을 것이라 추론할 수 있다. (a), (b), (d) 스티커의 개수 제한이나 스티커 결제 수단, 경찰에 관한 내용은 언급되지 않았다.

vehicle 탈 것; 차량   **windshield** 자동차 앞 유리   **grounds** *(pl.)* (건물 주위의) 구내
enforcement 집행, 시행   **student union building** 학생 회관   **vehicle registration** 차량 등록증
property 재산, 건물   **tow** 견인하다   **at the owner's expense** 소유주의 비용으로
valid 유효한

□ **유형분석** 담화의 세부적인 내용 파악과 추론을 동시에 요구하는 유형이다. 두 유형 모두 세세한 내용까지 꼼꼼하게 파악해야 풀 수 있는 어려운 유형에 속한다.

□ **문항패턴**

| Which is correct ~? / 의문사 의문문 | + | What can be inferred ~? ~ most likely agree with? |

□ **풀이전략** 질문에 세부 내용 파악 문제와 추론 문제가 나온다면, 문제에서 제시되는 키워드를 반드시 메모해두고, **두 번째 담화를 들을 때 해당 키워드와 논리적 흐름에 따라 처음 노트 테이킹에 살을 붙여 나가야 한다.**

🔍 리스닝 포인트 찾기

◀ MP3 **1-22**

When a person is in REM sleep, that person is most likely dreaming. Standing for rapid eye movement, REM sleep initially occurs approximately 70 to 90 minutes after a person falls asleep and constitutes around a quarter of a person's sleep time. During this period of deep sleep, it is believed that people's brains organize their thoughts from the day, and thus REM sleep is considered necessary for a good night's sleep. Studies done at sleep disorder centers show that people who get very little REM sleep, and thus do not dream much, wake up feeling more tired than when they had gone to bed. Meanwhile, people who had gotten more REM sleep were more alert and functioned well throughout the entire day.

1 Q: According to the talk, what is the relation between dreams and sleep?

 (a) Dreams occur during all sleep cycles.
 (b) Tired people will not dream while sleeping.
 (c) A dreaming person is often alert.
 (d) Dreams help people sleep better.

2 Q: What can be inferred about REM sleep?

 (a) REM sleep usually only occurs at the beginning of the sleep cycle.
 (b) People who do not experience REM sleep will always feel tired.
 (c) New thoughts are created during the REM sleep cycle.
 (d) More creative people usually experience more REM sleep.

→ **포인트 ❶** 꿈을 꾸지 않은 사람들이 다음 날 더 피곤함을 느끼며 일어나지만, 그렇다고 그 반대 또한 사실인 것은 아니다.

→ **포인트 ❷** 담화에 제시된 alert를 그대로 사용한 오답이다. (c)의 a dreaming person은 꿈을 꾸고 있는 사람을 의미하는데, 담화는 전날 꿈을 꿨던 사람들이 그 다음 날 각성되어 있었다는 의미이다.

→ **포인트 ❸** 렘수면이 잠든 이후 약 70분에서 90분 사이에 처음 일어나고, 총 수면의 1/4을 차지한다고 했으므로 수면 초기에만 일어나는 것은 아니다. only와 같이 한정적인 의미의 단어가 쓰일 경우 눈 여겨 봐야 한다.

→ **포인트 ❹** 깊은 수면 시 인간의 뇌는 하루 동안의 생각을 정리하는데, 이것이 창의성과 연관되는 것은 아니다.

해석 사람이 렘(REM)수면 단계에 접어든다면 꿈을 꿀 가능성이 높다. 급속 안구 운동을 의미하는 렘수면은 잠든 이후 약 70분에서 90분 사이에 처음 일어나고, 수면 시간의 1/4 가량을 이룬다. 이러한 깊은 수면 동안 인간의 뇌는 하루의 생각을 정리하는 것으로 보이고, 그렇기에 렘수면은 숙면에 필수적이라고 여겨진다. 수면 장애 센터에서 실시한 연구에 따르면 렘수면이 적어서 꿈을 많이 꾸지 않는 사람은 전날 밤 잠들 때보다 더 피곤함을 느끼면서 일어나는 것으로 나타난다. 한편, 렘수면을 많이 취했던 사람들은 하루 종일 더욱 각성되어 있고 기능을 잘 할 수 있었다.

1 Q: 담화에 의하면 꿈과 수면의 관계는 무엇인가?
  (a) 꿈은 모든 수면 주기에서 일어난다.
  (b) 피곤한 사람들은 잠을 자는 동안 꿈을 꾸지 않을 것이다.
  (c) 꿈을 꾸고 있는 사람은 각성 상태에 자주 있게 된다.
  (d) 꿈은 사람들이 더 숙면하도록 도움을 준다.

2 Q: 렘수면에 대해 추론할 수 있는 것은 무엇인가?
  (a) 렘수면은 보통 수면 주기의 초기에만 일어난다.
  (b) 렘수면을 경험하지 않는 사람들은 늘 피곤함을 느낄 것이다.
  (c) 렘수면 주기에 새로운 생각들이 생긴다.
  (d) 더 창의적인 사람들은 보통 더 많은 렘수면을 경험한다.

해설 1 사람이 렘수면 단계에 접어든다면 꿈을 꿀 가능성이 높아지고, 꿈은 하루의 생각을 정리하는 것이므로 결국 숙면에 도움이 되는 것이다. (a) 꿈을 꾸게 되는 렘수면은 총 수면의 1/4을 차지한다고 했으므로 모든 주기에서 꿈이 일어나는 것은 아니다.

2 렘수면이 적어 꿈을 꾸지 않는 사람은 전날 잠들 때보다 더 피곤하다고 했으므로 렘수면을 경험하지 않으면 늘 피곤하다고 추론할 수 있다.

어휘 **stand for** ~을 의미하다, 상징하다　**initially** 처음에　**constitute** 구성하다, 이루다
disorder 장애　**meanwhile** 한편　**alert** 각성되어 있는, 긴장하는　**function** 기능하다
relation 관계　**experience** 경험하다

Section

2

파트별 훈련

---

1 제시 문장의 의미 파악

Part I에서는 한 문장만을 듣고 이에 적절한 대답을 찾아야 하므로 한 문장만으로도 의미를 파악하는 연습을 해야 한다. 첫 문장만 듣고 이에 뒤따르는 의미를 파악하는 훈련을 해 보자.

MP3 **2-01**

🔊 **다음 문장을 듣고 우리말로 주어진 내용이 True인지, False인지 판단하시오.**

1   남자는 앤의 생일이 지났다고 생각한다.　　　　　T ☐　　F ☐

2   여자는 책에 대해 말하고 있다.　　　　　　　　T ☐　　F ☐

3   남자는 물건이 아직 판매 중인지 묻고 있다.　　T ☐　　F ☐

4   남자는 여자에게 내일 오후 일정을 묻고 있다.　T ☐　　F ☐

5   14% 할인된 가격으로 물건을 팔고 있다.　　　　T ☐　　F ☐

6   여자는 남자의 최근 연기가 좋지 않았다고 생각한다.　T ☐　　F ☐

7   남자는 포기하지 말자고 설득하고 있다.　　　　T ☐　　F ☐

8   여자는 남자의 전화번호를 묻고 있다.　　　　　T ☐　　F ☐

9   남자는 답을 알고 있다.　　　　　　　　　　　T ☐　　F ☐

10 여자는 Jason이 무엇을 했는지 묻고 있다.　　　T ☐　　F ☐

2 **제시 문장과 선택지를 모두 듣고 정답 찾기**

①에서 들었던 문장에 이어 선택지까지 모두 듣고 적절한 대답을 찾아보자. 선택지를 들을 때, 확실한 정답에는 ○, 확실한 오답에는 ✕, 헷갈리는 경우 △를 해나가면 정답 찾기가 수월해진다.

MP3 **2-02**

🔊 다음을 듣고 제시 문장에 이어질 가장 적절한 대답을 고르시오.

1 (a) ☐   (b) ☐   (c) ☐   (d) ☐

2 (a) ☐   (b) ☐   (c) ☐   (d) ☐

3 (a) ☐   (b) ☐   (c) ☐   (d) ☐

4 (a) ☐   (b) ☐   (c) ☐   (d) ☐

5 (a) ☐   (b) ☐   (c) ☐   (d) ☐

6 (a) ☐   (b) ☐   (c) ☐   (d) ☐

7 (a) ☐   (b) ☐   (c) ☐   (d) ☐

8 (a) ☐   (b) ☐   (c) ☐   (d) ☐

9 (a) ☐   (b) ☐   (c) ☐   (d) ☐

10 (a) ☐   (b) ☐   (c) ☐   (d) ☐

MP3 **2-03**

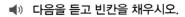 다음을 듣고 빈칸을 채우시오.

1 M Anne's birthday is _____, isn't it?

    (a) I hope you have a great birthday.

    (b) It's in a couple of days.

    (c) _____ soon.

    (d) Her party was a lot of fun.

2 W _____ do you prefer?

    (a) I'm currently reading a science fiction novel.

    (b) I enjoy _____.

    (c) I get them from the library.

    (d) You can borrow some of mine.

3 M Do you remember if that item is _____?

    (a) No, I already have one like that.

    (b) Yes, I really like the color.

    (c) Yes, I bought it for a cheap price.

    (d) No, it's not _____.

4 M _____ tomorrow afternoon?

    (a) Okay, we can have lunch tomorrow.

    (b) No, I don't have any time tomorrow.

    (c) I don't have anything scheduled now.

    (d) I'm free _____ then.

5 M _____ at a forty-percent discount.

    (a) The sale ends tomorrow.

    (b) When does the store close?

    (c) I don't own that item.

    (d) _____.

6 W Your performance the past two months _____.

    (a) You should have seen the most recent performance.

    (b) What exactly are you unhappy about?

    (c) I've only been here _____.

    (d) I'm really disappointed in her, too.

7 M _____. We're almost finished.

    (a) How much longer do we have to go?

    (b) I just finished a few minutes ago.

    (c) You can go ahead and stop anytime.

    (d) The two of us _____.

8 W I can't remember Tina's phone number.

    (a) She's _____.

    (b) The phone is busy right now.

    (c) So _____ tonight.

    (d) I've got it here on my phone.

9 M I'm not quite sure _____.

    (a) I believe that this is correct.

    (b) I solved the problem last night.

    (c) No one _____ the phone.

    (d) Give me some time to answer the question.

10 W _____ where Jason is right now.

    (a) Jason is from Australia.

    (b) It's four in the afternoon now.

    (c) He's in Mr. White's office.

    (d) He works at a _____.

PART III

1 상황 받아쓰기

Part III에서 처음 주어지는 상황 설명을 잘 듣고 대화를 들으면 정답 찾기가 수월해진다. Part III에 빈출되는 상황 설명 받아쓰기를 통해 청취 훈련을 하는 동시에 어떤 유형의 상황 설명이 출제되는지 살펴보자.

MP3 **2-07**

🔊 다음 문장을 듣고 받아쓰시오.

1 _____

2 _____

3 _____

4 _____

5 _____

6 _____

7 _____

8 _____

9 _____

10 _____

MP3 **2-08**

🔊 다음 질문을 듣고 받아쓰시오.

1 _____

2 _____

3 _____

4 _____

5 _____

6 _____

7 _____

8 _____

9 _____

10 _____

3 **대화와 질문을 모두 듣고 정답 찾기**

　① , ② 에서 들었던 상황 설명과 질문을 포함하는 문제를 듣고 적절한 답을 찾아보자. 선택지를 들을 때,
확실한 정답에는 ○, 확실한 오답에는 ✗, 헷갈리는 경우 △를 해나가면 정답 찾기가 수월해진다.

MP3 **2-09**

◀》 **다음을 듣고 질문에 가장 적절한 답을 고르시오.**

1　(a) ☐　(b) ☐　(c) ☐　(d) ☐

2　(a) ☐　(b) ☐　(c) ☐　(d) ☐

3　(a) ☐　(b) ☐　(c) ☐　(d) ☐

4　(a) ☐　(b) ☐　(c) ☐　(d) ☐

5　(a) ☐　(b) ☐　(c) ☐　(d) ☐

6　(a) ☐　(b) ☐　(c) ☐　(d) ☐

7　(a) ☐　(b) ☐　(c) ☐　(d) ☐

8　(a) ☐　(b) ☐　(c) ☐　(d) ☐

9　(a) ☐　(b) ☐　(c) ☐　(d) ☐

10 (a) ☐　(b) ☐　(c) ☐　(d) ☐

MP3 **2-10**

🔊 다음을 듣고 빈칸을 채우시오.

1 Listen to a conversation between two friends.

W What should I do for a cold?

M _____ of course. And drink lots of orange juice.

W Orange juice?

M _____, so it's really good for you.

W Should I do anything else?

M Try to get a lot of rest, and _____ soon.

Q: **What is the conversation mainly about?**

(a) Why vitamin C is so healthy

(b) How to take care of a cold

(c) _____

(d) What to do when it is cold

2 Listen to a conversation between two coworkers.

M When do you think you can pay back the money _____?

W I should have it by Friday.

M That's fine, but I won't be at work then.

W Let me know _____, and I'll transfer it to you.

M All right. I will text you.

W Okay. Thanks for helping me out _____.

Q: **What is the main topic of the conversation?**

(a) Repaying a loan

(b) Banking

(c) _____

(d) Sending a text message

3 Listen to a conversation between two acquaintances.

W When did the doctor _____?

M He wants to do it tomorrow morning.

W Will you have to stay in the hospital for a couple of days?

M Not at all. I can leave about an hour after it's done.

W _____.

M I know. I'd rather recover at home than anywhere else.

Q: **What are the man and woman mainly doing?**

  (a) Visiting their friend in the hospital

  (b) Discussing the man's _____

  (c) Checking on how the man is recovering

  (d) Consulting the man's doctor

4 Listen to a couple discuss their furniture arrangement.

M So, _____ the way I arranged the living room?

W Well, I suppose it's all right.

M That means you don't really like it, right?

W Well... I was hoping you'd put the sofa over here and _____.

M I guess I could move them. It wouldn't be too hard.

W _____. Thanks.

Q: **Which is correct according to the conversation?**

  (a) The woman bought some new furniture.

  (b) The man is watching television now.

  (c) The woman wants to _____.

  (d) The man and woman just moved to a new home.

5   Listen to a conversation about clothes.

W Which of these two outfits do you prefer?

M They both look fine to me.

W Please give me your honest opinion. I really _____.

M Okay... Buy the blue blouse. It matches your eyes.

W Do you think so?

M I think _____ in it.

Q: What does the woman want from the man?

(a) To give his opinion on some outfits

(b) To take her out shopping

(c) To tell her _____

(d) To purchase some clothes for her

6   Listen to a conversation about the weather tomorrow.

M Have you seen the weather report for tomorrow yet?

W _____ and then rain in the afternoon.

M Oh, no! My day's going to be ruined.

W Why? What _____ for tomorrow?

M I was going to spend the day biking with some friends.

W You'll have to do something indoors instead. _____.

Q: What was the man going to do tomorrow?

(a) Stay inside

(b) Eat with some friends

(c) Watch a movie

(d) _____

2 **담화와 질문을 모두 듣고 정답 찾기**

담화와 질문을 모두 듣고 적절한 답을 찾아보자. 선택지를 들을 때, 확실한 정답에는 〇, 확실한 오답에는 ✕, 헷갈리는 경우 △를 해나가면 정답 찾기가 수월해진다.

MP3 **2-15**

◀) **다음을 듣고 질문에 가장 적절한 답을 고르시오.**

1 (a) ☐ (b) ☐ (c) ☐ (d) ☐

2 (a) ☐ (b) ☐ (c) ☐ (d) ☐

3 (a) ☐ (b) ☐ (c) ☐ (d) ☐

4 (a) ☐ (b) ☐ (c) ☐ (d) ☐

3 받아쓰기

2의 내용을 다시 한번 들으며 받아쓰기 해 보자.

MP3 **2-16**

🔊 다음을 듣고 빈칸을 채우시오.

1-2   This Saturday, the Kansas City Farmers and the Duluth Miners _____
in the final game of the Midwest baseball playoffs. This championship game is going to
be a dazzler, and both teams are ready _____. So be sure
to order your tickets now at ticketmaster.com or in person at Central Stadium. For your
convenience, we accept cash, checks, and _____. Season
ticket holders simply need their season pass number along with a _____
_____ at the ticket office. There are additional discounts for children 12 and under,
so bring the whole family! The gates open at 6 PM, and _____,
so don't be late!

1   Q: **Which is correct according to the announcement?**

(a) Children under the age of 12 will not be allowed to attend.

(b) _____ for purchase online.

(c) The teams both have famous pitchers.

(d) The baseball game will start at 6 o'clock.

2   Q: **What do season ticket holders need to get tickets?**

(a) A current government-issued ID

(b) Their credit card number and _____

(c) The address for the ticketing website

(d) _____ who will join them

3-4 The woodpecker is a unique bird in that _____ with its beak into both hard and soft wood. The bird is able to strike a tree up to 20 times per second at 1,200 times _____. Its special body structure allows it to accomplish this. A woodpecker's claws and legs are designed to hold it in place _____ _____ while it attacks the tree. It also has strong neck muscles, and its brain is cushioned to absorb the _____. Its beak is tough and can drill a hole in the strongest wood in just a short time while helping to reduce impact to the bird thanks to a _____.

3 Q: What is mainly being discussed in the lecture?

   (a) Why woodpeckers drill holes in trees
   (b) The types of trees some birds prefer
   (c) An animal's _____
   (d) The mindset of a certain type of bird

4 Q: What can be inferred about the woodpecker?

   (a) It is the strongest animal _____.
   (b) It makes holes in trees to live in them.
   (c) It can move its head faster than any other animal.
   (d) It has soft body structures _____.

Section
3

Actual
Test 01~06

Listening Comprehension

Actual Test 01

Part I Questions 1~10

◀ MP3 **3-01**

You will now hear ten individual spoken questions or statements, each followed by four spoken responses. Choose the most appropriate response for each item.

Part II Questions 11~20

◀ MP3 **3-02**

You will now hear ten short conversation fragments, each followed by four spoken responses. Choose the most appropriate response to complete each conversation.

Part III Questions 21~30

◀ MP3 **3-03**

You will now hear ten complete conversations. For each conversation, you will be asked to answer a question. Before each conversation, you will hear a short description of the situation. After listening to the description and conversation once, you will hear a question and four options. Based on the given information, choose the option that best answers the question.

MP3 **3-04**

Part IV Questions 31~36

You will now hear six short talks. After each talk, you will be asked to answer a question. Each talk and its corresponding question will be read twice. Then you will hear four options which will be read only once. Based on the given information, choose the option that best answers the question.

Part Ⅴ **Questions 37~40**

You will now hear two longer talks. After each talk, you will be asked to answer two questions. Each talk and its corresponding questions will be read twice. However, the four options for each question will be read only once. Based on the given information, choose the option that best answers each question.

Actual Test 02

◀ MP3 **3-06**

Part I Questions 1~10

You will now hear ten individual spoken questions or statements, each followed by four spoken responses. Choose the most appropriate response for each item.

◀ MP3 **3-07**

Part II Questions 11~20

You will now hear ten short conversation fragments, each followed by four spoken responses. Choose the most appropriate response to complete each conversation.

Part III Questions 21~30

◀ MP3 **3-08**

You will now hear ten complete conversations. For each conversation, you will be asked to answer a question. Before each conversation, you will hear a short description of the situation. After listening to the description and conversation once, you will hear a question and four options. Based on the given information, choose the option that best answers the question.

Part IV Questions 31~36

You will now hear six short talks. After each talk, you will be asked to answer a question. Each talk and its corresponding question will be read twice. Then you will hear four options which will be read only once. Based on the given information, choose the option that best answers the question.

Part V **Questions 37~40**

◀ MP3 **3-10**

You will now hear two longer talks. After each talk, you will be asked to answer two questions. Each talk and its corresponding questions will be read twice. However, the four options for each question will be read only once. Based on the given information, choose the option that best answers each question.

Actual Test 03

Part I Questions 1~10

◀ MP3 **3-11**

You will now hear ten individual spoken questions or statements, each followed by four spoken responses. Choose the most appropriate response for each item.

Part II Questions 11~20

◀ MP3 **3-12**

You will now hear ten short conversation fragments, each followed by four spoken responses. Choose the most appropriate response to complete each conversation.

Part III Questions 21~30

◀ MP3 **3-13**

You will now hear ten complete conversations. For each conversation, you will be asked to answer a question. Before each conversation, you will hear a short description of the situation. After listening to the description and conversation once, you will hear a question and four options. Based on the given information, choose the option that best answers the question.

Part Ⅳ **Questions 31~36**

You will now hear six short talks. After each talk, you will be asked to answer a question. Each talk and its corresponding question will be read twice. Then you will hear four options which will be read only once. Based on the given information, choose the option that best answers the question.

You will now hear two longer talks. After each talk, you will be asked to answer two questions. Each talk and its corresponding questions will be read twice. However, the four options for each question will be read only once. Based on the given information, choose the option that best answers each question.

Actual Test 04

Part I Questions 1~10

◀ MP3 **3-16**

You will now hear ten individual spoken questions or statements, each followed by four spoken responses. Choose the most appropriate response for each item.

Part II Questions 11~20

◀ MP3 **3-17**

You will now hear ten short conversation fragments, each followed by four spoken responses. Choose the most appropriate response to complete each conversation.

Part III Questions 21~30

◀ MP3 3-18

You will now hear ten complete conversations. For each conversation, you will be asked to answer a question. Before each conversation, you will hear a short description of the situation. After listening to the description and conversation once, you will hear a question and four options. Based on the given information, choose the option that best answers the question.

Part Ⅳ **Questions 31~36**

You will now hear six short talks. After each talk, you will be asked to answer a question. Each talk and its corresponding question will be read twice. Then you will hear four options which will be read only once. Based on the given information, choose the option that best answers the question.

Part V **Questions 37~40**

You will now hear two longer talks. After each talk, you will be asked to answer two questions. Each talk and its corresponding questions will be read twice. However, the four options for each question will be read only once. Based on the given information, choose the option that best answers each question.

Actual Test 05

Part I Questions 1~10

◀ MP3 **3-21**

You will now hear ten individual spoken questions or statements, each followed by four spoken responses. Choose the most appropriate response for each item.

Part II Questions 11~20

◀ MP3 **3-22**

You will now hear ten short conversation fragments, each followed by four spoken responses. Choose the most appropriate response to complete each conversation.

Part Ⅲ Questions 21~30

◀ MP3 **3-23**

You will now hear ten complete conversations. For each conversation, you will be asked to answer a question. Before each conversation, you will hear a short description of the situation. After listening to the description and conversation once, you will hear a question and four options. Based on the given information, choose the option that best answers the question.

Part IV **Questions 31~36**

You will now hear six short talks. After each talk, you will be asked to answer a question. Each talk and its corresponding question will be read twice. Then you will hear four options which will be read only once. Based on the given information, choose the option that best answers the question.

L

Part V **Questions 37~40**

You will now hear two longer talks. After each talk, you will be asked to answer two questions. Each talk and its corresponding questions will be read twice. However, the four options for each question will be read only once. Based on the given information, choose the option that best answers each question.

Actual Test 06

Part I Questions 1~10

◀ MP3 **3-26**

You will now hear ten individual spoken questions or statements, each followed by four spoken responses. Choose the most appropriate response for each item.

Part II Questions 11~20

◀ MP3 **3-27**

You will now hear ten short conversation fragments, each followed by four spoken responses. Choose the most appropriate response to complete each conversation.

Dictation

01~06

* Dictation 정답은 정답 및 해설 p.62에 있습니다.

Dictation 01

1 w _____ today?

    (a) I'm ready to go.

    (b) Not bad.

    (c) Thanks a lot.

    (d) _____.

2 m Do you know Mary?

    (a) Yes, I'm Mary.

    (b) _____ today.

    (c) She's over there.

    (d) _____.

3 w You're going to _____ if you keep eating like that.

    (a) I lost five pounds last month.

    (b) I love the food at this place.

    (c) Yeah, _____.

    (d) He weighs more than I do.

4 W This doesn't seem like _____.

    (a) You seem a little nervous today.

    (b) You shouldn't correct him like that.

    (c) I have all of the answers.

    (d) _____ is right?

5 W You're _____, aren't you?

    (a) Yes, I am in my office now.

    (b) Yes, I'm heading downtown.

    (c) No, I don't have any work to do.

    (d) No, I moved to a _____.

6 M We're trying to find the local supermarket.

    (a) _____ on produce.

    (b) Go straight three blocks.

    (c) I shop at the one down the street.

    (d) _____ in the evening.

7 M I wonder _____ so quickly.

    (a) It's related to the work he did on the latest project.

    (b) The reason is _____ for ten years.

    (c) He's not nearly as quick as some of the other employees.

    (d) I congratulated him on his promotion a while ago.

8 M You'll never believe _____!

    (a) Tell me.

    (b) Who is it?

    (c) Where are you?

    (d) It's _____.

9 W You like her, don't you?

    (a) I guess _____.

    (b) We're not really very similar.

    (c) Yes, I like his style.

    (d) No, _____.

10 M Please _____ a cup of coffee.

    (a) There's a coffee shop around the corner.

    (b) I like my coffee with sugar and cream.

    (c) Would you like me _____ in it?

    (d) No thanks. I'm not thirsty right now.

Part II **Questions 11~20**

◀ MP3 **4-02**

11 M _____ for this evening?

W Not yet. Is there something going on?

M How'd you like to go to John's party tonight?

(a) I believe _____.

(b) John's sitting right over there.

(c) I was out partying last night.

(d) Sure. _____.

12 W There seems to be a problem with my television.

M Would you like me _____?

W Yes, please. Do you mind?

(a) _____.

(b) You can change the channel.

(c) _____ at all.

(d) Yes, I have thought about it.

13 M You _____ a lot lately.

W Yeah. I'm not sure what's wrong with me.

M Have you visited a doctor yet?

(a) My appointment is for tomorrow morning.

(b) No, but perhaps _____.

(c) Yes, he thinks I have a cold.

(d) He's in the _____ now

14 W My phone's _____.

M What's the matter?

W I think _____.

    (a) It's time to get a new phone.

    (b) What number are you calling?

    (c) Let's visit the repair center then.

    (d) _____.

15 W Do you have any plans for this afternoon?

M I'm thinking of _____.

W Great. I'd like to go with you.

    (a) Sorry, but _____ now.

    (b) We have many different clients.

    (c) He's not in his office at the moment.

    (d) Sure. I'll tell you _____.

16 M Take a look at these pictures from my recent trip.

W Wow. You're a _____.

M I took some classes when I was in school.

    (a) These are _____.

    (b) These could be better shots.

    (c) You have a lot of pictures here.

    (d) _____ about you.

33 Please remember that _____. The polls will open at five in the morning and will close at nine at night. So long as you are registered to vote, please take the time to do so. You can report to _____ anytime the polls are open. Be sure to bring along at least one form of picture ID, preferably a driver's license or a passport. There will be local, state, and federal elections, so try to _____ with the people and issues that you will be voting on.

Q: **Which is correct according to the announcement?**

(a) Only people _____ can vote.

(b) People can vote for candidates in local elections.

(c) _____ tomorrow lasts from 5 AM to 9 PM.

(d) There is only one election going on tomorrow.

34 And now let's get into this week's weather forecast. Unfortunately, _____ is going to remain the same tomorrow. Expect the temperature to stay cool and the sky _____ until tomorrow night. Then the clouds will quickly disappear, and we'll have sunny skies and warm weather in time for the weekend. But that weather won't last as thunderstorms _____ by Monday morning.

Q: **What is the weather _____ on the weekend?**

(a) It will be gloomy.

(b) It will be sunny.

(c) _____.

(d) The weather will be cool.

35 If you aren't able to _____ with your razor, then maybe you ought to try the Nexis. _____ to leave your face smooth and hair free, or we'll give you your money back. It took our scientists over two years to create the Nexis, but all of their hard work _____. It's designed to cut as close to your skin as possible without cutting it. Give it a try. You'll never use another blade _____ _____. We guarantee it.

Q: **Which is correct about the Nexis?**

(a) Some researchers worked more than two years _____.

(b) It's a knife for making things smooth.

(c) People who prefer the old design can get their money back.

(d) It comes with a 60-day guarantee.

36 The Six Day War _____ in June 1967 began with a massive Israeli air attack against Arab airfields in Syria, Egypt, and Jordan. Within a few hours, Israel _____ the air forces of these three nations. Its forces then initiated a ground campaign against the Arab nations. By the end of the _____ _____, Israel had soundly defeated its enemies, primarily because its aircraft were free to roam the skies and its ground troops _____ from the air.

Q: **What can be inferred from the talk?**

(a) Syria has never defeated Israel in a war.

(b) Air power is a _____ in modern war.

(c) Israel has the world's most powerful air force.

(d) The last war in the Middle East was in 1967.

Part V Questions 37~40

◀ MP3 4-05

37-38 Your next class assignment is _____ of the fruit fly. Specimens are available in the lab, and each team must make a schedule _____ in order accurately to collect data on when they are born and when they die. Since the lifespan of a fruit fly is _____ _____, some of you should expect to spend the night in the lab. _____ _____, visit the student lab office in room 206 with your student ID. Your data must be recorded in real time on the Biolab website, so be sure to log in when you start your research. _____ by next Friday, the 18th.

37 Q: What is the main topic of the announcement?

(a) Changes to policies _____

(b) Information about an upcoming student project

(c) A description of the fruit fly's lifecycle

(d) Answers to questions students have about lab work

38 Q: Why do some students have to stay in the lab all night long?

(a) To make sure no one _____

(b) To check that the information is entered correctly on a website

(c) To study the differences _____ at night

(d) To conduct research for a class assignment

39-40 Virtually every weight-loss plan involves eating proper food and getting exercise. While _____ can often lead to weight loss and an overall improvement in health, a significant number of overweight people have _____ _____ that often compel them to overeat. Many people have had traumatic experiences in their lives, _____ for various reasons, or lack something in their lives. These reasons can therefore cause people to eat more as a way _____ or happy. When helping someone lose weight, keep in mind that both the body and the mind _____.

39 Q: What is the speaker's main point?

(a) Weight gain and loss are often related to the mind.
(b) Most diets are not effective unless the person wants to lose weight.
(c) People can lose weight _____ to their diet and activities.
(d) Psychologists should be able to create effective diets.

40 Q: What can be inferred about the causes of obesity for some people?

(a) Most overweight people do not do _____.
(b) Some people overeat to mitigate feelings of sadness.
(c) People with loving parents are less likely to become overweight.
(d) Depressed people _____ to overeat.

Dictation 02

Part I Questions 1~10

◀ MP3 **4-06**

1 W Guess _____ on the street today?

    (a) Go ahead and tell me.

    (b) You should be more careful.

    (c) I didn't know that.

    (d) _____?

2 M Is there anything I can do to help you?

    (a) Yes, I am going to help you.

    (b) Pardon me _____.

    (c) Thanks, but _____.

    (d) I just helped that man over there.

3 W _____ about it?

    (a) I didn't do anything.

    (b) _____.

    (c) They don't know.

    (d) I want to do it.

4   M   Where exactly _____?

    (a) It's located over there.

    (b) _____.

    (c) No, my head doesn't hurt.

    (d) I'm starting to feel better.

5   W   _____ when you do that.

    (a) I don't feel that way about it.

    (b) Why are you doing that?

    (c) Sorry. _____.

    (d) Okay. It doesn't hurt to know that.

6   W   I can't remember _____.

    (a) It's over 500 pages long.

    (b) You really ought to read it sometime.

    (c) _____ is on the cover.

    (d) I don't really care for that genre.

7 M I thought you weren't planning on _____.

    (a) This is my briefcase.

    (b) It's on sale until Friday.

    (c) I believe _____.

    (d) I changed my mind.

8 W _____!

    (a) I'm going downstairs.

    (b) _____.

    (c) Pardon me for asking.

    (d) There's nowhere to go.

9 W _____. Hurry up and get going.

    (a) Are you sure about that?

    (b) _____.

    (c) What time are you coming?

    (d) I'm going to meet Sara.

10 W There's something seriously wrong with my car, isn't there?

    (a) Yes, but I believe I can fix it.

    (b) Yes, _____.

    (c) No, you didn't buy the wrong car.

    (d) No, _____ about it.

MP3 4-07

11 W I believe _____ in this dress.

M I agree. You ought to purchase it.

W But don't you think it's too expensive?

(a) Blue is a good color on you.

(b) Maybe, but _____ right now.

(c) I don't have enough money.

(d) Yes, I like to buy _____.

12 M I'm going outside _____.

W Don't be gone too long. _____.

M When are we going to eat?

(a) In about thirty minutes.

(b) It's _____.

(c) We're having spaghetti.

(d) It's your favorite dish.

13 W Good afternoon. How may I help you?

M Hello. _____ Mr. Davidson.

W He's not here now. May I take a message, please?

(a) I'm _____.

(b) What time is he returning?

(c) No, I don't mind waiting for him.

(d) Please _____ Tom Watkins.

14 M I'm going to band practice now.

W You play a _____, too?

M I play the trumpet. How about you?

(a) I'm _____.

(b) I love rock music.

(c) I'm a pianist.

(d) _____.

15 M My father _____ hiking.

W That's a great activity. He'll love it.

M What do you do _____?

(a) I'm going hiking with him soon.

(b) I don't know _____.

(c) I usually watch movies.

(d) We hang out at the shopping mall.

16 W Did you see how expensive _____ was?

M Yeah, it was a little high.

W We need to stop wasting so much energy.

(a) _____ as soon as you can.

(b) Let's use the air conditioner less often.

(c) I wish I had enough energy to do my work.

(d) Let's _____ to this room now.

17 W How do you think _____?

M Well, I don't know much about fashion.

W That's okay. I'd still like to know _____.

(a) No thanks. I'm quite all right.

(b) I'm fairly happy with it.

(c) _____?

(d) It looks pretty nice to me.

18 M This is Mr. Johnson. I called about ten minutes ago.

W Ah, yes. _____?

M I need to find out when the flight from Dallas is arriving.

(a) _____ this evening.

(b) You'll have to hurry to the airport.

(c) There are no flights to Dallas leaving today.

(d) You should get here _____.

19 W Theresa said _____ tonight.

M Right. They've got a new Impressionist exhibit there.

W But I wonder if it's possible to go there in the evening.

(a) _____, it stays open until nine.

(b) Okay, I'll meet you there after work is over.

(c) Theresa is so excited _____.

(d) The museum is located a couple of blocks away.

20 W Thanks for _____.

M No problem. Here's the bill.

W I don't have any cash on me. _____, can't I?

(a) Your blouse looks so nice.

(b) No, I don't have the money.

(c) _____.

(d) Okay, that's fine with me.

Part III Questions 21~30   ◀ MP3 **4-08**

21 Listen to a conversation between _____.

  W I'd like to make an appointment to see the doctor, please.

  M Unfortunately, Dr. Burns _____. What do you need to see him for?

  W I've been having severe migraines lately. Isn't there any way I can see him?

  M Well, maybe I can _____ right before closing.

  W What time is that?

  M Six thirty.

  W No problem. I'll be there. Thanks.

  Q: What is the woman mainly doing?

  　(a) Complaining about her problems

  　(b) _____

  　(c) Describing her symptoms

  　(d) Asking for a prescription

22 Listen to a conversation between two people.

  M Excuse me, but do you know _____?

  W Sure, it's right next to the mall.

  M Um, where exactly would that be?

  W On the corner of Pine Street and Fifth Avenue.

  M Thanks. Oh, _____?

  W Sorry, but I'm not sure about those.

  Q: What is the man mainly trying to do?

  　(a) Ask about when the theater opens

  　(b) See _____ at the theater

  　(c) Find out where the theater is located

  　(d) Check _____ at the theater

23 Listen to a conversation between two friends.

W Are you _____?

M No, I've had this one for quite a while.

W I've never seen you in it before.

M I don't put it on too often. I save it _____.

W Well, it really becomes you.

M _____. Maybe I should wear it more frequently.

Q: **What is the main topic of the conversation?**

(a) The event they are at

(b) Some new clothes

(c) The evening's activities

(d) _____

24 Listen to a conversation between _____.

M Hello. May I help you with anything?

W Yes, I'm looking for a birthday present for my father.

M _____ with a necktie.

W Actually, he's retired, so he doesn't wear neckties anymore.

M Would he _____?

W Possibly. Could you show me your selection?

Q: **Which is correct about the woman according to the conversation?**

(a) She wants to get a necktie.

(b) She will look at wrist watches.

(c) She will have a party _____.

(d) She purchased a gift for her father.

25 Listen to a conversation _____.

M I can't believe how much grocery prices have gone up lately.

W No kidding. This is going to _____.

M Perhaps we shouldn't buy all of this food.

W Such as?

M I don't know. Do we really need _____?

W I suppose not. I'll go ahead and put them back.

Q: **What is the man mainly complaining about in the conversation?**

(a) _____ at the store

(b) The taste of some canned goods

(c) The food that the woman is getting

(d) The amount of money _____

26 Listen to two friends make plans to shop for clothes.

M Are you still going to the clothing store tonight?

W Yes. _____ on blouses.

M I think I might join you if you don't mind.

W Why? You don't enjoy shopping.

M I know, but I could use a couple of _____.

W Sounds good. Shall we leave at seven then?

M _____. I won't be ready until then.

Q: **Which is correct according to the conversation?**

(a) The store is having a sale on men's clothes.

(b) The woman is going to buy some pants.

(c) They will go to the store at seven thirty.

(d) The man enjoys _____.

27 Listen to two friends make plans to meet.

M Do you have a moment?

W Not right now. I'm trying to _____.

M Can I give you some assistance?

W That's all right. I'm almost done. Mr. Jones just wants it _____.

M All right. Then don't let me slow you down.

W I'll visit your office _____.

M Perfect. I'll be waiting.

Q: **Which is correct about the woman according to the conversation?**

(a) She is trying to finish her presentation.

(b) She wants to talk with Mr. Jones.

(c) She will visit the man's office.

(d) She wants to _____ from the man.

28 Listen to a conversation between two students.

W How is your semester going?

M Not so well. _____ because of all my assignments. I've got three term papers to write.

W That's not too bad.

M Yeah, but I also have to take four midterms and _____.

W Ouch. Good luck with all that.

M Thanks. I'm going to need all the help I can get.

Q: **What problem does the man have _____?**

(a) The difficulty of his assignments

(b) _____ he must do

(c) His recent midterm exam grades

(d) Finding topics _____

29 Listen to a conversation _____.

    M You look awful. What's wrong with you?

    W I think _____.

    M What are your symptoms?

    W I've got a runny nose, a sore throat, and a bad headache.

    M Do you want to visit the doctor?

    W I don't see the point. No matter _____, I won't get better for a while.

Q: What can be inferred about the woman?

    (a) She gets sick fairly often.

    (b) She is going to leave work early today.

    (c) She does not like visiting doctors.

    (d) She wants the man _____.

30 Listen to a conversation between _____.

    M Aunt Sandy, it's so great to see you here.

    W It's good to see you, too, Andrew.

    M I wasn't expecting you to come.

    W I couldn't miss this event.

    M I know. It's been a long time _____ like this. So, how have you and Uncle Pete been?

    W We're doing well.

Q: What can be inferred from the conversation?

    (a) The man and woman _____.

    (b) They are at the woman's home.

    (c) The man and woman are married.

    (d) They are _____.

Part IV Questions 31~36

◀ MP3 4-09

31 Diabetes is an unusual disease in that it is not curable _____
_____ for many years, even decades. The main cause of the disease
is the failure of the pancreas to create enough insulin _____
_____ in the body. Through a variety of ways, such as insulin injections, pills,
dieting, and exercise, sufferers can control the effects of the disease. Ultimately though,
_____, including heart problems, circulatory
disorders, and blindness.

Q: What is the main topic of the talk?

(a) The manner in which _____

(b) The characteristics of and symptoms caused by diabetes

(c) The parts of the body _____

(d) The best way to control diabetes

32 It is crucial, now more than ever, for man _____. The
main reason is to ensure the survival of the human race. We live in a time when nuclear
war or a rapidly spreading disease has the potential _____
on the planet. However, by exploring space, perhaps we can establish colonies on the
moon, Mars, or elsewhere. By having human settlements on places other than Earth,
we can guarantee that humans will survive _____ on
our home planet.

Q: What is the speaker's main idea of exploring space?

(a) It is necessary to make sure humans do not become extinct.

(b) It should be done to help _____.

(c) It is possible that humans can spread diseases to other planets.

(d) Humans _____ other planets for their minerals.

33 The United States is one of the world's largest countries. Fortunately, people _____

_____ from coast to coast in the comfort of their own cars.

The reason for this is the country's interstate system. First constructed in the 1950s,

_____ was meant to ensure the defense of the country.

Nowadays, interstates are commonly used by commuters, travelers, and especially

truckers _____ from one state to another.

Q: **What is identified as the initial reason** _____?

(a) National defense

(b) The transportation of goods

(c) _____

(d) Making traveling easier

34 Economies often follow cycles. There may often be several years of good times

_____ by a short period of negative growth. Sometimes, an

economy may experience _____. People often call

this a boom period. During these times, _____ than

normal. The majority of the people in the booming area see their personal incomes and

_____. Booms do not often last very long, but some have

continued for several years.

Q: **Which is correct about boom periods?**

(a) They always last for several years.

(b) They immediately follow _____.

(c) They positively affect many people.

(d) They are times when growth triples that of normal times.

35 Thank you for calling the Merchandise Bank. Our offices are now closed. _____ _____ to our automated telephone answering service. If you wish to do telephone banking, press one now. If you need to _____ _____, press two. To report a lost or stolen bank card or credit card, press three now. If you wish to _____, please press four. To hear our banking hours and contact information, press five.

Q: Which is correct according to the phone message?

(a) A customer _____ should press one.

(b) A customer who needs a balance sheet should press two.

(c) A customer _____ should press three.

(d) A customer who wants to repeat the message should press four.

36 As of tomorrow, library patrons are allowed to have no more than five books checked out simultaneously. Too many patrons _____ and have been borrowing large numbers of books for extended periods of time. This has deprived other members of the community with the opportunity to borrow these books. In addition, all books will be due two weeks _____ and may only be renewed once. This should ensure that more books can circulate freely rather than _____ of a single borrower for months at a time.

Q: Which is correct according to the announcement?

(a) _____ is going to increase.

(b) Patrons may now check out ten books at a time.

(c) Some patrons are being prohibited from borrowing books.

(d) The library's _____ are changing.

37-38 The graduates of the Woodward High School class of 1999 are holding _____ this May on the fourteenth and fifteenth. We hope that all members of the 1999 graduating class _____ _____. We're going to start the event on Friday with a tour of the school, and then we will have dinner at the Promenade starting at eight o'clock. Saturday's activities _____. Please note that lodging and accommodations must be arranged individually. For more information or to reserve your spot, please contact the school's alumni office today _____ provided below.

37 Q: Which of the following does the speaker recommend?

    (a) Arriving early _____

    (b) Signing up to attend the school reunion via phone by today

    (c) _____ the school staff if a person wants to book a place

    (d) Helping the alumni association arrange the event

38 Q: What are the graduates going to do at the Promenade?

    (a) Have dinner

    (b) Take a tour of the school

    (c) _____

    (d) Make plans for Saturday's activities

39-40 _____ were all silent films. The technology that enabled
sound to be recorded for films _____. So the actors and actresses
in silent films typically exaggerated their movements to compensate _____
_____. This enabled the audience to understand what was happening. There
were many stars during the silent film era. Among them were Mary Pickford, Lillian Gish,
and Charlie Chaplin. Once movies _____, most of the silent
film actors and actresses were unable to make the transition to "talkies." Only Chaplin
achieved _____ that he had in silent films.

39 Q: What is the main topic of the talk?

(a) The characteristics of early cinema

(b) The development of modern films

(c) Early stars in Hollywood films

(d) The technology _____ in films

40 Q: What can be inferred about Charlie Chaplin?

(a) He starred in a movie alongside Mary Pickford.

(b) _____ in that he succeeded in films with sound.

(c) He was the most famous silent star of the twentieth century.

(d) He excelled _____ on film.

Dictation 03

◀ MP3 4-11

1 M _____ that I would do it.

    (a) I'm going to do it right now.

    (b) We're supposed to be going this way.

    (c) What _____ then?

    (d) Which way do you want to go?

2 W The police are questioning him right now.

    (a) Here's _____, officer.

    (b) Yes, I have a couple of questions.

    (c) What are you going to say?

    (d) He could _____.

3 W Let me _____ for a second.

    (a) Here's the number you want.

    (b) You can lend it to me in a few minutes.

    (c) I'd like to, _____.

    (d) Sorry, but I don't know the number.

4   M   I am not sure _____.

     (a) My birthday was two days ago.

     (b) I'm _____.

     (c) We should ask him to find out.

     (d) I don't know the answer either.

5   W   You look like you've _____ recently.

     (a) Thank you for noticing.

     (b) It's time for dinner.

     (c) I weigh about 70 kilograms.

     (d) _____ soon.

6   M   I could use _____ right now.

     (a) Is something the matter?

     (b) It's over there on the desk.

     (c) You can borrow it then.

     (d) Tell her _____

7 W We'd love to hear _____.

    (a) No, I haven't heard anything about it.

    (b) Okay, but I hear he's not doing too well.

    (c) I need a chance _____ first.

    (d) I believe I'm going to take a break now.

8 W Don't start until _____ what we need to do.

    (a) We're almost finished with everything.

    (b) _____ the possibilities?

    (c) Okay. I won't do anything then.

    (d) That's the best way to look at it.

9 W I just got a new dress _____!

    (a) A big sale is going on there now, right?

    (b) It'll take me a few minutes _____.

    (c) I'm really sorry to hear that news.

    (d) Yes, that department store just opened up last week.

10 M That's got to be one of the most brilliant ideas _____!

    (a) You're not very modest, are you?

    (b) _____.

    (c) I'll try to do better next time.

    (d) I can't believe you feel that way.

Part II Questions 11~20

◀ MP3 **4-12**

11 M _____. What's wrong with you?

W I've got a bad cold.

M Here you go. _____.

(a) Pardon me.

(b) I caught a cold.

(c) Okay. Here you are.

(d) I hope _____.

12 W You should _____.

M It's not really my style.

W Just go ahead and _____.

(a) Sure, but I'm not buying it.

(b) I'm already wearing it.

(c) I am looking for the jacket.

(d) But _____.

13 M There you are. I've been trying to _____ all day.

W Why didn't you call me?

M I did, but your phone _____.

(a) I forgot to leave a message.

(b) The battery must have died.

(c) You _____.

(d) I always answer my telephone.

14 W I need to take _____ off.

  M Are you going somewhere?

  W My father's sick. I have to visit him in the hospital.

   (a) I'm glad _____.

   (b) That's exactly what I am talking about.

   (c) In that case, _____ as you need.

   (d) I hope that you get better soon.

15 M How was your trip to England?

  W It was awesome. I wish I _____ longer.

  M It sounds like you had a great time.

   (a) Yeah, _____.

   (b) Couldn't be better.

   (c) I moved there three years ago.

   (d) I'm going there _____.

16 M I'd like for you _____, please.

  W What should I do when I finish them?

  M Just put them on my desk.

   (a) My office is right down the hall.

   (b) I'll do this _____.

   (c) That's a good choice.

   (d) _____.

17 M That was _____ we heard.

W Yeah. I can't believe Tim and Jane are getting married.

M I had no idea _____.

(a) They're having the wedding in April.

(b) I believe that they're still into each other.

(c) You're not the only one _____.

(d) It's such a shame to hear that news.

18 W Our home _____ for two months, but no one's viewed it.

M I'm doing my best to find interested buyers.

W I'm worried we won't be able to sell it.

(a) I'd like to _____ free of charge.

(b) The housing market isn't good now.

(c) I think the price is _____.

(d) I am selling vegetables at the market.

19 M _____ this math problem.

W Don't you know how to solve it?

M No. This is the part _____.

(a) Yes, I am a little confused.

(b) Math is _____.

(c) Here's what you need to do.

(d) The teacher explained it.

20 M You _____, don't you?

W Actually, I gave it to someone at the office.

M I can't believe you did that!

(a) I thought you didn't want it.

(b) I wasn't done reading it.

(c) _____ this evening.

(d) I'll look at it sometime later.

Part III Questions 21~30

◀ MP3 4-13

21 Listen to a conversation between a sales clerk and a customer.

M May I help you look for something?

W Yes, I'm trying to _____. They were somewhere around here.

M Unfortunately, we've sold our entire stock.

W Oh... When did that happen?

M A couple of hours ago. But we've got some nice cotton sweaters, too.

W No, thanks. _____ those.

M Come back in two days, and we'll have more wool sweaters.

Q: What is the woman mainly trying to do?

(a) _____ of a clothing item

(b) Recommend a store for cheap wool sweaters

(c) _____ of wool sweaters

(d) Find the location of the cotton sweaters

22 Listen to a conversation at a restaurant.

W This is _____ you chose for dinner tonight.

M I'm glad you like it here.

W How could I dislike it? Look at the view of the ocean!

M _____, isn't it?

W I could stare at the sun _____ for hours.

M We should be sure to dine here again tomorrow.

Q: What is the main topic of the conversation?

(a) The chef

(b) The food

(c) The view

(d) The sunset

23 Listen to a conversation between a couple.

M The gas gauge is starting to get low.

W I'm sure _____ without filling the car up.

M I disagree. We've still got another couple of hours to go. Let's stop _____

_____ we see.

W Do you really think that's necessary?

M I'd hate _____ in the middle of nowhere.

W Good point.

Q: **What are the man and woman mainly talking about?**

(a) Where the nearest gas station is

(b) The time left to get home

(c) _____

(d) The need to put gas in the car

24 Listen to a conversation _____.

W Could you give me your opinion on something?

M Sure. What is it?

W It's the speech I'm giving tomorrow.

M Do you _____ for me?

W Here you go.

M All right. Let me read it, and I'll get back to you in an hour.

W Thanks. _____.

Q: **Which is correct according to the conversation?**

(a) The man will give a presentation tomorrow.

(b) The woman should make a copy.

(c) The man will tell the woman his opinion.

(d) _____ what she has to do.

25 Listen to a conversation _____.

M There's something different about you.

W I thought _____.

M I can't put my finger on it though. Are you wearing a new dress?

W No, I've had this one for a while.

M I've got it. _____, didn't you?

W Bingo. So what do you think of it?

M I like it. It makes you look really sophisticated.

Q: **Which is correct about the woman?**

(a) She bought some new clothes.

(b) She asked the man _____.

(c) She changed her hairstyle.

(d) She is trying to be more sophisticated.

26 Listen to two friends make plans to meet.

M How would you like to _____ tonight?

W I'd love to, but I'm having dinner with Cathy.

M Oh, I didn't know that.

W What about _____ for coffee instead?

M Sure. Give me a call _____.

W Great. I'll do that.

Q: **Which is correct according to the conversation?**

(a) The man will have dinner with Cathy.

(b) The man has no time to have dinner.

(c) The woman _____ with the man.

(d) The woman will have a cup of coffee with the man.

27 Listen to a conversation _____.

W Kevin called and said he wanted to meet you.

M Did he give a time _____?

W He mentioned that this afternoon at two was perfect.

M Hmm... I don't know about that. _____ for me.

W You can't do that. You've got a meeting from four to five today.

M That's right. Then let's go _____.

Q: When will the man most likely meet with Kevin?

    (a) At one o'clock

    (b) At two o'clock

    (c) At four o'clock

    (d) At five o'clock

28 Listen to a conversation about a man's grade.

M I'm just a little annoyed.

W What's the matter?

M I got a low grade _____.

W How come?

M It had too many silly mistakes on it.

W Well, read over your work more closely _____ next time.

Q: Why is the man upset?

    (a) He does not want to write an essay.

    (b) He did not do well _____.

    (c) He forgot to turn in his English homework.

    (d) He _____ during his presentation.

29 Listen to a conversation about the way to the post office.

W   Pardon me. Can you tell me _____?

M   Sure. Go down the street and take a right. Then go straight three blocks.

W   I thought it was still on 5th Avenue.

M   _____ for five years.

W   Oh, I haven't been around here in a while.

M   I guess not. Anyway, it should be easy to find.

Q: What can be inferred about the woman?

(a) She dislikes _____.

(b) She is going to 5th Avenue.

(c) She lives in another city.

(d) _____.

30 Listen to a conversation between a husband and a wife.

W   Jason, are you ready to go?

M   Go where?

W   To the concert. It starts _____.

M   I thought it was tomorrow night.

W   No way. It starts at seven o'clock on Tuesday night. That's today.

M   Oh, okay. Give me a minute to get ready then.

W   _____. I don't want to be late.

Q: What can be inferred about the man?

(a) He _____ for the woman.

(b) He forgot when the concert would be held.

(c) He is not interested in _____.

(d) He will get to the concert on time.

31 I'd like to thank all of you for coming here this evening. Tonight, we're going to _____ of Edward Malone, our company's founder and, for thirty-two years, the CEO. As Ed prepares _____ _____, he leaves a company that is now considered a global leader _____ _____ computer software design. In addition, under his leadership, the company has not once lost money _____. We've got a lot of speakers tonight, so let's hear from the first one: Edward Malone's wife, Jennifer Malone.

Q: **What is the main topic of the talk?**

   (a) Edward Malone's career

   (b) Jennifer Malone's _____

   (c) Why Edward Malone is retiring

   (d) The history of Edward Malone's company

32 Studies have shown that people who play certain kinds of games develop _____ _____. There are a large number of games which can improve people's abilities. Obviously, games like chess teach people _____. And puzzles like the world-famous Rubik's cube usually impart problem-solving skills on people. Even relatively simple games like crossword puzzles _____. They often stimulate people's brains and encourage them _____.

Q: **What is the speaker's main point?**

   (a) It is better to play chess than to do crossword puzzles.

   (b) Playing games can make people think better.

   (c) Not enough people _____.

   (d) The Rubik's cube can teach problem-solving skills.

33 People who live in big cities often don't purchase cars. Instead, they opt to use _____ _____ to get around. For that reason, cities worldwide are focusing on ways to improve their public transit systems. Two simple ways are to expand _____ _____ and to construct more subway lines. Other cities build elevated trains, sometimes called monorails, _____ on the streets below. And cities are also constructing bike lanes _____ who are trying to get around the streets.

Q: **What is the talk mainly about?**

　(a) The need to improve public transportation

　(b) Ways in which cities are improving public transportation

　(c) _____ of public transportation

　(d) The expansion of bus and subway routes

34 You have reached the Civic Concert Hall. _____ to answer the phone at the moment. But if you stay on the line, an operator _____ _____ momentarily. This weekend, we have a special performance, as the Berlin Philharmonic Orchestra _____. Saturday's show time is from 7 to 9 PM, and Sunday's is from 6 to 8 PM. Tickets are available online at www.civichall.org or _____ at the box office.

Q: **Which is correct about the concerts?**

　(a) The Sunday concert lasts longer than the Saturday concert.

　(b) _____ in Berlin, Germany.

　(c) Tickets for them are only available for purchase in person.

　(d) The Sunday concert starts earlier than the Saturday concert.

35 Many people believe that the Titanic is _____, but the greatest loss of life at sea occurred on the Wilhelm Gustloff, a German passenger ship in the Baltic Sea on the night of January 30, 1945, _____ of World War II. Carrying refugees from the eastern part of Germany to the west, _____ _____ by a Russian submarine. Estimates are that close to 8,000 people died. Most of them were the elderly or young women and children.

Q: Which is correct about the Wilhelm Gustloff?

(a) It was a Russian ship.

(b) It was used _____.

(c) It was sunk during wartime.

(d) _____ when it sank.

36 While many Western-trained doctors _____, a large number of people seek treatment from acupuncturists. Using needles which _____ _____ on people's bodies, these doctors claim that they can heal patients without having to do _____. For the most part, acupuncture is practiced in East Asian countries. However, it is gaining a small following in many places. _____ like the United States, England, and Canada.

Q: What can be inferred from the talk?

(a) Acupuncture is _____.

(b) Acupuncture is illegal in the United States.

(c) Acupuncture is starting to become more popular.

(d) Acupuncture is fairly expensive to do.

Part V Questions 37~40

◀ MP3 4-15

37-38 Everyone, please remember that the annual company picnic _____ tomorrow. It's going to be at the beach area at Lake Louise. _____ _____ at the venue, so shuttles from our company office will be available. The picnic starts at ten and should finish around five or six in the afternoon, _____ _____. We've got a lot of fun activities planned, including beach volleyball, baseball, soccer, and lots of other games. And _____ _____ with hamburgers, hotdogs, and all other kinds of great food. Be sure _____ _____ for everyone to enjoy when you come and remember that everyone in your families is welcome to join!

37 Q: **What is the speaker mainly doing in the announcement?**

    (a) _____

    (b) Reminding people about an event

    (c) Inviting everyone and their families to the picnic

    (d) Requesting that people play games together

38 Q: **Which is correct about the picnic?**

    (a) Parking at the event will not be allowed.

    (b) All the food _____ by the company.

    (c) The event is held once a year.

    (d) The picnic is limited _____.

39-40 Workplaces are rapidly _____ in how they treat their employees. One such way is in regard to the hours that their employees keep. In some places, no longer are all employees required to work the _____. Instead, some of them are changing their hours. They might work from seven to four or from eleven to eight. _____; it's a combination of the words flexible and time. While not all companies offer flextime, those that do report that the employees _____ are both happier and more productive. This means that companies that allow such a policy can be more profitable _____.

39 Q: What is flextime?

    (a) A method companies can use to cut costs

    (b) An organization _____ over long working hours

    (c) An institute analyzing the benefits and drawbacks of a standard working hour

    (d) A new approach _____

40 Q: What can be inferred about flextime?

    (a) The majority of companies make use of it.

    (b) Employees use it to avoid working at the office.

    (c) It provides several advantages for employees.

    (d) Employees _____ if they want to use it.

Dictation 04

정답 및 해설 p.37

Part I Questions 1~10

◀ MP3 **4-16**

1 W Do you _____ instead of you?

    (a) No, I don't have a car.

    (b) Didn't you _____?

    (c) No, you can't go there.

    (d) No, I don't know where we are going.

2 W How often _____ there?

    (a) They're in the shopping mall.

    (b) They go there all the time.

    (c) The clothes are hanging _____.

    (d) I haven't seen them in a while.

3 M _____ somewhere before?

    (a) It's a pleasure to meet you.

    (b) Hi, my name is Jenny Robinson.

    (c) _____ with someone else.

    (d) I don't recall meeting him.

4   W   Do you really think _____?

  (a) I sure hope so.

  (b) I'm not working now.

  (c) I think about it a lot.

  (d) Yes, _____.

5   M   The company _____ its newest product.

  (a) The produce is on sale right now.

  (b) I'm now the new director here.

  (c) This is a very successful promotion.

  (d) It _____.

6   M   I'll tell him _____ when he comes to the office.

  (a) Is Mr. Smith around?

  (b) His office is _____.

  (c) Thanks. I appreciate that.

  (d) Okay, I'll call back later.

7 W Let me decide _____ on the issue.

    (a) Hurry and make up your mind.

    (b) No, the need for the product is increasing.

    (c) We're going to be in Tom's office.

    (d) Let's _____.

8 M I'm not sure what the _____ is.

    (a) I'll deposit the money in the bank.

    (b) You can change your money over there.

    (c) _____ than the others.

    (d) I've got the numbers right here.

9 M I'll have to consider this for a moment.

    (a) It is _____ money.

    (b) Don't think about it for too long.

    (c) You are a very considerate person.

    (d) _____ what happened.

10 M I'd love to find out how you heard about the CEO's upcoming visit.

    (a) I got an email _____.

    (b) The CEO has been with us for ten years.

    (c) He's going to be arriving this Thursday.

    (d) My hearing _____ lately.

Part II **Questions 11~20**

◀ MP3 **4-17**

11 W _____ the movie?

   M The story was fine, but the acting _____.

   W I thought the soundtrack was nice, too.

     (a) The music didn't sound great to me.

     (b) I really loved the special effects.

     (c) I can't believe _____.

     (d) Why don't we download it instead?

12 M _____ to go home?

   W In about ten minutes. Why?

   M I thought we could get some dinner somewhere.

     (a) I can't. _____ tonight.

     (b) I'd love to, but I already have plans.

     (c) That was a really good meal we had.

     (d) Yes, _____ without me.

13 W Let's _____ this weekend.

   M Sure. I know a great place where we can go.

   W All right. I'll _____ all the food.

     (a) Lunch was delicious. Thanks.

     (b) That must have been expensive.

     (c) And _____.

     (d) Where did you just go?

14 M Why is everyone _____ right now?

W The teacher just came in and told us _____.

M I guess I'd better do the same.

(a) There she is.

(b) _____.

(c) No, thank you.

(d) You're welcome.

15 W These speakers I bought _____.

M What's the matter with them?

W The sound quality isn't very good.

(a) Are you here _____ or a return?

(b) These have a high-quality system.

(c) There's nothing wrong with them.

(d) Then _____ for a different unit.

16 M Ouch! _____ a lot.

W What did you just do?

M _____ in the door.

(a) Be more careful next time.

(b) Close the door _____.

(c) You'd better get some crutches.

(d) That makes a lot of noise.

17 W _____ that story David just told us?

    M I don't know. It seemed pretty believable to me.

    W There's something missing _____.

        (a) I was there when it happened.

        (b) I don't really know David that well.

        (c) I will miss him _____.

        (d) You'd better ask him for the truth.

18 M I'm planning to fire Brian.

    W Don't you think _____?

    M I can't think of anything else to do.

        (a) Yes, he was already fired.

        (b) _____ instead.

        (c) He will be promoted soon.

        (d) He's not doing too well.

19 W Can you call Mark _____?

    M Why, do you need to talk to him?

    W _____ what he wants for lunch.

        (a) Here's his phone number.

        (b) He ate lunch with Fred.

        (c) He wants _____.

        (d) Mark's not in the office now.

20 W I've got to go back inside _____.

M Why are you doing that?

W I guess you didn't read the _____, did you?

　(a) It's going to be sunny.

　(b) Yes, _____.

　(c) No, I didn't see it today.

　(d) I can see some clouds.

Part III Questions 21~30

◀ MP3 **4-18**

21 Listen to a conversation between a _____ and a passenger.

M Are we going to be landing anytime soon?

W We've run into some headwinds, so they're slowing us down a bit. _____ at four thirty.

M But that's an hour late! I'm going to miss my connecting flight.

W We'll do our best _____ as quickly as we can.

M I hope so. I don't want to have to readjust my travel plans.

W With luck, you won't have to.

Q: **What is the conversation mainly about?**

   (a) The man's travel plans

   (b) _____

   (c) The reason they are late

   (d) The man's final destination

22 Listen to a conversation between two colleagues.

W My husband and I have decided _____.

M That's interesting news.

W We need a bigger place since we've got two children now.

M _____ then?

W We're thinking of getting a place in the suburbs.

M That should be nice.

W Yeah, there are some great places _____ there.

Q: **What are the man and woman mainly talking about?**

   (a) _____ to live in

   (b) The woman's moving plans

   (c) The woman's family

   (d) The size of the woman's apartment

23 Listen to a conversation between two coworkers.

M I heard that you're taking _____.

W That's true. Who told you?

M There's a rumor _____.

W Oh, I didn't realize that.

M Actually, David told me about it.

W _____. He's the only other one here who knows.

Q: **What is the main topic of the conversation?**

(a) Swimming lessons

(b) The woman's friend David

(c) _____

(d) How difficult swimming is

24 Listen to two friends discuss a job offer.

M I can't make up my mind. I got a job offer in another city. But I like my current job, too.

W _____ to your new opportunity?

M Yeah. I will get a better salary and more vacation time.

W Then what's stopping you from going?

M I like living in this city.

W You should weigh the advantages and disadvantages and then _____.

Q: **Why is the man hesitating to accept the job offer?**

(a) The man likes his current city.

(b) The man _____.

(c) The man will only get 15 days' paid vacation eah year.

(d) The man has an opportunity _____.

25 Listen to two friends _____.

W You're still coming over for dinner tonight, right?

M I'll be there at eight just like you said.

W Is there anything you can't eat?

M _____, so I hope you're not making that.

W I'm not cooking fish, but I am serving a shrimp dish. Is that okay?

M Sure. _____ eating shrimp.

Q: What food is the woman likely to avoid serving?

(a) Shrimp

(b) Salmon

(c) Mutton

(d) Cabbage

26 Listen to a conversation about a woman's mail.

M _____ waiting for you at the front desk.

W Oh, should I go down to the lobby?

M Yeah, he said that you had to come and _____ in person.

W Did he explain why?

M Apparently, _____, so he can only give it to you.

W I guess I'll go down there in a few minutes. Thanks for letting me know.

Q: Which is correct about the man according to the conversation?

(a) He wants to send some registered mail to the woman.

(b) He apologizes _____ the woman's mail.

(c) He explains why the woman has to go to the lobby.

(d) He tells the woman who sent the mail to her.

35 Some elements—like gold and silver—are desired _____. But alloys, which are metals that are combinations of at least two different elements, are desired as well. One such alloy is bronze, _____ copper and tin. Brass, which is made of copper and zinc, is another common alloy. Alloys typically offer _____ over pure elements. They might be stronger than iron. They may conduct electricity better or _____.

Q: According to the talk, _____?

    (a) Copper and zinc

    (b) Gold and tin

    (c) Silver and copper

    (d) Steel and iron

36 Scientists in the past _____ to the advanced equipment that modern-day academics have. That's what makes some of the discoveries in years past so incredible. Imagine what men like Leonardo da Vinci, Sir Isaac Newton, or Nicholas Copernicus _____ if they had had access to advanced science laboratories or even just computers. When you consider that their theories, inventions, and discoveries all came without the benefit of those machines, one begins to gain a greater appreciation _____.

Q: What can be inferred from the lecture?

    (a) Modern inventions _____.

    (b) Sir Isaac Newton lived in the recent past.

    (c) People can only make inventions _____.

    (d) Scientists from the past were very intelligent.

37-38 We've got a _____ coming in right now. A tornado
has just been sighted in the Jacksonville area. The tornado _____
_____ at 32 kilometers per hour. Wind speeds are reported to be over
160 kilometers per hour. _____ to get to a place of safety
immediately. Basements or other places underground are the safest places to be.
_____ should you go outside. If the power in your
residence goes out, just be patient and don't bother _____.
They'll already know about it and will send technicians as soon as it's safe.

37 Q: What is the speaker's main point?

(a) Everyone needs to avoid the coming storm system.

(b) Residents should take cover from the tornado.

(c) People should contact the electric company.

(d) The tornado _____.

38 Q: Which is correct according to the announcement?

(a) The storm is moving toward the northwest.

(b) The wind speeds are less than 160 kilometers per hour.

(c) There is no reason for people to go outside during the storm.

(d) The electric company _____.

39-40 Viruses like smallpox, polio, mumps, and measles have caused _____
_____, including deaths. Fortunately, scientists have come up with
vaccines for these and other viruses. _____ to diseases.
Since there are no known cures for any virus, vaccines _____.
The reason is that, left alone, certain viruses such as smallpox can run wild through the
population and _____ large numbers of people. While
many viruses have no vaccines yet, it is merely _____ for them to
be created since so many scientists are working on them.

39 **Q: Which is correct about viruses?**

    (a) They rarely cause people to die.

    (b) Most of them now have vaccines that can cure them.

    (c) They have become more dangerous in recent years.

    (d) _____ throughout a population.

40 **Q: Why are vaccines so important?**

    (a) They are an effective cure for viruses.

    (b) They can stop the spread of viruses.

    (c) They are one of the leading causes of death in children.

    (d) They make _____ develop further.

Dictation 05

◀ MP3 4-21

1 W It would be great _____ sometime.

    (a) I'm sorry, but we haven't been introduced.

    (b) _____ meeting people the first time.

    (c) Great. I'm looking forward to meeting you.

    (d) Let's go over there and do it right now.

2 W Tell me exactly what happened in that meeting.

    (a) It was _____.

    (b) The meeting finished at ten.

    (c) It's _____.

    (d) I'm going to attend it.

3 W I'd like a report on how things are coming along.

    (a) He's moving _____ soon.

    (b) I'll prepare one for you immediately.

    (c) Sure. I'll go there with you.

    (d) She _____ on the economic trend.

4   M   I want you _____ what Mary is planning.

    (a) Have a seat and let me tell you.

    (b) Sorry, but our plans are already set.

    (c) It's on top of the _____.

    (d) Mary is working in her office now.

5   M   _____ if the situation changes.

    (a) There's nothing to do.

    (b) I've made all of the changes.

    (c) _____ of that.

    (d) What's the situation?

6   M   You _____ my request.

    (a) You didn't understand the instructions at all.

    (b) You know that I don't like to repeat myself.

    (c) No, I did exactly _____ to do.

    (d) Yes, that's what I would like for you to work on.

7 M _____ what I'm supposed to do next.

    (a) Last of all, talk to Eric about the problems.

    (b) I don't remember what he said to me.

    (c) The computer's memory has been erased.

    (d) You need to refer to the _____.

8 W This box _____ here.

    (a) New purchases always come in a box.

    (b) Sorry, but he left without telling me.

    (c) Would you like _____?

    (d) No, you should turn right instead.

9 M I'd like you to inform me _____ the deliveryman arrives.

    (a) Here's your package.

    (b) He said he'll be here soon.

    (c) _____ to mail.

    (d) Where is he going?

10 M That approach _____, has it?

    (a) I wouldn't go any nearer if I were you.

    (b) You only have one more try.

    (c) That's the best way to look at it.

    (d) It hasn't _____.

Part II Questions 11~20

◀ MP3 **4-22**

11 M Would you mind _____?

　　 W Of course not. Where are you going?

　　 M I've got to go back to my office for something.

　　　 (a) I'll wait here for you _____.

　　　 (b) My office is actually closer.

　　　 (c) _____ on the tenth floor.

　　　 (d) I think it's going to be closing soon.

12 W Do you want to _____ this evening?

　　 M Not really. We should take the bus instead.

　　 W Then I'll meet you _____ after work.

　　　 (a) Here's my ticket.

　　　 (b) There it is.

　　　 (c) _____.

　　　 (d) Let's go now.

13 M Can you tell me how to get to the shopping mall?

　　 W Actually, _____.

　　 M Okay. Thanks anyway.

　　　 (a) Enjoy shopping there.

　　　 (b) Sorry, _____.

　　　 (c) Where do you live?

　　　 (d) _____.

14 M _____ for his birthday?

W Oh no! I completely forgot all about that.

M You'd better _____ before the party tonight.

    (a) The party's going to start right after work.

    (b) I believe it's going to be at Bill's house.

    (c) I got him a watch that I know he'll love.

    (d) I'll pick up a present _____.

15 M _____ in this building?

W Go up the second floor. It's next to the restrooms.

M Thanks. _____.

    (a) I'll take a soda.

    (b) Here are some coins.

    (c) I'm going there now.

    (d) _____.

16 W I _____ my smart phone here a while ago.

M Yes, I remember you.

W So, have you finished _____?

    (a) Give me ten more minutes.

    (b) I'm listening to some music now.

    (c) You shouldn't have dropped it.

    (d) The repairs _____.

17 M I'm going to _____ for a minute.

   W What's up? Do you need to use the restroom?

   M _____ at the gas gauge?

     (a) Let's go to the gas station.

     (b) I should go to the restroom, too.

     (c) _____.

     (d) I guess we need to fill up the car.

18 W _____ these two books, please.

   M Is there anything else?

   W No, that's it. Oh, _____?

     (a) Yes, there are.

     (b) Yes, we do.

     (c) No, we aren't.

     (d) No, he doesn't.

19 M I need to speak to the person _____.

   W He's not in the office today.

   M Then would you _____ his name and number?

     (a) My name is Jennifer Houston.

     (b) His office is right around the corner.

     (c) No, the office is closed for the day.

     (d) Here's Mr. Burns' _____.

20 W I'm considering _____.

M You ought to lease one instead.

W Why do you believe that?

    (a) You'll _____.

    (b) It's the least you can do.

    (c) I love my new car.

    (d) It's _____.

Part III Questions 21~30

◀ MP3 4-23

21 Listen to a conversation about a woman's problem.

M You don't seem _____ these days.

W I haven't been getting a lot of sleep.

M Are you sick?

W I don't know what's wrong with me. _____.

M You ought to see a doctor.

W I have, but the visit _____.

Q: **What is the conversation mainly about?**

(a) Some ways to get to sleep

(b) How the woman can get better

(c) The amount of stress in the woman's life

(d) The woman's _____

22 Listen to a conversation between a couple.

W Would you like me to drive instead?

M I'd rather _____ first.

W All right. There's a rest stop coming up in a few minutes.

M Yeah, I know. _____ noodles.

W You are? I'd like to have some rice and soup.

M Well, there might be a food court. So let's get _____.

Q: **What are the man and woman mainly talking about?**

(a) What they want to eat

(b) What they are going to do

(c) _____

(d) Who gets to drive next

23 Listen to a conversation between two friends.

W I didn't see you at the game last night.

M _____, but I couldn't make it.

W What kept you from attending?

M My boss forced me to stay late _____.

W That's too bad.

M I know. I got home after eleven.

Q: **What is the main topic of the conversation?**

(a) _____ the man worked

(b) Why the man did not go to a game

(c) The work conditions _____

(d) The project the man is working on

24 Listen to two friends discuss buying a computer.

M Aren't you going to buy that computer?

W I'd love to, but I didn't remember _____.

M So you don't have any cash on you?

W Not enough _____. I was planning to charge it.

M We can always come back later.

W Yeah, let's visit this store again tomorrow.

Q: **Why can't the woman _____?**

(a) She forgot her credit card.

(b) It is too expensive for her.

(c) The store _____ has it in stock.

(d) She does not like to use cash.

25 Listen to a conversation between two friends.

M Are you still upset with me?

W A little. You _____ me in front of everyone.

M I'm really sorry. I don't know why I said those things.

W It's okay. But you need to think _____ next time.

M You're right. I won't do that again.

W That's good to hear.

Q: **Why is the man apologizing to the woman?**

(a) _____ with her.

(b) He called her some names.

(c) _____ she was not a good worker.

(d) He said some bad things about her.

26 Listen to a conversation about a woman's son.

W That was an _____.

M I'll say. Your son did a good job. He got several awards.

W Yes, _____.

M I bet he really likes studying.

W He does, but I try to _____ he plays sports as well.

M He sounds like a very well-rounded young man.

Q: **Which is correct about the woman's son?**

(a) He attended the awards ceremony.

(b) He failed to win any awards.

(c) He _____ studying all the time.

(d) He likes to hang out with his friends.

27 Listen to a conversation at an office.

W _____ for this evening?

M Some of the guys are going out after work.

W Really? Where are you going?

M We're all having dinner together.

W That sounds good. Do you mind _____?

M I think that should be fine. Be in the lobby at six.

Q: **Which is correct about the man and woman according to the conversation?**

(a) They will have dinner _____.

(b) They are discussing their after-work plans.

(c) They will skip dinner and work overtime.

(d) They will go to a party _____.

28 Listen to a conversation during a meeting.

W I'd love to _____, but you need to come down on the price.

M I can't.

W Why not?

M My company _____ if I lower the price any more.

W Then how about providing us with some free service for a year?

M It's a deal. We can do that.

Q: **Which is correct according to the conversation?**

(a) The man and woman _____.

(b) The man and woman are discussing price fluctuations.

(c) The man agrees to provide continuous service for the woman.

(d) The woman signs an agreement _____.

29 Listen to a conversation between two friends.

M Do you think _____ a few dollars?

W I'm not sure. Why do you need the money?

M I'd love to buy that new CD. Oh, and I need some money to take the bus home.

W You want to buy a CD when _____ transportation home? That's ridiculous.

M Yeah, I see your point.

W You need to work on _____ better.

Q: **What can be inferred about the man?**

(a) He likes listening to classical music.

(b) He does not own a car.

(c) He always relies on _____.

(d) He has some bad spending habits.

30 Listen to a conversation about a man's problem.

W Why don't you tell me _____?

M It's nothing. You don't need to worry about it.

W Please tell me. I know when something's wrong with you.

M All right, but promise _____ I told you.

W Of course. I'll be sure to keep your secret.

M Thanks. I'm really worried about my father's health right now.

Q: **What can be inferred from the conversation?**

(a) The man _____ with his family.

(b) The man trusts the woman with his secrets.

(c) The woman does not know the man very well.

(d) The woman and man _____.

31 Many people claim that E-books are going to _____
_____ within a few decades. E-books are nice and offer many
conveniences, but there is no way they will _____.
First, there is nothing like picking up a real book and reading it. Also, _____
_____ on the pages of an E-book like you can with a book. And,
finally, people _____. We've been reading books for
thousands of years, and we're not about to stop doing so.

Q: What is the speaker's main point?

(a) E-books are the most exciting technology in the world.

(b) Books will not be completely replaced by E-readers.

(c) E-books _____ that books do not have.

(d) Books will survive for at least a thousand more years.

32 Many people believe coral reefs are simply nice places to go snorkeling or scuba diving
only because of _____. But coral reefs are integral to
our world's oceans. They serve as homes _____ of fish and other
marine life because they provide an abundant food supply for sea creatures. Because
of this, they help _____ of our oceans. In addition, coral
reefs protect many fish—particularly immature ones—from predators like sharks, _____
_____ in the reefs.

Q: What is the main topic of the talk?

(a) The types of marine life in a coral reef

(b) How to scuba dive in a coral reef

(c) The importance of coral reefs

(d) How coral reefs _____ from predators

33 _____ of computers, people are now able to do much more work than ever before. Jobs that once took hours to complete can now be finished _____. While computers have not made people smarter, they have improved people's efficiency. Because of computer programs, jobs that used to _____ can now be done by just about anyone.

Q: **Which is correct according to the talk?**

(a) Computer programs _____.

(b) People are becoming smarter thanks to computers.

(c) _____ than they did before they had computers.

(d) People can use computers to be more efficient.

34 Here's some interesting news. Researchers at the local university today announced that they have identified one of the genes _____ in babies. The scientists have been conducting research on this for the past five years, so their discovery today is a _____. With luck, they'll be able to find enough funding to continue their research and, possibly, enable doctors _____ _____ that is autism.

Q: **Which is correct about the scientists according to the news report?**

(a) They have studied the cause of autism over five years.

(b) They came across a gene _____.

(c) They will conduct further studies if they get financial support.

(d) _____ developing a cure for autism.

35 It was not until the nineteenth century that people _____
more than a few stories high. One reason was that the typical building materials—stone,
brick, and wood—couldn't support _____. Improvements
in steel manufacturing made it possible, however, to build skyscrapers. Yet _____
_____ was the elevator. Without it, it is doubtful that few
skyscrapers would ever have been built. After all, who would want to climb the stairs to
the fiftieth floor every day?

Q: **Which statement would the speaker most likely agree with?**

(a) Skyscrapers _____.

(b) People prefer taking elevators to taking the stairs.

(c) It is possible to build skyscrapers with bricks.

(d) _____ in the twentieth century.

36 At Wellman's Daycare Center, we know _____
to you. That's why we take the best care of your children. In fact, we treat them like
_____. When you drop your kids off at Wellman's for the day,
you can relax in the knowledge that your children _____
with us. Not only that, but we also provide your children with fun games, educational
activities, and plenty of exercise and naps _____. Give us a
call, and we'll tell you all about our program.

Q: **What can be inferred about Wellman's Daycare Center?**

(a) It helps parents enjoy more free time.

(b) It _____.

(c) It has few activities for children.

(d) It has many students at the center.

Part V Questions 37~40

◀ MP3 4-25

37-38 Please be aware that our city's cherry blossom festival will start two days
from tomorrow. This year's festival will be held _____,
Riverside Park, rather than at Fairview Glenn. We're going to need the support of
everyone in the city to make this year's festival _____
ever. We're expecting visitors from all over the country—and from a few foreign
countries, too—so let's be sure _____ like they are
members of our own families. Offer help to anyone who looks lost, especially _____
_____. We want to give our guests a good impression of the city.
_____ for this festival. I hope that everyone's going to
work hard during the next week.

37 Q: Which is correct about the event according to the announcement?

(a) It will be held for the first time this year.

(b) The event will take place at Fairview Glenn.

(c) People from other nations will attend the event.

(d) The event is being organized _____.

38 Q: Why should the listeners support the festival?

(a) To make tourists have a good opinion of the city

(b) To prepare for the festival's opening ceremony

(c) _____ when dealing with strangers

(d) To inform tourists of a change in the festival's schedule

39-40 There are a large number of natural disasters _____ and kill or injure people. One of the most dangerous is the tsunami, an immense wave that travels at incredible speeds. _____ like an earthquake or landslide, tsunamis can travel thousands of miles until they reach shore. _____, the wave gets higher as the tsunami absorbs much of the water near the shore. Most tsunamis cause waves three meters high, but in rare cases, the waves can be _____. In 2004, a powerful tsunami in Southeast Asia struck several countries and killed hundreds of thousands of people, thus proving _____.

39 Q: What is the talk mainly about?

(a) The results of an _____

(b) The most dangerous kinds of natural disasters

(c) How many people were killed by a tsunami

(d) A general description of one type of natural disaster

40 Q: What can be inferred about tsunamis from the talk?

(a) Most tsunamis result in the deaths of thousands of people.

(b) Tsunamis can also occur _____.

(c) The waves of a tsunami are smaller in the middle of the ocean.

(d) Tsunamis most frequently occur in the Pacific Ocean.

정답 및 해설 p.54

Part I Questions 1~10

◀ MP3 4-26

1 M Why don't you meet us there _____?

(a) I haven't been there in a while.

(b) _____ when we meet.

(c) Okay, I'll see you tomorrow.

(d) That sounds like a good idea.

2 M _____ of the new marketing employee?

(a) I'm not so sure that I fully trust you.

(b) He seems to be doing _____.

(c) I've already told her how you feel.

(d) We transferred her to another department.

3 W When you _____, how about visiting my office?

(a) Sure, you can come and see me any time.

(b) I'll drop by about ten minutes from now.

(c) _____ tomorrow morning.

(d) Your office is on the third floor, right?

4 W The light is going to turn green _____.

    (a) Then I'm going to stop the car.

    (b) Get in the left-turn lane.

    (c) _____ for miles.

    (d) Then I'd better get ready to go.

5 W There's something wrong _____.

    (a) When was it done?

    (b) Why do you say that?

    (c) Where is the report?

    (d) _____?

6 M We need to find out _____.

    (a) She's up on the third floor.

    (b) I'll talk to her and find out.

    (c) I'm going up there in a few minutes.

    (d) I've looked _____ anywhere.

7 W The weather forecast _____ tomorrow.

    (a) It looks like we can have the picnic then.

    (b) I love it when the weather gets cool.

    (c) Don't forget _____.

    (d) It sounds like it's going to be really warm.

8 W I think _____ what we should do.

    (a) Then go ahead and let us know your plan.

    (b) They should have talked about it last night.

    (c) The meeting _____ as planned.

    (d) The sales figures are right here on my desk.

9 W This problem _____.

    (a) I'd say there are too many problems.

    (b) You mean you don't know the answer?

    (c) If that's how you feel, then forget about it.

    (d) _____ about it at the meeting.

10 M Let's think of another way to get there.

    (a) _____ in three hours.

    (b) We could take the train instead.

    (c) He lives out _____.

    (d) Rush hour is going to start soon.

Part II **Questions 11~20**

◀ MP3 **4-27**

11 M Will you please stop _____?

W Sorry. Does it really bother you that much?

M Do you mean you don't know _____?

(a) Yes, he is.

(b) _____.

(c) That's not right.

(d) No, it isn't.

12 W Where are you now? I've been waiting for you almost 30 minutes!

M What are you talking about? _____, and I'm still in bed.

W Are you trying to say you forget about our date?

(a) No. _____ is September 19.

(b) You're going to have to wait a little longer.

(c) Oh, that's right. _____!

(d) I remember having a great time last night.

13 M _____ to get a free airplane ticket.

W Congratulations. Where are you going to go?

M I'm not sure. Do you have _____?

(a) Aren't you going to your parents' soon?

(b) I'd go _____ if I were you.

(c) I wouldn't recommend going there.

(d) That's exactly where I'd like to go.

14 M I watched that new drama on TV last night.

W It was pretty good, wasn't it?

M Totally. It's easily the best show _____ these days.

(a) I'll have to watch it then.

(b) It came on at seven.

(c) _____.

(d) I didn't catch it.

15 W Can I borrow your stapler for a minute?

M Sure, but be sure to bring it back _____ you borrowed.

W Right. I always forget to return your stuff on time.

(a) Keep it for _____.

(b) Just don't forget this time, please.

(c) That's why _____.

(d) I really appreciate that.

16 W _____ for dinner.

M That sounds good. Were you too busy to cook?

W Yeah, I've been _____ all day long.

(a) Where did you have to go?

(b) What are you making tonight?

(c) How much _____?

(d) When did you finish jogging?

17 M _____ my new hairstyle?

W Wow! You cut almost all of your hair off. Why'd you do that?

M I just _____ having long hair.

   (a) I know a great stylist.

   (b) I can cut your hair for you.

   (c) _____ with short hair.

   (d) You ought to get a perm.

18 M Mr. Jenkins is giving me too much work.

W You should _____ and tell him what's up.

M But he never listens to a word I say!

   (a) Maybe he will _____.

   (b) I'm sorry. Would you say that again?

   (c) Mr. Jenkins is standing in the corner.

   (d) I really enjoyed _____.

19 M I'm here because I'm interested in _____.

W All right. What kind of place are you thinking of getting?

M I'll need a three-bedroom apartment for my family. _____?

   (a) Sure, _____ I can show you.

   (b) Yes, my family and I live in a big apartment.

   (c) No, I bought my apartment and don't rent it.

   (d) Your children are going to love this place.

20 W I'm supposed to travel abroad next week, but _____.

    M That's not good. Is it possible to get it renewed that quickly?

    W I'm not sure, so I'm heading down to _____ to find out.

        (a) Have a great time while you're gone.

        (b) I've got my passport right here with me.

        (c) I hope you don't have any problems.

        (d) I am really _____.

21 Listen to a conversation between two friends.

W Now that we're here, what should we do?

M _____ on the bumper cars.

W Not me. All that jostling gets me sick.

M How about going on the roller coaster instead?

W Sorry, but _____. You'll never get me on one of those.

M We've got to find something _____.

Q: **What is the main topic of the conversation?**

(a) Why they should take the roller coaster

(b) How much fun _____

(c) The rides the speakers want to go on

(d) The location of the bumper cars

22 Listen to a conversation between two colleagues.

W _____ at my last interview.

M That's great news. How are the conditions there?

W Not bad, and they'd pay me _____, too.

M Okay.

W I get other good benefits as well.

M Are you going to accept it?

W Probably, but I need some time _____.

Q: **What is the woman mainly doing in the conversation?**

(a) Complaining about her salary

(b) Discussing a job offer she received

(c) _____ she will receive

(d) Negotiating the terms of a job offer

23 Listen to a conversation about a _____.

W I'm looking for Professor Duncan. Have you seen him?

M I'm pretty sure _____ for the day.

W He's never in his office.

M I know. I was just looking for him, too. He's not a very good advisor.

W He's your advisor as well?

M Yes, but _____. I think I'm going to get another one.

Q: **What is the conversation mainly about?**

(a) One of their professors

(b) _____

(c) Where Professor Duncan is

(d) Professor Duncan's office hours

24 Listen to a conversation about a woman's problem.

W Hello? Is this the computer help desk? _____ with my computer.

M Yes, this is the help desk. What exactly is the problem?

W I can't connect to the Internet.

M Okay, I want you _____ and then disconnect it.

W Do you mean the little box next to the desktop?

M Yes, after you unplug the cable of it, please _____. Then, turn it on and hit the reset button. That should work.

Q: **What does the woman need to do first to solve her problem?**

(a) _____ from her monitor

(b) Turn her modem off

(c) Connect her modem to the computer

(d) Hit the reset button on her modem

25 Listen to a conversation about a man's daughter.

W　How is your daughter doing at school?

M　She loves _____.

W　Good for her. Is she making lots of friends?

M　Yeah, she has a couple of close friends already.

W　I know _____.

M　She seems to be overcoming that issue these days. She's a real chatterbox now.

Q: **Which is correct about the man's daughter?**

(a) She used to be an _____ person.

(b) She doesn't like to go to school because she only has a couple of friends.

(c) She became _____ after starting school.

(d) She is proud of overcoming her shyness.

26 Listen to a conversation about a woman's move.

W　It looks like _____ in a couple of weeks.

M　You're moving? How come?

W　_____ to an office out of town.

M　You'd better find a place to live quickly.

W　I will. And I've got to contact a _____ after that.

M　Right. I guess you're going to be really busy.

Q: **Which is correct about the woman according to the conversation?**

(a) She will start a company in a different area.

(b) She should look for a new home.

(c) She is expecting a call from a moving company.

(d) She wants to sell her house _____.

27 Listen to a couple discuss _____.

M I can't believe how slowly we're moving.

W Yeah, I wonder _____.

M Doesn't traffic always move this slowly in the morning?

W Not here. There must be a reason for it.

M I've got no idea what it is though.

W Wait. I think _____ up ahead.

Q: **Which is correct about the man and woman?**

(a) They wonder why there is a traffic jam.

(b) They want to know what caused the accident.

(c) They are thinking of _____ because of the congestion.

(d) They are going to hold a party.

28 Listen to a conversation about a woman's problem.

W I've got to pay my rent today, but _____.

M That doesn't sound good.

W I'm worried Mr. Smith won't let me pay my rent tomorrow.

M Why do you think that?

W I haven't paid my rent on time _____.

M You've got to start taking better care of your finances.

Q: **Why is the woman worried?**

(a) Her landlord _____ at her apartment.

(b) She does not have enough money to pay her rent.

(c) She does not know very much _____.

(d) She is going to be late for a meeting with Mr. Smith.

29 Listen to a conversation between a mother and her son.

W   What are you doing? You shouldn't mix _____.

M   Um, what do you mean?

W   You have to wash them separately.

M   Why is that?

W   The colors _____.

M   I had no idea about that.

Q: What can be inferred about the man?

(a) He doesn't have a _____ in his house.

(b) He usually launders his clothes at the laundromat.

(c) He does not often do his own laundry.

(d) He wants his mother _____.

30 Listen to a couple _____.

W   Okay, so do you know what you're going to get?

M   I'm not quite sure.

W   _____?

M   I don't have much of an appetite right now.

W   Well, hurry and _____.

M   All right. Let me look at the menu one more time.

Q: What can be inferred from the conversation?

(a) The man is _____.

(b) They are at a restaurant.

(c) The woman is shopping now.

(d) They are at a supermarket.

39-40 I know the majority of people are somewhat apprehensive about going to the hospital to have surgery _____. No one wants to have a doctor cutting him or her up. But at least we have anesthesia these days, _____ as a gas that causes a patient temporarily to lose consciousness. Consider what doctors had to use in the past. Sometimes they just made a person drink _____ _____ to dull the senses before operating. Other times, they used various herbal remedies _____. Some used ether, which was slightly more effective, but, overall, surgery in the past was a painful experience.

39 Q: **What can be inferred from the lecture?**

    (a) Doctors who used herbal remedies _____ the results.

    (b) Herbal remedies were more effective than ether.

    (c) All patients experience pain now _____.

    (d) Surgery is less painful now because of anesthesia.

40 Q: **What is the main effect of anesthesia?**

    (a) It causes patients to have their senses dulled.

    (b) _____ of their surroundings.

    (c) It only helps to somewhat alleviate pain.

    (d) Patients have _____ from it.

TEPS

Actual Test 01

1	ⓐ ⓑ ⓒ ⓓ	21	ⓐ ⓑ ⓒ ⓓ
2	ⓐ ⓑ ⓒ ⓓ	22	ⓐ ⓑ ⓒ ⓓ
3	ⓐ ⓑ ⓒ ⓓ	23	ⓐ ⓑ ⓒ ⓓ
4	ⓐ ⓑ ⓒ ⓓ	24	ⓐ ⓑ ⓒ ⓓ
5	ⓐ ⓑ ⓒ ⓓ	25	ⓐ ⓑ ⓒ ⓓ
6	ⓐ ⓑ ⓒ ⓓ	26	ⓐ ⓑ ⓒ ⓓ
7	ⓐ ⓑ ⓒ ⓓ	27	ⓐ ⓑ ⓒ ⓓ
8	ⓐ ⓑ ⓒ ⓓ	28	ⓐ ⓑ ⓒ ⓓ
9	ⓐ ⓑ ⓒ ⓓ	29	ⓐ ⓑ ⓒ ⓓ
10	ⓐ ⓑ ⓒ ⓓ	30	ⓐ ⓑ ⓒ ⓓ
11	ⓐ ⓑ ⓒ ⓓ	31	ⓐ ⓑ ⓒ ⓓ
12	ⓐ ⓑ ⓒ ⓓ	32	ⓐ ⓑ ⓒ ⓓ
13	ⓐ ⓑ ⓒ ⓓ	33	ⓐ ⓑ ⓒ ⓓ
14	ⓐ ⓑ ⓒ ⓓ	34	ⓐ ⓑ ⓒ ⓓ
15	ⓐ ⓑ ⓒ ⓓ	35	ⓐ ⓑ ⓒ ⓓ
16	ⓐ ⓑ ⓒ ⓓ	36	ⓐ ⓑ ⓒ ⓓ
17	ⓐ ⓑ ⓒ ⓓ	37	ⓐ ⓑ ⓒ ⓓ
18	ⓐ ⓑ ⓒ ⓓ	38	ⓐ ⓑ ⓒ ⓓ
19	ⓐ ⓑ ⓒ ⓓ	39	ⓐ ⓑ ⓒ ⓓ
20	ⓐ ⓑ ⓒ ⓓ	40	ⓐ ⓑ ⓒ ⓓ

Actual Test 02

1	ⓐ ⓑ ⓒ ⓓ	21	ⓐ ⓑ ⓒ ⓓ
2	ⓐ ⓑ ⓒ ⓓ	22	ⓐ ⓑ ⓒ ⓓ
3	ⓐ ⓑ ⓒ ⓓ	23	ⓐ ⓑ ⓒ ⓓ
4	ⓐ ⓑ ⓒ ⓓ	24	ⓐ ⓑ ⓒ ⓓ
5	ⓐ ⓑ ⓒ ⓓ	25	ⓐ ⓑ ⓒ ⓓ
6	ⓐ ⓑ ⓒ ⓓ	26	ⓐ ⓑ ⓒ ⓓ
7	ⓐ ⓑ ⓒ ⓓ	27	ⓐ ⓑ ⓒ ⓓ
8	ⓐ ⓑ ⓒ ⓓ	28	ⓐ ⓑ ⓒ ⓓ
9	ⓐ ⓑ ⓒ ⓓ	29	ⓐ ⓑ ⓒ ⓓ
10	ⓐ ⓑ ⓒ ⓓ	30	ⓐ ⓑ ⓒ ⓓ
11	ⓐ ⓑ ⓒ ⓓ	31	ⓐ ⓑ ⓒ ⓓ
12	ⓐ ⓑ ⓒ ⓓ	32	ⓐ ⓑ ⓒ ⓓ
13	ⓐ ⓑ ⓒ ⓓ	33	ⓐ ⓑ ⓒ ⓓ
14	ⓐ ⓑ ⓒ ⓓ	34	ⓐ ⓑ ⓒ ⓓ
15	ⓐ ⓑ ⓒ ⓓ	35	ⓐ ⓑ ⓒ ⓓ
16	ⓐ ⓑ ⓒ ⓓ	36	ⓐ ⓑ ⓒ ⓓ
17	ⓐ ⓑ ⓒ ⓓ	37	ⓐ ⓑ ⓒ ⓓ
18	ⓐ ⓑ ⓒ ⓓ	38	ⓐ ⓑ ⓒ ⓓ
19	ⓐ ⓑ ⓒ ⓓ	39	ⓐ ⓑ ⓒ ⓓ
20	ⓐ ⓑ ⓒ ⓓ	40	ⓐ ⓑ ⓒ ⓓ

Actual Test 03

1	ⓐ ⓑ ⓒ ⓓ	21	ⓐ ⓑ ⓒ ⓓ
2	ⓐ ⓑ ⓒ ⓓ	22	ⓐ ⓑ ⓒ ⓓ
3	ⓐ ⓑ ⓒ ⓓ	23	ⓐ ⓑ ⓒ ⓓ
4	ⓐ ⓑ ⓒ ⓓ	24	ⓐ ⓑ ⓒ ⓓ
5	ⓐ ⓑ ⓒ ⓓ	25	ⓐ ⓑ ⓒ ⓓ
6	ⓐ ⓑ ⓒ ⓓ	26	ⓐ ⓑ ⓒ ⓓ
7	ⓐ ⓑ ⓒ ⓓ	27	ⓐ ⓑ ⓒ ⓓ
8	ⓐ ⓑ ⓒ ⓓ	28	ⓐ ⓑ ⓒ ⓓ
9	ⓐ ⓑ ⓒ ⓓ	29	ⓐ ⓑ ⓒ ⓓ
10	ⓐ ⓑ ⓒ ⓓ	30	ⓐ ⓑ ⓒ ⓓ
11	ⓐ ⓑ ⓒ ⓓ	31	ⓐ ⓑ ⓒ ⓓ
12	ⓐ ⓑ ⓒ ⓓ	32	ⓐ ⓑ ⓒ ⓓ
13	ⓐ ⓑ ⓒ ⓓ	33	ⓐ ⓑ ⓒ ⓓ
14	ⓐ ⓑ ⓒ ⓓ	34	ⓐ ⓑ ⓒ ⓓ
15	ⓐ ⓑ ⓒ ⓓ	35	ⓐ ⓑ ⓒ ⓓ
16	ⓐ ⓑ ⓒ ⓓ	36	ⓐ ⓑ ⓒ ⓓ
17	ⓐ ⓑ ⓒ ⓓ	37	ⓐ ⓑ ⓒ ⓓ
18	ⓐ ⓑ ⓒ ⓓ	38	ⓐ ⓑ ⓒ ⓓ
19	ⓐ ⓑ ⓒ ⓓ	39	ⓐ ⓑ ⓒ ⓓ
20	ⓐ ⓑ ⓒ ⓓ	40	ⓐ ⓑ ⓒ ⓓ

Actual Test 04

1	ⓐ ⓑ ⓒ ⓓ	21	ⓐ ⓑ ⓒ ⓓ
2	ⓐ ⓑ ⓒ ⓓ	22	ⓐ ⓑ ⓒ ⓓ
3	ⓐ ⓑ ⓒ ⓓ	23	ⓐ ⓑ ⓒ ⓓ
4	ⓐ ⓑ ⓒ ⓓ	24	ⓐ ⓑ ⓒ ⓓ
5	ⓐ ⓑ ⓒ ⓓ	25	ⓐ ⓑ ⓒ ⓓ
6	ⓐ ⓑ ⓒ ⓓ	26	ⓐ ⓑ ⓒ ⓓ
7	ⓐ ⓑ ⓒ ⓓ	27	ⓐ ⓑ ⓒ ⓓ
8	ⓐ ⓑ ⓒ ⓓ	28	ⓐ ⓑ ⓒ ⓓ
9	ⓐ ⓑ ⓒ ⓓ	29	ⓐ ⓑ ⓒ ⓓ
10	ⓐ ⓑ ⓒ ⓓ	30	ⓐ ⓑ ⓒ ⓓ
11	ⓐ ⓑ ⓒ ⓓ	31	ⓐ ⓑ ⓒ ⓓ
12	ⓐ ⓑ ⓒ ⓓ	32	ⓐ ⓑ ⓒ ⓓ
13	ⓐ ⓑ ⓒ ⓓ	33	ⓐ ⓑ ⓒ ⓓ
14	ⓐ ⓑ ⓒ ⓓ	34	ⓐ ⓑ ⓒ ⓓ
15	ⓐ ⓑ ⓒ ⓓ	35	ⓐ ⓑ ⓒ ⓓ
16	ⓐ ⓑ ⓒ ⓓ	36	ⓐ ⓑ ⓒ ⓓ
17	ⓐ ⓑ ⓒ ⓓ	37	ⓐ ⓑ ⓒ ⓓ
18	ⓐ ⓑ ⓒ ⓓ	38	ⓐ ⓑ ⓒ ⓓ
19	ⓐ ⓑ ⓒ ⓓ	39	ⓐ ⓑ ⓒ ⓓ
20	ⓐ ⓑ ⓒ ⓓ	40	ⓐ ⓑ ⓒ ⓓ

Actual Test 05

1	ⓐ ⓑ ⓒ ⓓ	21	ⓐ ⓑ ⓒ ⓓ
2	ⓐ ⓑ ⓒ ⓓ	22	ⓐ ⓑ ⓒ ⓓ
3	ⓐ ⓑ ⓒ ⓓ	23	ⓐ ⓑ ⓒ ⓓ
4	ⓐ ⓑ ⓒ ⓓ	24	ⓐ ⓑ ⓒ ⓓ
5	ⓐ ⓑ ⓒ ⓓ	25	ⓐ ⓑ ⓒ ⓓ
6	ⓐ ⓑ ⓒ ⓓ	26	ⓐ ⓑ ⓒ ⓓ
7	ⓐ ⓑ ⓒ ⓓ	27	ⓐ ⓑ ⓒ ⓓ
8	ⓐ ⓑ ⓒ ⓓ	28	ⓐ ⓑ ⓒ ⓓ
9	ⓐ ⓑ ⓒ ⓓ	29	ⓐ ⓑ ⓒ ⓓ
10	ⓐ ⓑ ⓒ ⓓ	30	ⓐ ⓑ ⓒ ⓓ
11	ⓐ ⓑ ⓒ ⓓ	31	ⓐ ⓑ ⓒ ⓓ
12	ⓐ ⓑ ⓒ ⓓ	32	ⓐ ⓑ ⓒ ⓓ
13	ⓐ ⓑ ⓒ ⓓ	33	ⓐ ⓑ ⓒ ⓓ
14	ⓐ ⓑ ⓒ ⓓ	34	ⓐ ⓑ ⓒ ⓓ
15	ⓐ ⓑ ⓒ ⓓ	35	ⓐ ⓑ ⓒ ⓓ
16	ⓐ ⓑ ⓒ ⓓ	36	ⓐ ⓑ ⓒ ⓓ
17	ⓐ ⓑ ⓒ ⓓ	37	ⓐ ⓑ ⓒ ⓓ
18	ⓐ ⓑ ⓒ ⓓ	38	ⓐ ⓑ ⓒ ⓓ
19	ⓐ ⓑ ⓒ ⓓ	39	ⓐ ⓑ ⓒ ⓓ
20	ⓐ ⓑ ⓒ ⓓ	40	ⓐ ⓑ ⓒ ⓓ

Actual Test 06

1	ⓐ ⓑ ⓒ ⓓ	21	ⓐ ⓑ ⓒ ⓓ
2	ⓐ ⓑ ⓒ ⓓ	22	ⓐ ⓑ ⓒ ⓓ
3	ⓐ ⓑ ⓒ ⓓ	23	ⓐ ⓑ ⓒ ⓓ
4	ⓐ ⓑ ⓒ ⓓ	24	ⓐ ⓑ ⓒ ⓓ
5	ⓐ ⓑ ⓒ ⓓ	25	ⓐ ⓑ ⓒ ⓓ
6	ⓐ ⓑ ⓒ ⓓ	26	ⓐ ⓑ ⓒ ⓓ
7	ⓐ ⓑ ⓒ ⓓ	27	ⓐ ⓑ ⓒ ⓓ
8	ⓐ ⓑ ⓒ ⓓ	28	ⓐ ⓑ ⓒ ⓓ
9	ⓐ ⓑ ⓒ ⓓ	29	ⓐ ⓑ ⓒ ⓓ
10	ⓐ ⓑ ⓒ ⓓ	30	ⓐ ⓑ ⓒ ⓓ
11	ⓐ ⓑ ⓒ ⓓ	31	ⓐ ⓑ ⓒ ⓓ
12	ⓐ ⓑ ⓒ ⓓ	32	ⓐ ⓑ ⓒ ⓓ
13	ⓐ ⓑ ⓒ ⓓ	33	ⓐ ⓑ ⓒ ⓓ
14	ⓐ ⓑ ⓒ ⓓ	34	ⓐ ⓑ ⓒ ⓓ
15	ⓐ ⓑ ⓒ ⓓ	35	ⓐ ⓑ ⓒ ⓓ
16	ⓐ ⓑ ⓒ ⓓ	36	ⓐ ⓑ ⓒ ⓓ
17	ⓐ ⓑ ⓒ ⓓ	37	ⓐ ⓑ ⓒ ⓓ
18	ⓐ ⓑ ⓒ ⓓ	38	ⓐ ⓑ ⓒ ⓓ
19	ⓐ ⓑ ⓒ ⓓ	39	ⓐ ⓑ ⓒ ⓓ
20	ⓐ ⓑ ⓒ ⓓ	40	ⓐ ⓑ ⓒ ⓓ

신유형 분석 반영!

뉴텝스 최강 실전대비서!

NEW TEPS Research Team

청해

정답 및 해설

더 뉴텝스 **실전연습**

300

다락원

대답이다. (c) 의문사 where와 어울리는 대답이다.

어휘 **prefer** 선호하다　**currently** 현재, 지금
science fiction 공상과학 소설, 영화 (sci-fi)
thriller 오싹하게 하는 것; (영화나 책의) 스릴러물

3 M Do you remember if that item is on sale?

(a) No, I already have one like that.
(b) Yes, I really like the color.
(c) Yes, I bought it for a cheap price.
(d) No, it's not being discounted.

해석 M 그 상품이 할인 중인지 기억나니?

(a) 아니. 나 이미 그런 거 가지고 있어.
(b) 응. 그 색깔 정말 마음에 들어.
(c) 응. 이거 저렴한 가격에 구입했어.
(d) 아니. 할인하고 있지 않아.

해설 on sale은 '할인 중'이라는 의미이다. 주어진 문장에 이어 Yes나 No의 답변이 가능하지만 그 이하의 내용으로 지금은 할인하고 있지 않다는 (d)가 가장 적절하다. on sale이 discounted로 패러프레이징 되었다. (c) 할인 여부가 아니라 구입 여부를 대답하였으므로 어색하다.

어휘 **on sale** 할인 중　**discount** 할인하다

4 M What's your schedule like tomorrow afternoon?

(a) Okay, we can have lunch tomorrow.
(b) No, I don't have any time tomorrow.
(c) I don't have anything scheduled now.
(d) I'm free any time after lunch **then.**

해석 M 내일 오후 일정이 어떻게 돼?

(a) 그래. 내일 점심 같이 먹을 수 있겠다.
(b) 아니. 내일 시간이 없어.
(c) 지금 계획된 건 없어.
(d) 점심 식사 후 아무 때나 괜찮아.

해설 일정이 어떻게 되는지 물었으므로 점심식사 이후 일정이 없다는 (d)가 가장 적절하다. (a), (b) 의문사가 없는 의문문에 적절한 대답이다. (c) 지금 현재 일정에 대한 답변이다.

어휘 **schedule** 일정; 일정을 잡다, 계획하다

5 M It's being sold at a forty-percent discount.

(a) The sale ends tomorrow.
(b) When does the store close?
(c) I don't own that item.
(d) That's a good deal.

해석 M 그건 40% 할인된 가격으로 판매되고 있어요.

(a) 세일은 내일 끝나요.

Part I

1 제시 문장의 의미 파악

1	F	2	T	3	F	4	T	5	F
6	T	7	T	8	F	9	F	10	F

2 제시 문장과 선택지를 모두 듣고 정답 찾기

1	(b)	2	(b)	3	(d)	4	(d)	5	(d)
6	(b)	7	(a)	8	(d)	9	(a)	10	(c)

3 받아쓰기

1 M Anne's birthday is coming up soon, isn't it?

(a) I hope you have a great birthday.
(b) It's in a couple of days.
(c) She's turning thirty soon.
(d) Her party was a lot of fun.

해석 M Anne의 생일이 곧 다가오고 있어, 그렇지 않니?

(a) 나는 네가 즐거운 생일 보내길 바라.
(b) 이틀 후야.
(c) 그녀는 곧 서른이 돼.
(d) 그녀의 파티는 정말 재미있었어.

해설 Anne의 생일에 관한 언급이다. 'in+시간'은 '~후에'라는 의미이므로 '이틀 후'라는 (b)가 가장 적절하다. (a) Anne의 생일이 다가오는 것이므로 you는 어색하고, (c) 나이는 물어보지 않았다. (d) 생일이 다가오고 있는 것이므로 과거시제는 맞지 않다.

어휘 **come up** 다가오다　**turn+숫자** (나이가) ~살이 되다

2 W What kind of novels do you prefer?

(a) I'm currently reading a science fiction novel.
(b) I enjoy mysteries and thrillers.
(c) I get them from the library.
(d) You can borrow some of mine.

해석 W 넌 어떤 종류의 소설을 선호해?

(a) 난 지금 공상과학 소설을 읽고 있는 중이야.
(b) 나는 미스터리물과 스릴러물을 좋아해.
(c) 그거 도서관에서 가지고 온 거야.
(d) 내 것 좀 빌려가도 돼.

해설 의문사 what으로 좋아하는 책을 묻고 있으므로 구체적인 답변을 하는 (b)가 가장 적절하다. (a) 현재 읽고 있는 책에 관한

(b) 가게는 언제 문을 닫나요?

(c) 전 그 제품을 가지고 있지 않아요.

(d) 좋은 조건이네요.

해설 40% 할인에 대해 좋은 조건이라고 말하는 (d)가 가장 적절하다. (a) 의문사 when과 어울리는 대답이다. (b) 폐점 시간을 묻고 있으므로 할인에 관한 남자의 말과는 어색하다. (c) 상품(it)에 관한 대답이므로 역시 오답이다.

어휘 discount 할인   own 소유하다
That's a good deal. 좋은 조건이네요.

6 W Your performance the past two months has been disappointing.

(a) You should have seen the most recent performance.

(b) What exactly are you unhappy about?

(c) I've only been here for a couple of months.

(d) I'm really disappointed in her, too.

해설 W 지난 두 달간 네 연기는 실망스러웠어.

(a) 네가 가장 최근 공연을 봐야 했었어.

(b) 구체적으로 뭐가 마음에 안 드는데?

(c) 나 여기 온 지 두 달 밖에 안 됐어.

(d) 나도 그녀에게 정말 실망했어.

해설 실망스러웠다는 평가에 어떤 점이 불만족스러운지 묻는 (b)가 가장 적절하다. (a) 가장 최근 공연에 두 달이라는 기간이 포함된다. (d) 대화에 제시되었던 disappointing을 사용한 오답이다.

어휘 performance 연기   disappoint 실망시키다
should have p.p. ~했어야 했다   **a couple of** 두어 개의

7 M You can't give up. We're almost finished.

(a) How much longer do we have to go?

(b) I just finished a few minutes ago.

(c) You can go ahead and stop anytime.

(d) The two of us are finished as a couple.

해설 M 포기하면 안 돼. 이제 다 끝나가.

(a) 우리 얼마나 더 가야 하는데?

(b) 몇 분 전에 막 끝냈어.

(c) 너 먼저 가고 언제든지 멈춰도 돼.

(d) 우리 두 사람 헤어졌어.

해설 거의 다 끝나가는 힘든 상황에서 얼마나 더 가야 하느냐고 확인하는 내용인 (a)가 가장 적절하다. (b), (d) 대화에 제시되었던 finished를 사용한 오답이다. (b)의 finished는 뜻은 같지만 과거시제의 동사로 쓰였고, (d)의 finished는 '(관계를) 끝내다'라는 전혀 다른 의미로 쓰였다.

어휘 **give up** 포기하다   **go ahead** 계속하다; 앞서 가다

8 W I can't remember Tina's phone number.

(a) She's on the other line.

(b) The phone is busy right now.

(c) So give her a call tonight.

(d) I've got it here on my phone.

해설 W Tina 전화번호가 뭐였는지 기억이 안 나.

(a) 그녀는 통화하고 있어.

(b) 지금 통화 중이야.

(c) 오늘 밤에 그녀에게 전화해 봐.

(d) 여기 내 핸드폰에 있어.

해설 Tina의 핸드폰 번호를 기억하지 못하고 있으므로 자신의 핸드폰에 저장되어 있다고 말하는 (d)가 가장 적절하다. (a), (b) '통화 중'이라는 의미를 가진 표현이다.

어휘 **be on the line** 통화 중이다
The phone is busy. (전화 건 상황에서) 통화 중입니다.

9 M I'm not quite sure what the answer is.

(a) I believe that this is correct.

(b) I solved the problem last night.

(c) No one is picking up the phone.

(d) Give me some time to answer the question.

해설 M 나 정답이 뭔지 잘 모르겠어.

(a) 이게 정답인 것 같아.

(b) 나 어젯밤에 그 문제 풀었어.

(c) 아무도 전화를 안 받네.

(d) 제게 답변할 시간을 좀 주세요.

해설 남자가 답을 잘 모르겠다고 했으므로 자신이 생각하는 정답을 제시하는 (a)가 가장 자연스럽다. (b) last night이 와서 흐름상 어색하다. (d) 전혀 불가능한 대답은 아니지만 (a)가 더 적절하다.

어휘 **pick up the phone** 수화기를 들다, 전화를 받다

10 W I have no idea where Jason is right now.

(a) Jason is from Australia.

(b) It's four in the afternoon now.

(c) He's in Mr. White's office.

(d) He works at a consulting company.

해설 W Jason이 지금 어디 있는지 모르겠어.

(a) Jason은 호주 출신이야.

(b) 지금 오후 4시야.

(c) 그는 White 씨의 사무실에 있어.

(d) 그는 컨설팅 회사에서 일하고 있어.

해설 Jason이 있는 위치를 묻고 있으므로 White 씨의 사무실에 있다는 (c)가 가장 적절하다. (a) 국적에 대한 대답이며, (d) 재직

중인 회사에 대한 대답이다.

어휘 consulting company 컨설팅 회사

Part II

---

1 대화의 의미 파악

1	F	2	T	3	T	4	T	5	T
6	F	7	F	8	F	9	T	10	F

---

2 대화와 선택지를 모두 듣고 정답 찾기

1	(b)	2	(b)	3	(d)	4	(c)	5	(b)
6	(d)	7	(d)	8	(c)	9	(d)	10	(c)

---

3 받아쓰기

1
W I've got a favor to ask of you.
M Go ahead. What do you need?
W Can you give me a ride to work tomorrow?

   (a) I always get to the office before nine.
   (b) Sorry, but I'm not driving to work then.
   (c) Okay. Pick me up in front of my house.
   (d) Sure, I can give you a wake-up call.

해석 W 너에게 부탁할 것이 있어.
M 말해 봐. 뭘 도와줄까?
W 내일 회사까지 차 좀 태워줄 수 있어?

   (a) 난 항상 9시 전에 회사에 도착해.
   (b) 미안. 그날은 차로 회사에 가지 않을 거야.
   (c) 좋아. 우리 집 앞에서 나를 태우고 가.
   (d) 물론이지. 내일 아침에 모닝콜 해줄게.

해설 차를 태워 달라는 부탁에 미안하다고 한 후 회사에 차를 가져 가지 않는다고 말하는 (b)가 가장 자연스럽다. (c) 부탁을 하는 답변이므로 오답이다.

어휘 Go ahead. 말해 봐.   give ~ a ride ~을 차에 태워주다
drive to work 차로 회사에 가다   pick up ~을 (차에) 태우다
wake-up call 모닝콜

2
M I just got back from the corner store.
W I wish I'd known you were going there.
M Why is that?

   (a) It stays open until after midnight.
   (b) I wanted you to get me some groceries.
   (c) I went there twice this afternoon.
   (d) I'm going to walk down there now.

해석 M 방금 모퉁이에 있는 가게에 갔다 왔어.

W 네가 거기에 가는 줄 알았으면 좋았을 텐데.
M 왜?

   (a) 거기 자정 넘어서까지 문 열어.
   (b) 너한테 식료품 좀 사다 달라고 하고 싶었거든.
   (c) 오늘 오후에 거기 두 번이나 갔었어.
   (d) 지금 거기로 가고 있는 중이야.

해설 남자가 가게에 이미 갔다 온 것이기에 시제가 과거라는 점에 유의해야 한다. 따라서 과거시제로 물 좀 사다 달라고 말하려 했다는 (b)가 가장 적절하다. (a), (d) 의미상으로도, 시제상 으로도 부적절하다.

어휘 midnight 한밤중, 자정   groceries 식료품류

3
W Have you finished writing your speech yet?
M No, but I'm working on it right now.
W When do you think you'll be done?

   (a) I'm speaking for twenty minutes.
   (b) They want me there next Wednesday.
   (c) I gave my speech this morning.
   (d) I should be finished in an hour.

해석 W 연설문 작성 끝내셨나요?
M 아니요. 지금 작성 중이에요.
W 언제쯤 끝날 것 같은가요?

   (a) 저 20분 동안 말하고 있어요.
   (b) 저보고 다음 주 수요일에 오라고 하던데요.
   (c) 저는 오늘 오전에 연설을 했어요.
   (d) 한 시간 안에 끝날 거예요.

해설 의문사 when으로 언제 끝날 것인지 묻고 있으므로 한 시간 안에 끝날 것이라는 대답의 (d)가 가장 적절하다. should는 '해야 한다'라는 뜻이 아니라 미래 조동사 '~일 것이다'의 의 미이다. (c) 대화에 제시되었던 speech를 사용한 오답이다.

어휘 work on ~을 작업하다; ~을 작성하다
give a speech 연설하다

4
M You're an employee here, aren't you?
W Yes, I am. What can I do for you?
M Could you tell me where the deli is?

   (a) I'll take a ham sandwich.
   (b) I'm going there tomorrow.
   (c) It's right behind aisle nine.
   (d) That's a great place for lunch.

해석 M 여기 일하는 직원 맞으시죠?
W 네, 맞습니다. 무엇을 도와드릴까요?
M 조제식품이 어디 있는지 알려 주시겠어요?

   (a) 저는 햄 샌드위치 먹을게요.
   (b) 내일 거기에 가요.
   (c) 9번 통로 바로 뒤에 있습니다.
   (d) 점심 먹기에 좋은 곳이죠.

M 친구들이랑 자전거를 타며 하루를 보내기로 했거든.

W 대신 실내에서 뭐라도 해야겠네. 영화를 봐.

Q: 남자가 내일 하려고 했던 것은 무엇인가?
(a) 실내에 머물기
(b) 친구들과 음식 먹기
(c) 영화 보기
(d) 자전거 타기

해설 질문을 잘 들어야 하는 문제이다. 과거시제로 물어봤으므로 남자가 원래 하려던 것인 (d) 자전거 타기가 정답이다. 대화의 biking이 (d)의 cycling으로 패러프레이징 되었다. (c) 여자가 자전거 타기 대신 남자에게 제안한 것이다.

어휘 **weather report** 일기 예보
be supposed to ~하기로 되어 있다
ruin 망치다 **indoors** 실내에서 **instead** 대신에
catch a film 영화 보다 **cycling** 자전거 타기

7 Listen to a conversation between two colleagues.

W You weren't at the conference this morning. Did you get up late again?

M No, but I had some car trouble on the way in.

W That's too bad. Bob wasn't pleased you missed it.

M I'll go to his office right now and explain everything.

W Good. He was complaining about you quite a bit.

M Thanks for letting me know. I appreciate it.

Q: Why didn't the man attend the conference?
(a) He was in a meeting with Bob.
(b) His car broke down.
(c) He woke up late.
(d) He got caught in traffic.

해설 두 동료 간의 대화를 들으시오.

W 오늘 아침 회의에 오지 않으셨죠. 또 늦게 일어나셨어요?
M 아니에요. 오는 길에 차에 문제가 생겼어요.
W 안됐네요. 당신이 빠져서 Bob이 언짢아했어요
M 지금 그의 사무실로 가서 전부 설명 해야겠네요.
W 그래요. 당신에 대해 꽤나 불평을 했어요.
M 알려줘서 고마워요. 정말로요.

Q: 남자가 회의에 참석하지 못했던 이유는 무엇인가?
(a) Bob과 회의 중이었다.
(b) 차가 고장 났다.
(c) 늦게 일어났다.
(d) 차가 막혔다.

해설 남자가 'I had some car trouble'이라고 했으므로 자동차 이상으로 늦었음을 알 수 있다. 이를 His car broke down.으로 패러프레이징한 (b)가 가장 적절하다. (a) 남자는 회의에 참석하지 못했다.

어휘 **colleague** 동료 **conference** 회의

on the way in 오는 길에 **explain** 설명하다
complain 불평하다 **appreciate** 고마워하다; 감상하다
break down 고장 나다
get caught in traffic 교통체증에 걸리다

8 Listen to a couple discuss the movie they watched.

M So, what did you think of the movie?

W It wasn't bad, but it ran a little too long.

M Yeah, that's true. Did you like the action scenes?

W They were good, but the special effects weren't very realistic.

M I agree. But I loved the soundtrack.

W No way! It wasn't original at all. It was taken from another movie I've already seen.

Q: Which is correct about the movie?
(a) Its special effects were realistic.
(b) It had its own original soundtrack.
(c) It is packed with action scenes.
(d) It lasted for a long time.

해설 연인이 본 영화에 대해 이야기하는 것을 들으시오.

M 영화 어땠어?
W 나쁘지는 않았는데, 조금 길었어.
M 맞아. 그건 그랬어. 액션 장면은 마음에 들었어?
W 좋았는데, 특수효과가 현실적이지 않았어.
M 나도 동의해. 그래도 음악은 너무 좋았어.
W 아니야! 전혀 독창적이지 않았잖아. 내가 전에 본 다른 영화의 음악을 따랐던데.

Q: 영화에 대해 옳은 것은 무엇인가?
(a) 특수효과는 현실감이 있었다.
(b) 그것 만의 독창적인 음악을 지녔다.
(c) 액션 장면으로 가득했다.
(d) 영화가 길었다.

해설 영화에 관한 대화이다. 다소 길다는 데 두 사람이 동의했으므로 정답은 (d)이다. 대화의 ran a little too long이 (d)의 lasted for a long time으로 패러프레이징 되었다. (a) 특수효과는 현실적이지 않았고, (b) 음악 또한 독창적이지 않다고 했으며, (c) 액션 장면을 언급하긴 했지만 많다는 이야기는 없었다.

어휘 **run** (영화가) 상영되다. (얼마의 시간 동안) 계속되다
scene (영화의) 장면 **special effect** 특수효과
soundtrack 영화 음악, 사운드트랙 **original** 독창적인
last 지속되다

9 Listen to a conversation between a professor and a student.

M Professor Jones, I've got some questions about our homework.

W Okay, but I'm a little busy right now.

M This shouldn't take too long.

W I understand, but I'm late for a class now.

M Then when can I get some answers?

W Why don't we chat while I'm heading to class?

Q: What can be inferred about the man and woman?

   (a) They are talking in a classroom.

   (b) They are walking to the library.

   (c) The man is one of the woman's students.

   (d) The woman has not completed her homework.

해석 교수와 학생 간의 대화를 들으시오.

M Jones 교수님, 과제에 관해서 질문이 있습니다.

W 그래요. 그런데 지금 당장은 조금 바쁘네요.

M 시간이 많이 걸리지는 않습니다.

W 무슨 말인지는 알겠는데, 지금 수업에 늦어서요.

M 그럼 언제 답을 들을 수 있을까요?

W 제가 강의실로 가는 길에 얘기 나누는 건 어떨까요?

Q: 남자와 여자에 대해 추론할 수 있는 것은 무엇인가?

   (a) 그들은 강의실에서 이야기하고 있다.

   (b) 그들은 도서관으로 걸어가고 있다.

   (c) 남자는 여자의 학생이다.

   (d) 여자는 숙제를 마치지 못했다.

해설 첫 번째 문장에서 교수님께 과제에 대한 질문이 있다고 했으므로 남자가 학생이고 여자가 교수임을 알 수 있다. (a) 강의실로 이동하면서 대화를 나누자고 했으므로 오답이고, (b) 도서관에 대한 내용은 없다. (d) 남자가 학생이므로 틀린 내용이다.

어휘 chat 이야기를 나누다, 수다 떨다　**head** 향하다 **complete** 완성하다; 완전한

10 Listen to two friends discuss the movie they watched.

M Well, that was a waste of money.

W Are you serious?

M Talk about a boring movie.

W I thought it was a sweet story.

M I can't believe I sat through two hours of that movie.

W Sorry. It'll be my treat the next time we go out.

Q: What can be inferred from the conversation?

   (a) The man paid for the movie tickets.

   (b) The woman is annoyed with the man.

   (c) The movie is not very popular.

   (d) They watched an action movie.

해석 두 친구가 본 영화에 대해 이야기하는 것을 들으시오.

M 글쎄. 돈 낭비였던 것 같아.

W 진심이니?

M 지루한 영화잖아.

W 나는 재미있다고 생각했는데.

M 이런 영화를 본다고 두 시간이나 앉아 있었다니 믿을 수가 없어.

W 미안해. 다음에는 내가 낼게.

Q: 대화로부터 추론할 수 있는 것은 무엇인가?

   (a) 남자가 영화 관람료를 냈다.

   (b) 여자는 남자에게 짜증이 나 있다.

   (c) 그 영화는 그다지 인기 있지 않다.

   (d) 그들은 액션 영화를 봤다.

해설 남자는 영화가 재미없어서 돈 낭비라고 생각하고 있다. 이는 남자가 돈을 냈기 때문일 것으로 추론할 수 있다. 후반부에서 역시 다음에는 여자가 비용을 내겠다고 말했으므로 (a)가 가장 적절하다. (b) 남자가 짜증을 내고 있고, (c), (d) 주어진 대화로 알 수 없는 내용이다.

어휘 a waste of money 돈 낭비　treat 한턱 내기, 대접 go out 놀러 나가다, 외출하다　annoy 짜증나게 하다

Part IV

1 질문 받아쓰기

1 What can be inferred from the message?

2 What is mainly being advertised?

3 What is the talk mainly about?

4 What type of weather is expected on Sunday?

5 What can be inferred from the news report?

6 Which is correct according to the announcement?

7 What caused the crash according to the news report?

8 What is the speaker's main point?

9 What can be inferred from the lecture?

10 Which is correct according to the advertisement?

2 담화와 질문을 모두 듣고 정답 찾기

1 (b)　2 (d)　3 (b)　4 (b)　5 (a)　6 (c)

3 받아쓰기

1 Icy driving conditions in winter can cause numerous accidents both on city streets and highways. Of particular danger are roads over bridges, which become icy faster than normal roads. This is mainly due to the cold air that

passes both over and under the bridge and the lack of any heat retention the ground provides to other roads. When approaching a bridge in winter, it is best to slow down and proceed with caution.

Q: What is the talk mainly about?
(a) Driving properly in icy weather
(b) Icy road conditions on bridges in winter
(c) The differences between icy and snowy weather
(d) Why bridges are able to retain heat

해석 겨울철 빙판 운전 환경은 도시 도로나 고속도로에서 많은 사고를 일으킬 수 있다. 교량 도로가 특히 위험한데, 여기는 일반도로보다 더 빨리 빙판이 된다. 이는 교량 아래위로 차가운 공기가 이동하고, 지표면이 다른 일반도로에 전달하는 열 보유량이 부족하기 때문이다. 겨울에 교량 진입 시에는 속도를 줄이고 주의하여 운전해는 것이 좋다.

Q: 담화는 주로 무엇에 관한 것인가?
(a) 얼음이 어는 날씨에 올바로 운전하기
(b) 겨울철 얼음이 언 교량도로의 상태
(c) 얼음이 어는 날씨와 눈이 오는 날씨의 차이점
(d) 왜 교량은 열을 보유할 수 있는가

해설 겨울에 얼어 있는 교량 도로에 대한 내용을 주로 다루고 있으므로 정답은 (b)이다. (a) 관련된 언급은 마지막 한 문장에 불과하므로 세부 정보에 그친다. (d) 담화 내용과 반대이다.

어휘 **condition** 상황, 환경   **numerous** 수많은
highway 고속도로   **retention** 보유, 유지
provide 제공하다   **approach** 다가가다
proceed 진행하다, 나아가다   **properly** 올바르게, 적절히

2 In the future, parents may be able to "design" their own baby before it's even born. Research is already being done on manipulating genes to choose hair and eye color and even to select whether the baby will be a boy or a girl. Further research is being conducted on trying to find ways to eliminate potential disease-carrying genes. Some people claim that this is playing God by upsetting the balance of nature so that, in the future, all babies will be born perfect. Perhaps, but I think most people would agree that having a perfect baby is everyone's dream.

Q: What is the speaker's main point?
(a) Scientists should stop trying to change babies' genetic structures.
(b) More research needs to be done on eliminating genetic diseases.
(c) No one has the right to play God with unborn children.

(d) Gene manipulation to create perfect babies should be used.

해석 미래에 부모는 아기가 태어나기도 전에 아기를 '디자인'할 수 있을지도 모른다. 유전자를 조작하여 머리와 눈의 색을 선택하고, 심지어는 아들, 딸조차 선택할 수 있도록 하는 연구가 이미 진행 중이다. 잠재적으로 질병을 가지고 있는 유전자를 미리 제거하는 방법을 찾기 위한 연구가 추가적으로 진행 중에 있다. 몇몇 사람들은 이것이 자연의 균형을 어지럽혀 모든 아기가 완벽하게 태어나게 만드는 신의 역할을 침범하는 행동이라 주장한다. 그럴 수도 있겠지만 나는 대부분의 사람들이 완벽한 아기를 갖는 것이 모든 이의 꿈이라는 데는 동의할 것이라고 생각한다.

Q: 화자의 요지는 무엇인가?
(a) 과학자들은 아기의 유전적 구조를 바꾸려 하는 것을 중단해야 한다.
(b) 유전병을 없애는 데 추가적인 연구가 필요하다.
(c) 누구에게도 태어나지 않은 아기로 신의 영역을 대신할 권리는 없다.
(d) 완벽한 아기를 만들기 위해 유전자 조작을 이용해야 한다.

해설 화자의 요점을 파악해야 하므로 I think나 in my opinion과 같은 표현에 집중해야 한다. 마지막 문장에서 화자는 사람들이 완벽한 아기를 갖는 꿈이 있다는 데 동의할 것이라 생각한다고 하였으므로, 유전자 조작을 찬성하고 있음을 알 수 있다. 따라서 정답은 (d)이다. (a), (c) 화자의 논지와 반대되고, (b) 추가적인 연구는 이미 진행 중이다.

어휘 **manipulate** 조작하다   **gene** 유전자
conduct 수행하다   **eliminate** 제거하다
disease-carrying 질병을 보유하고 있는
upset 뒤엎다; 엉망으로 만들다
balance of nature 자연의 균형   **structure** 구조

3 The new and improved Vital Shampoo is just what your hair needs to make it look and feel perfect. With our enhanced dandruff-fighting formula and enriched aloe base, Vital Shampoo will make your hair look wonderful and shiny. Bottles come in 500ml and 250ml sizes and can be purchased at any drugstore, supermarket, or department store.

Q: Which is correct according to the advertisement?
(a) The shampoo is good for people with oily hair.
(b) There is more than one product size.
(c) The shampoo has a wonderful smell.
(d) The product is coming out soon.

해석 새로이 개선된 바이탈 샴푸야말로 당신의 모발에 완벽한 이미지와 촉감을 주기 위해 필요한 것입니다. 강화된 항비듬 제조법과 풍부해진 알로에 성분으로 바이탈 샴푸는 여러분의

모발을 멋있고 윤기 나게 만들어 드립니다. 용량은 500밀리리터와 250밀리리터가 있고, 약국, 슈퍼마켓, 또는 백화점에서 구매 가능합니다.

Q: 광고에 따르면 옳은 것은 무엇인가?
(a) 이 샴푸는 지성 모발에 좋다.
(b) 제품의 용량은 두 가지 이상이다.
(c) 이 샴푸는 향기가 좋다.
(d) 이 샴푸는 곧 출시될 예정이다.

해설 샴푸 용량이 250ml와 500ml 두 가지라고 했으므로 정답은 (b)이다. (a), (c) 지성 모발이나 향기에 대한 언급은 없었고, (d) 이미 약국, 슈퍼마켓, 백화점에서 구매 가능하다.

어휘 improved 향상된, 개선된   enhanced 개선된, 강화된   dandruff 비듬   formula 제조법   enriched 강화된, 풍부한   aloe base 알로에 성분   come out 출시되다

4 The head office of the Blue Sun Company has just announced that it is laying off over 5,000 employees as of next Friday. Citing a decrease in its current sales and financial problems related to the global economic crisis, Blue Sun is hoping to offset its problems with this move. However, employees have directed some anger toward the company, claiming that it had failed to anticipate these developments.

Q: What was announced by the company in the talk?
(a) The company is enduring the global financial crisis.
(b) It is going to fire a large number of workers.
(c) There will be a sales meeting next Friday.
(d) Many employees are angry with the company.

해설 블루 선 컴퍼니 본사는 다음 주 금요일 부로 5천 명이 넘는 직원을 정리 해고하겠다고 발표했습니다. 현 판매 실적의 감소와 세계 금융 위기와 관련한 재정 문제를 이유로 들면서, 블루 선 사(社)는 이번 조치로 문제를 만회하길 원하고 있습니다. 그러나 직원들은 회사측에 불만을 표시하며, 회사가 이러한 전개를 예측하는 데 실패했다고 주장하고 있습니다.

Q: 담화에 따르면 회사에서 발표한 내용은 무엇인가?
(a) 회사가 세계 금융 위기를 겪고 있다.
(b) 상당수의 직원을 해고할 예정이다.
(c) 다음 주 금요일에 영업부 회의가 있을 것이다.
(d) 다수의 직원들이 회사에 불만을 가지고 있다.

해설 담화의 첫 문장에서 블루 선 컴퍼니는 정리 해고를 단행하겠다고 발표했다. 담화에 제시되었던 lay off를 fire로 패러프레이징한 (b)가 가장 적절하다. (a), (d) 대대적인 직원 해고와 관련된 세부 내용에 그친다.

어휘 head office 본사, 본점   lay off 정리 해고하다

---

as of ~ 현재로   cite 언급하다; (이유나 예로) 들다   economic crisis 경제 위기   offset 만회하다, 벌충하다   move 이동; 조치   direct 향하다, 겨냥하다   development (사건의) 전개   endure 견디다; 겪다

5 Your attention, please. Passengers awaiting the arrival of the Sunset Limited from New York are advised that it has been delayed by thirty minutes. In addition, the train will be arriving on platform four instead of platform seven. We don't anticipate any delays in its departure for Chicago, but please make sure that you arrive at the platform and board on time as the train will not wait for any latecomers. The expected travel time from Cleveland to Chicago is five hours and forty minutes.

Q: Which is correct according to the announcement?
(a) The train from New York is going to be late.
(b) The train will depart in half an hour.
(c) The train is going from Chicago to New York.
(d) The train will arrive at platform five.

해설 주목해 주십시오. 뉴욕에서 출발한 선셋 리미티드의 도착을 기다리는 승객 여러분들께 열차가 30분 지연됨을 알려드립니다. 또한 열차는 7번 승강장 대신 4번 승강장에 도착할 예정입니다. 시카고로의 출발에는 지연이 없을 것으로 예상됩니다. 본 열차는 늦게 오시는 분들을 기다리지 않기 때문에 제 시간에 승강장에 도착하여 탑승할 수 있도록 당부 드립니다. 클리블랜드에서 시카고까지 예상 소요 시간은 5시간 40분입니다.

Q: 안내 방송에 따르면 옳은 것은 무엇인가?
(a) 뉴욕에서 출발한 열차는 지연될 예정이다.
(b) 열차는 30분 후에 출발할 예정이다.
(c) 열차는 시카고에서 뉴욕으로 가고 있다.
(d) 열차는 5번 승강장에 도착할 예정이다.

해설 두 번째 문장에서 뉴욕발 선셋 리미티드가 30분 지연된다고 했으므로 정답은 (a)이다. (b) 열차 출발시간에 대한 언급은 없었고, (c) 열차는 뉴욕에서 출발했다. (d) 열차가 도착하는 승강장은 4번이다.

어휘 advise 조언하다; 알리다   platform 승강장   instead of ~대신에   anticipate 예상하다   departure 출발   make sure (반드시) ~하다   board 승선하다, 탑승하다   on time 정각에

6 The United States has four poisonous snakes—the rattlesnake, the copperhead, the cottonmouth, and the coral snake—that are native to the country. They are found in every state except Hawaii and Alaska and should be considered very dangerous. Around seven to ten people throughout the country die every year from snakebites, and dozens of people are bitten but manage to survive. Most attacks occur in areas with dense vegetation, where people walking surprise the snake so it lashes out to protect itself.

Q: What can be inferred from the talk?
(a) Most people bitten by poisonous snakes die.
(b) The majority of poisonous snakes live only in fields.
(c) **Hawaii and Alaska have** no poisonous snakebite victims.
(d) Several people die from snakebites in every state each year.

해석 미국에는 미국 토종인 방울뱀, 살무사, 늪살무사, 산호뱀의 네 종류의 독사가 있다. 이들은 하와이와 알래스카를 제외한 모든 주에서 발견되고 매우 위험한 것으로 여겨진다. 약 7명에서 10명이 미국 전역에서 뱀에 물려 매년 사망하고, 수십 명의 사람들은 물리지만 가까스로 목숨을 건진다. 대부분의 공격은 숲이 우거진 지역에서 발생하는데, 여기서 사람들은 길을 걷다 뱀을 놀라게 하고, 뱀은 자신을 보호하기 위해 달려든다.

Q: 담화로부터 추론할 수 있는 것은 무엇인가?
(a) 독사에 물린 대부분의 사람들은 사망한다.
(b) 대다수의 독사는 들판에서만 서식한다.
(c) 하와이와 알래스카에는 독사 희생자가 없다.
(d) 매년 모든 주에서 몇몇 사람들이 독사에 물려 사망한다.

해설 두 번째 문장에서 하와이와 알래스카를 제외한 전 지역에 독사가 서식한다고 했으므로 이 두 지역에서는 물리는 사람이 없을 것이다. 정답은 (c)이다. (a) 매년 7명에서 10명이 사망하고, 수십 명은 목숨을 구하므로 대부분이 사망하는 것은 아니다. (b) dense vegetation은 초목이 빽빽한 지역을 의미하므로 들판과는 거리가 멀다. (d) 하와이와 알래스카는 제외되므로 every state라고 할 수 없다. 선택지에 only, every 등 한정적인 의미의 단어가 나오면 유의해서 봐야 한다.

어휘 rattlesnake 방울뱀   copperhead 살무사
cottonmouth 늪살무사   coral snake 산호뱀
native to ~ 토종인, 원산인   dozens of 수십의
manage to 가까스로 ~하다   dense 빽빽한
vegetation 초목, 식물   lash out 달려들다, 공격하다

Part V

1 질문 받아쓰기

1 What is the speaker mainly doing in the talk?
2 What is the best way for people to lose weight?
3 What is mainly being said in the talk?
4 What can be inferred about vaccines?
5 What is the main topic of the talk?
6 Which is correct according to the talk?
7 According to the announcement, what is the weather going to be like on the weekend?
8 What is the announcement mainly about?
9 Which is correct about long-line fishing?
10 What can be inferred from the announcement?

2 담화와 질문을 모두 듣고 정답 찾기

1 (c)   2 (a)   3 (c)   4 (d)

3 받아쓰기

1-2

This Saturday, the Kansas City Farmers and the Duluth Miners will face off in the final game of the Midwest baseball playoffs. This championship game is going to be a dazzler, and both teams are ready with their star pitchers. So be sure to order your tickets now at ticketmaster.com or in person at Central Stadium. For your convenience, we accept cash, checks, and all major credit cards. Season ticket holders simply need their season pass number along with a valid form of identification at the ticket office. There are additional discounts for children 12 and under, so bring the whole family! The gates open at 6 PM, and the game starts at seven, so don't be late!

1 Q: Which is correct according to the announcement?
(a) Children under the age of 12 will not be allowed to attend.
(b) Tickets are only available for purchase online.
(c) **The teams both have famous pitchers.**
(d) The baseball game will start at 6 o'clock.

2 Q: What do season ticket holders need to get tickets?
(a) A current government-issued ID

(b) Their credit card number and expiration date

(c) The address for the ticketing website

(d) The number of guests who will join them

해석 이번 주 토요일 캔자스 시티 파머스와 덜루스 마이너스가 중서부 야구 플레이오프 결승전에서 마주하게 됩니다. 이번 챔피언십 경기는 멋진 한판 승부가 될 것으로 예상되며 양팀 모두 인기 있는 투수로 준비되어 있습니다. 그러므로 지금 ticketmaster.com이나 중앙 경기장에서 직접 입장권을 예매하십시오. 여러분들의 편의를 위해, 현금, 수표, 그리고 주요 신용 카드를 모두 받고 있습니다. 시즌 입장권 소지자분들은 간단히 매표소에서 유효한 신분증과 함께 시즌패스 번호만 알려주시면 됩니다. 12세 이하의 어린이에게는 추가 할인이 있으므로 가족 모두 오시기 바랍니다! 입장은 오후 6시부터이며, 경기는 7시에 시작됩니다. 늦지 마십시오!

1 Q: 안내 방송에 따르면 옳은 것은 무엇인가?

(a) 12세 이하의 어린이들은 참석이 허용되지 않는다.

(b) 입장권은 온라인 구매만 가능하다.

(c) 두 팀 모두 유명한 투수를 갖추고 있다.

(d) 야구 경기는 6시에 시작될 것이다.

2 Q: 시즌 입장권 소지자가 입장권을 사기 위해 필요한 것은 무엇인가?

(a) 현 정부에서 발급한 신분증

(b) 신용 카드와 유효 기간

(c) 입장권 예매 사이트의 주소

(d) 함께 하게 될 관람객의 수

해설 1 두 번째 문장에서 양팀 모두 인기 있는 투수로 준비되어 있다고 했으므로 (c)가 가장 적절하다. 담화의 star pitchers가 (c)의 famous pitchers로 패러프레이징 되었다. (a) 12세 이하의 어린이들은 추가 할인이 된다. (b) 입장권은 ticketmaster.com의 온라인 구매나 중앙 경기장의 현장 구매 모두 가능하다. (d) 입장이 6시에 시작되며, 경기는 7시에 시작된다.

2 시즌 입장권 소지자는 유효한 신분증을 제시하라고 했으므로 (a)가 정답이다.

어휘 **face off** 정면 대결하다

playoff 플레이 오프 (시즌 종료 후 벌이는 일종의 결승전)

dazzler 눈부신 것, 현란한 것　　**pitcher** 투수

for one's convenience 편의를 위해서

accept 받아들이다　　**holder** 소유자, 소지자

along with ~와 함께　　**valid** 유효한

identification 신분증　　**available** 구매 가능한, 이용 가능한

issue 발행하다, 발급하다　　**expiration date** 유효 기간

3-4

The woodpecker is a unique bird in that it can drill holes with its beak into both hard and soft wood. The bird is able to strike a tree up to 20 times per second at 1,200 times the force of gravity. Its special body structure allows it to accomplish this. A woodpecker's claws and legs are designed to hold it in place in a vertical position while it attacks the tree. It also has strong neck muscles, and its brain is cushioned to absorb the impact of hard pecking. Its beak is tough and can drill a hole in the strongest wood in just a short time while helping to reduce impact to the bird thanks to a spongy connective bone.

3 Q: What is mainly being discussed in the lecture?

(a) Why woodpeckers drill holes in trees

(b) The types of trees some birds prefer

(c) An animal's special physical features

(d) The mindset of a certain type of bird

4 Q: What can be inferred about the woodpecker?

(a) It is the strongest animal relative to its size.

(b) It makes holes in trees to live in them.

(c) It can move its head faster than any other animal.

(d) It has soft body structures to lessen potential injury.

해석 딱따구리는 부리로 강하거나 약한 나무 모두에 구멍을 낼 수 있다는 점에서 독특한 새입니다. 이 새는 중력의 1,200배에 달하는 힘으로 1초에 20번 나무를 칠 수 있습니다. 특이한 신체 구조가 이를 가능케 하는 것이죠. 딱따구리의 발톱과 다리는 나무에 구멍을 내는 동안 몸통을 수직으로 고정할 수 있도록 되어 있습니다. 또한 목 근육이 튼튼하고, 강하게 쪼아댈 때의 충격을 흡수하도록 뇌에는 완충장치가 있습니다. 부리는 견고해 짧은 시간 내에 가장 강한 나무에도 구멍을 낼 수 있는 반면, 스폰지처럼 연결된 뼈는 자신에게 가해지는 충격을 줄이는 데 도움이 됩니다.

3 Q: 강의에서 주로 언급되고 있는 것은 무엇인가?

(a) 딱따구리가 나무에 구멍을 내는 이유

(b) 어떤 새들이 선호하는 나무의 종류

(c) 어떤 동물의 특이한 신체적 특징

(d) 특정 새의 사고 방식

4 Q: 딱따구리에 대해 추론할 수 있는 것은 무엇인가?

(a) 크기에 비해 가장 강한 동물이다.

(b) 나무에 구멍을 내 그 안에서 산다.

(c) 다른 어떤 동물보다 머리를 더 빠르게 움직일 수 있다.

(d) 잠재적 부상을 줄이기 위해 부드러운 신체구조를 가지고 있다.

해설 3 특이한 신체 구조를 가지고 있는 딱따구리를 부리, 발톱, 다리, 목 근육, 뼈 등 차례대로 설명하고 있으므로 정답은 (c)이다. (d) mindset은 '사고 방식'이라는 뜻으로 신체 구조적 특징과는 거리가 먼 표현이다.

4 강의의 마지막 부분에서 스폰지처럼 연결된 뼈가 충격을 줄이는 데 도움이 된다고 했으므로 (d)가 정답이다. (a) 크기

나, (b) 서식지에 관한 내용은 언급되지 않았고, (c) 1초에 20번 나무를 칠 수 있지만 이로써 다른 어떤 동물보다 빠르다고 결론짓기는 어렵다.

Section 3
Actual Test 01-06

Actual Test 01

1	(b)	2	(d)	3	(c)	4	(d)	5	(d)
6	(b)	7	(a)	8	(a)	9	(a)	10	(c)
11	(d)	12	(c)	13	(b)	14	(d)	15	(d)
16	(d)	17	(a)	18	(d)	19	(a)	20	(b)
21	(d)	22	(a)	23	(c)	24	(b)	25	(d)
26	(b)	27	(c)	28	(a)	29	(c)	30	(c)
31	(d)	32	(b)	33	(b)	34	(b)	35	(a)
36	(b)	37	(b)	38	(d)	39	(a)	40	(b)

1 (b)

해석 W 오늘 어때?

　　(a) 나 갈 준비 됐어.
　　(b) 나쁘지 않아.
　　(c) 정말 고마워.
　　(d) 나 여기 있어.

해설 안부를 묻는 표현으로, 다양한 답변이 가능하다. 제시된 선택지에서는 나쁘지 않게 지낸다는 (b)가 가장 적절하다.

2 (d)

해석 M 너 Mary 알아?

　　(a) 응. 내가 Mary야.
　　(b) 오늘 그 애 못 봤는데.
　　(c) 그 애 저기 있어.
　　(d) 우리 친한 친구야.

해설 Mary를 아느냐는 질문에 그냥 아는 정도가 아니라 친하다고 답하는 (d)가 정답이다.

3 (c)

해석 W 너 그렇게 계속 먹어다가는 살이 엄청 찔 거야.

　　(a) 나 지난달에 5파운드 빠졌어.
　　(b) 난 이 가게 음식이 좋아.
　　(c) 맞아. 네 말이 맞는 것 같아.
　　(d) 그는 나보다 몸무게가 많이 나가.

해설 계속 먹다가는 살이 찔 거라는 여자의 말에 수긍하고 있는 (c)가 정답이다. (d) 대화에 제시되었던 weigh를 weight로 바꿔서 사용한 오답이다.

어휘 put on weight 체중이 늘다   keep ~ing 계속 ~하다

4 (d)

해석 W 이건 정답이 아닌 것 같은데.

　　(a) 너 오늘 조금 불안해 보여.
　　(b) 그를 그렇게 나무라면 안 돼.
　　(c) 난 모든 정답을 알아.
　　(d) 네 생각에는 뭐가 맞는 것 같은데?

해설 답이 아닌 것 같다는 말에 상대방의 의견을 묻는 의문문으로 되받아친 (d)가 정답이다. (b), (c) 대화에 제시되었던 correct와 answer를 사용한 오답이다. (b)의 correct는 '지적하다, 나무라다'라는 뜻의 동사로 사용되었다.

어휘 correct 맞는; 바로잡다, 지적하다   nervous 불안해 하는

5 (d)

해석 W 아직도 시내에서 일하고 계시죠?

　　(a) 네. 저는 지금 사무실에 있습니다.
　　(b) 네. 시내로 가고 있습니다.
　　(c) 아니요. 딱히 할 일이 없습니다.
　　(d) 아니요. 지사로 옮겼습니다.

해설 예전 그 장소에서 일을 하고 있는지를 묻고 있으므로 이제는 지사에서 일하고 있다는 (d)가 가장 적절하다. (c) 대화에 제시되었던 working을 사용한 오답이다.

어휘 downtown 도심지, 시내   head ~으로 향하다
branch office 지사, 지점

6 (b)

해석 M 저희 이 동네 슈퍼마켓을 찾고 있는데요.

　　(a) 농산품을 세일하고 있어요.
　　(b) 쭉 세 블록 가세요.
　　(c) 저는 길 아래쪽의 상점에서 물건을 사요.
　　(d) 저녁 7시에 문을 닫아요.

해설 의문사 where은 없지만 슈퍼마켓의 위치를 묻고 있다. 방향을 구체적으로 제시하는 (b)가 가장 적절하다. (a), (c) 대화의 내용과 관련이 없으며, (d) 의문사 when에 어울리는 답변이다.

어휘 local 현지의, 동네의   have a sale 할인 판매하다
produce 농산품

7 (a)
해석 M 그가 왜 그렇게 빨리 승진했는지 모르겠어.

(a) **그가 가장 최근에 한 프로젝트 업무와 관련이 있어.**
(b) 그 이유는 내가 여기서 10년 동안 일해왔기 때문이지.
(c) 그는 일부 다른 직원들처럼 재빠르지 못해.
(d) 난 얼마 전에 그가 승진한 걸 축하해 줬어.

해설 질문에 why가 있으므로 구체적인 이유를 제시하는 (a)가 가장 적절하다. (b) 이유를 제시하고 있으나 자신에 대해 이야기하고 있으므로 오답이다. (c) 그의 단점에 대한 내용이므로 승진과는 관련이 없다.

어휘 wonder 궁금해하다   promote 승진시키다
be related to ~와 관련이 있다   latest 최근의
employee 종업원, 직원

8 (a)
해석 M 방금 무슨 일이 있었는지 상상도 못 할 거야!

(a) **말해봐.**
(b) 그게 누구지?
(c) 너 어디 있어?
(d) 그런 일은 절대 일어나지 않을 거야.

해설 주어진 문장이 방금 일어난 일에 대한 언급이므로 무슨 일인지 말해보라는 (a)가 가장 적절하다. (d) 대화에 제시되었던 happen을 이용한 오답이다.

9 (a)
해석 W 너 그 애 좋아하지, 그렇지?

(a) **그렇다고 할 수 있지.**
(b) 우리 그렇게 비슷하지는 않아.
(c) 응. 난 그의 스타일이 마음에 들어.
(d) 아냐. 나 그 여자와 닮지 않았어.

해설 그 애를 좋아하냐고 묻고 있으므로, 우회적으로 그렇다고 대답하는 (a)가 가장 적절하다. (c) her가 아닌 his를 썼으므로 답이 될 수 없고, (d) 대화에 제시된 like를 사용했지만 look like는 '~처럼 보이다'라는 뜻이다.

어휘 similar 비슷한   look like ~처럼 보이다

10 (c)
해석 M 커피 한 잔 주세요.

(a) 코너를 돌면 커피숍이 있어요.
(b) 커피에 설탕과 크림을 넣어주세요.
(c) **뭘 좀 넣어 드릴까요?**
(d) 괜찮습니다. 지금 목마르지 않아요.

해설 커피를 마시겠다는 말이므로 추가할 것이 있는지 묻는 (c)가 가장 적절하다. (a), (d) 대화와 관련 없는 내용이며, (b) 설탕과 크림을 넣어달라는 말은 남자가 할 만한 말이다.

어휘 pour (액체를) 붓다, 따르다

11 (d)
해석 M 오늘 저녁에 계획 있니?
W 아직 없어. 무슨 일이라도 있어?
M 오늘 밤에 John이 여는 파티에 갈래?

(a) 9시에 시작하는 걸로 알고 있어.
(b) John은 바로 저기 앉아 있어.
(c) 어젯밤에 파티에 갔어.
(d) **물론이지. 재미있겠다.**

해설 파티 참석에 대한 상대방의 의향을 물어보는 문제이므로 (d)가 가장 적절하다. (b), (c) 대화에 제시되었던 John과 party를 사용한 오답이다.

12 (c)
해석 W 제 TV에 문제가 있는 것 같아요.
M 제가 한번 봐도 될까요?
W 네, 물론이죠. 그래도 괜찮을까요?

(a) 제가 전자공학에 대해서는 좀 압니다.
(b) 채널 바꾸셔도 돼요.
(c) **전혀 문제 없죠.**
(d) 네, 저도 그 부분에 대해서 생각했습니다.

해설 남자가 TV에 무슨 문제가 있는지 봐주겠다고 제안하자, 여자가 그렇게 해줄 수 있는지 되묻고 있다. 남자가 먼저 돕겠다고 했으므로 괜찮다는 의미의 (c)가 정답이다. (a) 전자공학은 언급되지 않았다.

어휘 take a look at ~을 (한번) 보다   electronics 전자공학

13 (b)
해석 M 너 최근 들어 기침을 많이 하는 것 같아.
W 그래. 뭐가 문제인지 모르겠어.
M 병원에는 가봤니?

(a) 예약이 내일 아침으로 잡혀 있어.
(b) **아니. 그런데 병원에 가봐야 할 것 같아.**
(c) 그래. 의사 선생님이 내가 감기 걸린 것 같대.
(d) 그는 지금 응급실에 있어.

해설 병원에 가봤냐는 물음이므로 아직 안 가봤지만 가야 할 것 같다는 (b)가 가장 적절하다. (c) 여자가 I am not sure what's wrong with me.라고 했으므로 자신이 감기에 걸렸는지는 알

수 없을 것이다.

어휘 cough 기침하다; 기침   appointment 약속, 예약
emergency room 응급실

14 (d)

해석 W 핸드폰 작동이 안 돼.
M 뭐가 문제인 거야?
W 배터리가 다 됐나 봐.

(a) 새 핸드폰을 사야 할 때가 됐네.
(b) 몇 번으로 전화 거셨어요?
(c) 그러면 수리 센터에 가보자.
(d) 다시 충전하는 게 좋겠다.

해설 세 번째 문장이 배터리가 다 됐다는 내용이므로 다시 충전해야겠다는 (d)가 가장 적절하다. (b) 전화상에서 할 법한 말이다. (c) 핸드폰이 고장 난 것은 아니다.

어휘 repair center 수리 센터   recharge 다시 충전하다

15 (d)

해석 W 오늘 오후에 무슨 계획 있습니까?
M 고객 한 분을 방문하려고 합니다.
W 좋습니다. 같이 가시죠.

(a) 죄송합니다만 지금 회의 중입니다.
(b) 다양한 고객이 많이 있습니다.
(c) 그는 지금 사무실에 안 계십니다.
(d) 물론이죠. 출발할 때 말씀 드리겠습니다.

해설 같이 가자는 여자의 제안에 대해 긍정의 답변을 한 (d)가 정답이다.

어휘 client 고객   at the moment 지금, 지금으로서는

16 (d)

해석 M 얼마 전에 갔던 여행에서 찍은 사진들 좀 봐봐.
W 와, 너 사진 정말 잘 찍는구나.
M 학교 다닐 때 수업을 좀 들었어.

(a) 흑백 사진이야.
(b) 더 잘 찍을 수 있었는데.
(c) 여기 사진이 많이 있네.
(d) 그건 몰랐는데.

해설 여자가 사진을 잘 찍는다고 칭찬하자 남자는 사진 수업을 들었다고 말한다. 이에 대한 답변으로는 그런 줄 몰랐다는 (d)가 가장 적절하다. (b) 이미 사진을 잘 찍었다고 말했으므로 오답이다.

어휘 recent 최근의   photographer 사진사
black and white photo 흑백 사진

17 (a)

해석 M 이렇게 일찍 돌아와서 뭐 하고 계세요?
W 회의가 단 20분 만에 끝났어요.
M 이상하네요. 회의가 그렇게 빨리 끝났다니 믿기지가 않아요.

(a) 저도 좀 놀랐어요.
(b) 점심 먹고 난 후 거기에 갈 거예요.
(c) 다음 회의는 1시에 있습니다.
(d) 제가 거기서 보고할 예정입니다.

해설 회의가 일찍 끝난 것이 믿어지지 않는다는 남자의 말에 가장 적절한 응답은 자신도 놀랐다는 (a)이다. 재귀대명사 myself에는 강조의 의미가 있다.

어휘 rather 다소, 조금   give a report 보고하다, 보고서를 발표하다

18 (d)

해석 W 일정 확인 좀 해주실 수 있나요?
M 물론 해드리죠. 무엇을 알고 싶으세요?
W Thompson 프로젝트가 언제 끝나기로 되어 있는지 잊어버렸어요.

(a) 오늘은 10월 27일입니다.
(b) 우리는 화요일에 그걸 끝냈습니다.
(c) 5시까지 제출해 주셔야 합니다.
(d) 이번 주 말까지 마감하기로 되어 있습니다.

해설 세 번째 문장에서 의문사 when으로 프로젝트가 끝나는 시기를 묻고 있으므로 이번 주 말까지로 되어 있다는 (d)가 정답이다. it은 the Thompson project를 가리킨다. (a) 오늘 날짜를 알려주고 있고, (b) 과거시제이므로 오답이다. (c) turn in은 '(숙제, 보고서를) 제출하다'라는 뜻이므로 문맥상 적절하지 않다.

어휘 be supposed to do ~하기로 되어 있다, ~할 예정이다
complete 완성하다, 마무리하다   turn in ~을 제출하다

19 (a)

해석 M Julie가 네가 말하기 대회에서 우승했다고 하던데.
W 응. 심사위원단이 내 이름을 불렀을 때 정말 믿을 수가 없었어.
M 경쟁이 치열했나 보구나.

(a) 응. 그런데 심사위원들이 나를 좀 더 마음에 들어 했나 봐.
(b) 내가 직접 심사위원이 될 거야.
(c) 그래서 내가 거기 혼자서 간 거야.
(d) 그래서 넌 무엇에 대해 말한 거야?

해설 남자의 마지막 말은 웅변 대회의 경쟁이 치열했는지 묻는 것으로 볼 수 있다. 치열했다고 답한 뒤, 그럼에도 수상한 이유를 언급하고 있는 (a)가 정답이다. (b) 대화에 제시되었던 judge를 사용한 오답이다. (d) 웅변 대회에 나간 것은 여자이다.

어휘 judge 판사; 심사위원

call out one's name ~의 이름을 부르다
stiff 힘든; 치열한   competition 경쟁   by oneself 혼자서

20 (b)

해석 M 어디로 가야 하는지 알 것 같아.
W 그래. 이제 어떻게 해야 하지?
M 다음 신호등에서 좌회전 해.

(a) 저기에 주차할게.
(b) 그런데 거긴 일방통행이야.
(c) 고속도로가 곧 나올 거야.
(d) 제한속도는 50이야.

해설 어디로 가야 하는지 묻는 여자에게 남자는 좌회전을 하라고 대답한다. 따라서 남자의 말대로 좌회전을 하면 일방통행 길이 나온다는 (b)가 가장 적절하다. (a) 어딘가를 가고 있으므로 주차하려는 것은 아니고, (c) 길을 설명하는 남자가 할 법한 말이다.

어휘 figure out 알다, 이해하다   light 신호등   park 주차하다
one-way street 일방 통행로   speed limit 속도 제한

21 (d)

해석 두 동료 간의 대화를 들으시오.

W 내일 오후까지 끝내야 하는 것 기억하고 계시죠?
M 네. 그런데 그때까지 끝낼 수 있을 것 같지가 않네요.
W 그럼 어떻게 할까요?
M Anderson 씨에게 마감 기한을 이틀 정도 늦춰 달라고 합시다.
W 그래요. 다른 선택의 여지가 없는 것 같네요.
M 걱정하지 마세요. Anderson 씨도 당신이 요청할 것을 예상하고 있을 거예요. 그러니 그렇게 하실 거예요.

Q: 대화는 주로 무엇에 관한 것인가?
(a) Anderson 씨의 업무
(b) 프로젝트의 세부사항
(c) 몇몇 다른 선택사항
(d) 마감기일 변경

해설 Anderson 씨에게 마감 기한의 연장을 요청하려는 것이 대화의 전반적인 내용이므로 (d)가 정답이다. (a), (b) 언급되지 않은 내용이고, (c) 마감 기한의 연장 외에 언급된 다른 대안은 없다.

어휘 propose 제안하다
push the deadline back 마감 기한을 연장하다; 미루다
option 선택(사항)   concern 걱정시키다, 염려하게 만들다
detail 세부사항

22 (a)

해석 매표소에서의 대화를 들으시오.

M 오늘 밤 영화 티켓 있습니까?
W 어느 시간대 말씀이신가요? 7시와 9시 상영이 있습니다.

M 9시 영화 티켓이 어떨까요?
W 아직 구입 가능합니다.
M 두 장 주시겠어요?
W 물론이죠. 22달러입니다.

Q: 남자가 주로 하려는 것은 무엇인가?
(a) 티켓 구입하기
(b) 방 예약하기
(c) 영화가 얼마나 상영하는지 물어보기
(d) 티켓 비용 지불하기

해설 남자는 매표소에서 영화 티켓을 구입하려고 하는 중이므로 (a)가 정답이다. (c) 영화 시간대를 물어본 것이지 영화가 얼마 동안 상영되는지를 물어본 것은 아니다. (d) 티켓 비용은 마지막에 잠깐 다루어지는 세부 내용에 그친다.

어휘 refer to ~을 언급하다   available 이용 가능한
make a reservation 예약하다   last 계속되다, 지속하다
pay for ~의 비용을 치르다

23 (c)

해석 남편과 아내 간의 대화를 들으시오.

M 어디에서도 찾을 수가 없네.
W 뭘 말이야?
M 내 열쇠. 어제 침대 옆 탁자에 뒀는데, 사라졌어.
W 침대 밑에는 찾아봤어?
M 응. 그런데 거기 없어. 주방 식탁에 있겠지.
W 아니야. 내가 방금 봤는데, 열쇠 같은 건 없었어.
M 그럼, 내 옷을 찾아봐야겠어.

Q: 대화에서 남자가 주로 하고 있는 것은 무엇인가?
(a) 자신이 가지고 있는 여러 열쇠를 비교하기
(b) 자신의 열쇠가 어디를 여는 것인지 알아내기
(c) 자신의 열쇠가 있을 만한 위치 찾아보기
(d) 자신의 열쇠를 원래 자리에 가져다 두기

해설 남자는 잃어버린 열쇠를 찾고 있으므로 (c)가 정답이다. (a) 열쇠를 비교하거나, (b) 열쇠의 용도를 언급하지는 않았다.

어휘 bed table 침대 옆 탁자   look for ~을 찾다
compare 비교하다   own 소유하다   location 위치

24 (b)

해석 두 친구 간의 대화를 들으시오.

W 너무 고마워. 네가 내 생일을 기억하다니 믿기지가 않아!
M 그런 중요한 날을 잊을 순 없지.
W 이건 여기 내 책상에 두어야겠다.
M 그래, 꽃이 정말 마음에 드는 거야?
W 정말 마음에 들어! 내가 가장 좋아하는 꽃이야.
M 그건 몰랐네. 선택을 잘 한 것 같아.

Q: 여자가 남자로 인해 기뻐하는 이유는 무엇인가?
(a) 그녀에게 데이트 신청을 했다.
(b) 그녀에게 꽃을 주었다.
(c) 모든 사람에게 그녀의 생일을 이야기했다.

(d) 그녀를 자신의 생일 파티에 초대했다.

해설 여자는 남자가 잊지 않고 생일을 챙겨주며 꽃을 선물해 기뻐하고 있으므로 정답은 (b)이다. (a) 데이트 신청을 했는지는 알 수 없다.

어휘 guess 추측, 짐작   ask ~ out ~에게 데이트 신청하다

25 (d)

해석 두 친구 간의 대화를 들으시오.

M 안녕, 지나는 길에 잠깐 들렀어.
W 그냥 안부 인사하려고 여기 온 거야?
M 꼭 그런 건 아니야. 네가 어떻게 지내는지 알고 싶기도 하고.
W 다 좋아. 내 걱정은 안 해도 돼.
M 요즘 허리는 좀 좋아지고 있어?
W 물론이야. 이제 거의 안 아프니.

Q: 대화에 따르면 옳은 것은 무엇인가?
(a) 남자는 여자를 방문하기 전에 전화를 걸었다.
(b) 남자는 그저 여자에게 안부 인사하러 방문했다.
(c) 여자의 요통이 악화되고 있다.
(d) 남자는 여자의 건강 상태에 대해 묻고 있다.

해설 남자는 여자가 어떻게 지내는지 알고자 여자를 방문했고, 구체적으로 그녀의 허리가 어떤지 묻고 있다. 따라서 정답은 (d)이다. (a) 남자는 여자를 갑자기 찾아온 듯 보이고, (b) 안부 인사하려고 왔냐는 물음에 꼭 그렇지는 않다고 대답했다. (c) 여자의 요통은 좋아지고 있다.

어휘 drop by 잠시 들르다   say hi[hello] 안부를 전하다
exactly 정확히   absolutely 절대적으로; 그럼, 물론
rarely 거의 ~하지 않는   backache 요통
condition 상황; 상태

26 (b)

해석 호텔 접수원과 투숙객 간의 대화를 들으시오.

W 웨스턴 스탠더드 호텔에 오신 것을 환영합니다.
M 안녕하세요. 빈방 있습니까?
W 네, 방 두 개가 남아 있습니다.
M 좋습니다. 2인실로 하겠습니다.
W 이 양식을 작성하셔야 합니다. 그러면 준비해 드리겠습니다.
M 알겠습니다. 혹시 지역 관광에 대한 정보도 좀 주실 수 있습니까?

Q: 대화에 따르면 남자에 대해 옳은 것은 무엇인가?
(a) 그는 방 두어 개를 예약하려고 한다.
(b) 그는 서류를 작성해야 한다.
(c) 그는 유명한 지역 관광 중 하나를 알고 있다.
(d) 그는 예약을 취소해야 한다.

해설 호텔 접수원인 여자가 남자에게 You need to fill out this form이라고 했으므로 정답은 (b)이다. (a) 남자는 2인실 하나를 예약하려고 하고, (c) 지역 관광에 대한 정보를 요청했으므로 지역 관광에 대해 잘 모르고 있음을 알 수 있다.

어휘 available 이용 가능한   double room 2인실
fill out (서류 등) ~을 작성하다   local 지역의, 현지의

27 (c)

해석 두 친구가 미술관의 예술품에 대해 이야기하는 것을 들으시오.

M 이거 놀라운데. 이런 예술품은 전에 본 적이 없거든.
W 지역 미술관에는 자주 안 가는구나.
M 사실 자주 가. 그런데 여기 르네상스 작품들은 정말 굉장해.
W 맞아. 다빈치와 다른 화가들은 진정한 거장이었지.
M 빨리 와. 다른 그림들도 보고 싶어.
W 그래. 이동하자.

Q: 대화에 따르면 옳은 것은 무엇인가?
(a) 여자가 가장 좋아하는 작품은 르네상스 시대의 것이다.
(b) 여자는 미술관에서 나갈 준비가 되어 있다.
(c) 남자는 미술관에 자주 방문한다.
(d) 남자는 처음으로 예술 작품을 보고 있다.

해설 남자의 두 번째 말 Actually, I do에서 do는 go to the local galleries very often을 받아 미술관에 자주 간다는 말이 되므로 정답은 (c)이다. (a) 여자가 가장 좋아하는 작품은 언급되지 않았고, (b) 미술관을 떠나는 것이 아니라 다른 작품을 보러 이동하는 것이다. (d) 남자는 종종 미술관에 간다.

어휘 artwork 예술 작품   gallery 화랑, 미술관
extraordinary 대단한; 놀라운   master 거장; 주인
keep ~ing 계속 ~하다

28 (a)

해석 차 안에서의 대화를 들으시오.

M 이 교차로에서 우회전해야 해.
W 확실하니? 아닌 것 같은데.
M Greg이 알려준 대로 가고 있는데.
W 그래. 그가 망치지 않기를 바랄 뿐이야.
M 그가 맞을 거야. 나 전에 여기 와봤는데 여기 이 장소가 기억이 나.
W 네가 확신을 하니 다행이다. 솔직히 난 어디로 가고 있는지 전혀 모르겠어.

Q: 대화에 따르면 남자와 여자에 대해 옳은 것은 무엇인가?
(a) 그들은 우회전을 했다.
(b) 그들은 설명서를 읽고 있다.
(c) 그들의 최종 목적지는 Greg의 집이다.
(d) 그들 모두 전에 이곳에 와본 적이 없다.

해설 남자의 우회전을 해야 한다는 말에 여자는 아닌 것 같다고 대답하지만, Greg이 가르쳐 준 길이라고 말하자 Okay라며 수긍한다. 따라서 정답은 (a)이다. (b) 대화에 제시되었던 directions를 사용한 오답이다. (c) Greg's house는 언급되지 않았고, (d) 남자는 전에 이곳에 와봤다.

어휘 intersection 교차로   directions 지시; 길 안내; 설명서
mess up 망쳐 놓다   particular 특정한; 특별한

clue 실마리, 단서　destination 목적지

29 (c)

해석 판매원과 고객 간의 대화를 들으시오.

M 안녕하세요. 도와드릴까요?
W 괜찮습니다. 그냥 구경하고 있거든요.
M 알겠습니다. 필요하신 것 있으시면 말씀하세요.
W 네. 그냥 아이 쇼핑하는 것이니 저는 신경 쓰지 마세요.
M 알려 주셔서 감사합니다.
W 아니에요.

Q: 여자에 대해 추론할 수 있는 것은 무엇인가?
　(a) 그 가게에서 자주 쇼핑을 한다.
　(b) 구입했던 물건을 반품하고 싶어 한다.
　(c) 물건을 살 의향이 없다.
　(d) 판매원을 전에 만난 적이 있다.

해설 상점에서 판매원과 고객이 이야기를 나누고 있고, 여자는 물건을 사지 않고 둘러보겠다고 했으므로 정답은 (c)이다. (a), (b), (d) 모두 대화로부터 추론할 수 없는 정보이다.

어휘 sales clerk 점원, 판매원 (salesman)
customer 고객　look around 둘러보다
window shopping 아이 쇼핑하다, 둘러보다
intend to ~하려고 하다, ~할 의향이 있다

30 (c)

해석 엄마와 아들 간의 대화를 들으시오.

M 내일 오후에 경기가 있어요.
W 몇 시에 있니?
M 4시에 시작해요. 올 수 있으세요?
W 잘 모르겠네. 일찍 퇴근할 수 있으면 가도록 할게.
M 엄마, 꼭 오시면 좋겠어요.
W 꼭 가도록 해볼게.

Q: 여자에 대해 추론할 수 있는 것은 무엇인가?
　(a) 그녀는 내일 하루 쉰다.
　(b) 그녀는 이전에 아들의 경기를 관람한 적이 있다.
　(c) 그녀는 빡빡한 근무 일정을 가지고 있다.
　(d) 그녀는 아들이 이길 것인지 확신하지 못한다.

해설 아들이 경기에 오라고 하자, 여자는 일찍 퇴근하면 가도록 하겠다고 대답한다. 따라서 여자는 빡빡한 근무일정을 가지고 있다고 추론할 수 있다. 정답은 (c)이다. (a) 여자는 내일 출근을 하기로 되어 있고, (b), (d) 대화로부터 추론할 수 없는 정보이다.

어휘 make it 제시간에 도착하다, 성공하다
get off (직장에서) 퇴근하다　stand 관중석
tight 빠듯한, 빡빡한

31 (d)

해석 어떤 직원도 회사의 주요 연구 시설에 들어올 때 개인 노트북

컴퓨터, 메모리 저장 장치, 혹은 카메라를 소지할 수 없습니다. 이 규정을 둔 이유는 현재 진행 중인 연구에 대한 산업 스파이 활동을 막기 위해서입니다. 그러한 장비를 가지고 있는 것으로 발각된 누구라도 즉시 보안팀에게 이를 넘겨주어야 하고 이후 징계를 받을 것이며, 이는 고용 계약의 해지까지도 포함할 것입니다. 회사 정보를 복제하다가 발각된 사람들은 최대한도의 사법 처리를 받게 됩니다.

Q: 안내 방송에서 화자가 주로 하고 있는 것은 무엇인가?
　(a) 회사가 규정 위반자를 어떻게 처벌하는지 설명하기
　(b) 회사가 진행하고 있는 연구의 종류를 언급하기
　(c) 한 직원의 투철한 직업 의식 칭찬하기
　(d) 회사 내부 규정 중 하나를 설명하기

해설 회사에서 새로운 연구를 진행하고 있으므로 정보 유출을 막기 위해 카메라 및 기타 전자 장비의 소지를 금지하고 있다. 따라서 정답은 (d)이다. (a) 규정 위반자에 대한 처벌 방법이 언급되기는 하지만 이는 규정 설명의 세부 내용에 그치며, (b) 연구 종류에 대한 설명은 나타나 있지 않다. (c) 관련 없는 내용이다.

어휘 espionage 스파이 활동　turn over 양도하다, 넘겨주다
security 보안; (회사의) 보안 부서　disciplinary 징계의
action 조치　termination 종료, 해지
employment 고용 (상태)　duplicate 복사; 복제하다
prosecute 기소하다; 고소하다
to the fullest extent 최대한도로

32 (b)

해석 바이오 연료는 석유 대신 생물학적 물질로부터 가공된 유형의 연료를 지칭한다. 바이오 연료의 전형적인 원천은 옥수수, 사탕수수, 콩, 조류(藻類)이다. 바이오 연료는 재생 가능하고 독성이 없으며, 기존 연료와 비교해 봤을 때 온실가스 배출량을 60% 이상 낮춘다. 생물학적 물질을 바이오 연료로 가공하는 작업에서의 유일한 단점은 석유 연료가 만들어 내는 에너지를 필요로 한다는 것이다. 게다가 바이오 연료를 만들어 내기 위해 음식 재료를 사용한다는 것은 인간과 동물이 먹을 수 있는 식량이 줄어든다는 것을 의미한다.

Q: 담화는 주로 무엇에 관한 것인가?
　(a) 연료를 효율적으로 사용하는 방법
　(b) 한 대체 연료
　(c) 바이오 연료의 단점
　(d) 석유의 사용

해설 첫 번째 문장에서 바이오 연료가 석유 연료 대신 생물학적 물질로부터 가공한 연료라는 설명이 나오고, 이후 구체적인 내용이 이어지므로 정답은 (b)이다. (a), (d) 언급되지 않았고, (c) 바이오 연료의 단점은 담화의 마지막에만 등장하는 세부 정보에 그친다.

어휘 biofuel 바이오 연료 (살아 있는 유기체나 그 부산물로부터의 연료)
process 가공하다, 처리하다　matter 물질
petroleum 석유　sugarcane 사탕수수
soybean 콩　algae 조류(藻類), 해조
greenhouse gas emission 온실가스 배출

conventional 관습적인; 기존의 alternative 대체 가능한

33 (b)

해석 내일이 선거일임을 기억하시기 바랍니다. 투표소는 새벽 5시부터 밤 9시까지 운영됩니다. 투표 등록을 하셨다면 시간을 내어 꼭 참여하시길 바랍니다. 투표소가 열려 있는 동안에는 언제든지 등록하신 투표소로 나오시면 됩니다. 사진이 부착되어 있는 신분증을 적어도 하나는 꼭 가지고 오시길 바랍니다. 되도록이면 운전면허증이나 여권이 좋습니다. 지역, 주, 연방 선거가 실시되기 때문에 투표하실 후보자와 쟁점 사항을 충분히 숙지하시길 바랍니다.

Q: 안내 방송에 따르면 옳은 것은 무엇인가?
(a) 운전면허증을 가지고 있는 사람만이 투표 가능하다.
(b) 지역 선거 후보자에게 투표할 수 있다.
(c) 내일 있을 투표자 등록은 오전 5시부터 오후 9시까지다.
(d) 내일 단 하나의 선거만이 있을 것이다.

해설 마지막 문장에 지역, 주, 연방 선거가 실시된다고 하였으므로 지역 선거 후보자에게 투표할 수 있다는 (b)가 정답이다. (a) 운전면허증이나 여권을 가져오면 더 좋다고만 언급되었다. (c) 오전 5시부터 오후 9시까지는 투표시간이지 투표자 등록 시간이 아니다. (d) 지역, 주, 연방 선거 모두 실시된다.

어휘 the polls 투표소 (poll 투표; 여론 조사) register 등록하다
report 출두하다; 신고하다 voting station 투표소
ID 신분증 (identification) preferably 되도록이면, 가급적이면
driver's license 운전면허증 state 주; 주의
federal 연방의 candidate 후보자

34 (b)

해석 그럼 이제 이번 주 일기 예보로 넘어가도록 하겠습니다. 안타깝게도 오늘 흐린 날씨는 내일까지 동일하게 이어지겠습니다. 내일 밤까지 기온은 서늘하고 하늘은 흐릴 것으로 예상됩니다. 그 후 구름이 재빨리 걷히고 주말을 맞아 곧 맑은 하늘과 따뜻한 날씨가 나타날 것입니다. 하지만 월요일 아침에 천둥을 동반한 폭풍우가 이 지역을 강타하면서 좋은 날씨는 오래 가지 않을 것입니다.

Q: 주말에 날씨는 어떻게 될 것인가?
(a) 흐릴 것이다.
(b) 맑을 것이다.
(c) 천둥을 동반한 폭풍우가 있을 것이다.
(d) 날씨가 쌀쌀할 것이다.

해설 일기 예보에 we'll have sunny skies ~ for the weekend라는 내용이 나오므로 정답은 (b)이다. (a), (d) 주말 이전 날씨에 관한 내용이며, (c) 주말 이후 날씨에 대한 설명이다.

어휘 weather forecast 일기 예보
unfortunately 애석하게도, 유감스럽게도
gloomy (날씨가) 흐린; (기분이) 우울한
temperature 온도, 기온 overcast 흐린; 음침한
disappear 사라지다 in time 이윽고, 곧
thunderstorms 천둥을 동반한 폭풍우 region 지역

35 (a)

해석 만일 여러분의 면도기로 수염을 부드럽게 깎으실 수 없다면 넥시스를 사용해 보시길 바랍니다. 이는 얼굴을 부드럽게 하고 수염이 남아 있지 않을 것을 보장합니다. 그렇지 않을 경우 저희는 여러분의 돈을 환불해 드리겠습니다. 저희 연구진이 넥시스를 만들어 내는데 2년 이상이나 걸렸지만, 그들의 노력은 그만한 가치가 있었습니다. 이는 여러분의 피부를 베지 않으면서 가능한 최대로 밀착하여 수염을 깎아 내도록 고안되었습니다. 한번 사용해 보시길 바랍니다. 평생 다른 제품은 사용하지 않으실 겁니다. 저희가 보증합니다.

Q: 넥시스에 대해 옳은 것은 무엇인가?
(a) 몇몇 연구원들이 그것을 개발하기 위해 2년 이상을 일했다.
(b) 그것은 물건을 부드럽게 만드는 칼이다.
(c) 이전 디자인을 선호하는 사람들은 돈을 환불 받을 수 있다.
(d) 그것은 60일 보증서와 함께 출시된다.

해설 연구진이 넥시스를 만드는 데 2년 이상 걸렸다고 했으므로 정답은 (a)이다. (b) 넥시스는 얼굴을 부드럽게 해주는 면도기이다. (c) 성능에 이상이 있을 경우 환불 받을 수 있다. (d) 광고에 제시되었던 guarantee를 사용한 오답이다.

어휘 get a shave 면도하다, 수염을 깎다
razor 면도칼, 전기 면도기 ought to do ~해야 한다
guarantee 보장하다; 보증서 worth ~의 가치가 있는
be designed to do ~하기 위해 고안되다
give it a try 시도하다 blade 면도날

36 (b)

해석 1967년 6월 중동에서 발생했던 6일 전쟁은 이스라엘이 시리아, 이집트, 요르단의 아랍 공군 비행장을 공습하면서 시작되었다. 채 몇 시간도 되지 않아서 이스라엘은 이 세 국가의 공군 병력을 초토화했다. 그 병력은 이어서 아랍 국가들에 지상 공격을 감행했다. 6일 전쟁이 끝나갈 무렵 이스라엘은 적들을 깨끗이 물리쳤다. 이는 우선적으로 이스라엘 비행기가 자유롭게 하늘을 누빌 수 있었고 지상 병력이 적의 공군으로부터 아무런 방해를 받지 않았기 때문이다.

Q: 담화로부터 추론할 수 있는 것은 무엇인가?
(a) 시리아는 전쟁에서 이스라엘을 이긴 적이 없다.
(b) 공군은 현대 전쟁에서 핵심적인 요소이다.
(c) 이스라엘은 세계에서 가장 강력한 공군을 보유하고 있다.
(d) 중동에서의 마지막 전쟁은 1967년에 있었다.

해설 이스라엘이 6일 전쟁에서 짧은 시간 내에 승부를 낼 수 있었던 이유는 적의 공군 병력을 우선적으로 무력화시켰기 때문이다. 정답은 (b)이다. (a), (c), (d) 담화로부터 추론할 수 없는 내용이다.

어휘 the Middle East 중동 air attack 공습
airfield 비행장 air force 공군 initiate 시작하다, 개시하다
ground campaign 지상 공격 combat 전투
soundly 확실하게, 온전하게 roam 돌아다니다
unmolested 방해 받지 않은; 평온한 vital 핵심적인

37-38 (b), (d)

해석 다음 과제는 초파리의 수명에 대해 조사하는 것입니다. 실험실에서는 초파리 표본을 사용할 수 있고, 각 팀은 초파리 관찰을 위한 일정을 짜야 합니다. 이는 초파리가 언제 태어나고 언제 죽는지에 관한 자료를 정확히 수집하기 위해서입니다. 초파리의 수명이 약 24시간이므로, 여러분 중 일부는 실험실에서 밤을 새우는 경우도 예상할 수 있겠습니다. 여러분의 실험실 시간 조정을 위해, 학생증을 가지고 학생 실험 사무실에 방문하십시오. 여러분의 데이터는 Biolab 사이트에 실시간으로 기록될 것이니, 연구를 시작할 때는 로그인해 주십시오. 과제는 다음주 금요일인 18일까지 제출해야 합니다.

37 Q: 안내 방송의 주제는 무엇인가?
   (a) 학생 실험실 규정 변경
   (b) 곧 있을 학생 프로젝트에 관한 정보
   (c) 초파리의 생활 주기에 대한 설명
   (d) 학생들이 실험실 과제에 대해 가지고 있을 질문에 대한 답변

38 Q: 일부 학생은 왜 밤새 실험실에 머물러야 하는가?
   (a) 아무도 실험을 방해할 수 없도록 하기 위해
   (b) 정보가 웹사이트에 올바르게 입력되는지 확인하기 위해
   (c) 밤에 동물 행동의 차이를 연구하기 위해
   (d) 수업 과제를 위한 연구를 수행하기 위해

해설 37 다음 과제인 초파리 수명 연구에 대한 안내 사항을 상세하게 설명하고 있으므로 (b)가 정답이다. (a), (c) 언급되지 않은 내용이며, (d) 불가능한 대답은 아니지만 학생들의 질문에 관한 언급이 없으므로 (b)가 더 적절하다

38 안내 방송의 중간 부분에 초파리의 수명이 24시간이라 밤을 새울 수도 있다고 했으므로 과제 연구를 위해 일부 학생이 밤새 실험실에 머물러야 한다는 (d)가 가장 적절하다.

어휘 assignment 과제, 숙제　lifespan 수명　fruit fly 초파리
specimen 표본; 견본　lab (laboratory) 실험실, 연구실
accurately 정확하게　approximately 약, 대체로
record 기록하다　in real time 실시간으로
submit 제출하다　upcoming 다가오는, 곧 있을
description 묘사, 설명　interfere with ~을 방해하다
experiment 실험　conduct (특정 활동을) 하다

39-40 (a), (b)

해석 사실상 모든 체중 감량 계획에는 적절한 음식을 먹고 운동하는 것이 포함된다. 이러한 생리학적인 요소를 바꾸는 것이 종종 체중 감량과 전반적인 건강 개선을 이끌 수 있지만, 많은 과체중인 사람들은 자신을 자주 과식하게 만드는 정신적 질환을 갖고 있다. 많은 이들은 인생에서 정신적인 충격을 받은 경험이 있거나, 다양한 이유로 심각한 우울증이 있기도 하고, 또는 삶에서 무언가가 결핍되어 있다. 따라서 이러한 이유들은 사람들로 하여금 만족감과 행복감을 느끼게 하기 위한 하나의 방법으로 더 많이 먹도록 할 수도 있다. 누군가의 체중 감량을 도와줄 때는 몸과 마음이 모두 치료를 받아야 한다는 점을 명심해야 한다.

39 Q: 화자의 요지는 무엇인가?

   (a) 체중 증가와 감량은 종종 마음과 관련되어 있다.
   (b) 대부분의 다이어트는 그 사람이 체중 감량을 원하지 않는다면 효과가 없다.
   (c) 사람들은 자신의 식단과 활동에 변화를 주어 체중을 감량할 수 있다.
   (d) 심리학자들은 효과적인 식단을 만들어 낼 수 있어야 한다.

40 Q: 몇몇 사람들의 비만의 원인에 대해 추론할 수 있는 것은 무엇인가?
   (a) 대부분의 과체중인 사람들은 신체적인 활동을 충분히 하지 않는다.
   (b) 몇몇 사람들은 슬픔의 감정을 완화하기 위해 과식한다.
   (c) 사랑 많은 부모님 밑에서 자란 사람들은 과체중이 될 가능성이 낮다.
   (d) 우울한 사람들은 과식하려는 경향이 가장 크다.

해설 39 요지를 찾는 문제에서는 역접 연결어 이후 내용을 잘 봐야 한다. 두 번째 문장의 While 이후로 많은 과체중인 사람들이 과식하게 되는 정신적 질환을 가지고 있음을 설명하고 있다. 마지막 문장에서도 need to로 몸과 마음 모두 치료 받아야 한다고 주장하고 있으므로 정답은 (a)이다. (c) 올바른 정보이지만 화자가 하고자 하는 말은 아니다.

40 담화에 따르면 정신적 충격, 우울증, 심리적 결핍 등이 과식을 이끌 수 있으므로 몇몇 사람들이 슬픈 감정의 완화를 위해 과식한다고 추론하는 (b)가 가장 적절하다. (a) 신체 활동에 대한 언급은 없었고, (c) 사랑 많은 부모님 밑에서 자란 사람이라도 다른 이유로 심리적 어려움을 가질 수 있을 것이다. (d) 우울증이 과식의 원인이 될 수는 있지만 가장 영향력이 큰 원인이라 추론할 수는 없다.

어휘 virtually 사실상　physiological 생리학적인
overweight 과체중의　psychological 심리학적인
disorder 질환, 장애　compel 강요하다, ~하게 만들다
traumatic 정신적 충격이 큰, 트라우마적인
depression 우울증　feel fulfilled 만족감을 느끼다
keep in mind ~을 명심하다　be related to ~와 관련되다
mitigate 완화시키다, 경감시키다
have a tendency to ~하는 경향이 있다

Actual Test 02

1	(a)	2	(c)	3	(b)	4	(b)	5	(c)
6	(c)	7	(d)	8	(b)	9	(a)	10	(a)
11	(b)	12	(a)	13	(d)	14	(c)	15	(c)
16	(b)	17	(d)	18	(a)	19	(a)	20	(d)
21	(b)	22	(c)	23	(d)	24	(b)	25	(d)
26	(c)	27	(c)	28	(b)	29	(a)	30	(d)
31	(b)	32	(a)	33	(a)	34	(c)	35	(c)
36	(d)	37	(c)	38	(a)	39	(a)	40	(b)

1 (a)

해석 W 오늘 내가 길에서 누굴 만났는지 아니?

    (a) 어서 말해봐.
    (b) 좀 더 조심해야지.
    (c) 그건 몰랐어.
    (d) 어디서 그를 만났는데?

해설 의문사 who가 있지만 누구를 만났는지 물어보는 것이 아니라, 자신이 누구를 만났는지 궁금하지 않냐는 질문이다. 따라서 누구를 만났는지 말해 달라는 내용의 (a)가 가장 적절하다. (d) 아직 만난 사람이 누구인지 모르므로 him이라 말할 수 없다.

어휘 run into 우연히 만나다　**Go ahead.** 어서 해봐.
careful 주의 깊은; 신중한

2 (c)

해석 M 제가 무언가 도와드릴 것이 있습니까?

    (a) 네, 제가 도와드릴게요.
    (b) 귀찮게 해서 죄송합니다.
    (c) 고맙습니다만 그냥 구경하고 있어요.
    (d) 저기 있는 남자를 도와드렸어요.

해설 도움을 주겠다는 말에 그냥 구경하는 것이니 괜찮다고 대답하는 (c)가 가장 적절하다. (a) 정답이 되려면 Yes, 뒤에 도움을 요청하는 내용이 와야 한다.

어휘 pardon 용서하다　bother 귀찮게 하다
browse 구경하다, 둘러보다

3 (b)

해석 W 그거 어떻게 할 거야?

    (a) 나는 아무것도 하지 않았어.
    (b) 아직 결정하지 않았어.
    (c) 그들은 몰라.
    (d) 나는 그것을 하고 싶어.

해설 상대방의 의향을 물어보고 있으므로 아직 마음의 결정을 하지 않았다는 (b)가 가장 적절하다. (a) 시제가 맞지 않는다.

어휘 decide 결정하다, 결심하다

4 (b)

해석 M 정확하게 어디가 아프신가요?

    (a) 저기에 위치해 있습니다.
    (b) 발목을 삐었습니다.
    (c) 아니요. 머리는 아프지 않아요.
    (d) 이제 괜찮아지고 있어요.

해설 구체적으로 어디가 아픈지 물어보고 있으므로 다친 부위를 말하는 (b)가 정답이다. (a) 건물 위치에 관한 표현이고, (c) 의문사 where로 물었으므로 No라는 대답은 어색하다.

어휘 hurt 아프다　locate 위치시키다
sprain one's ankle 발목을 삐다
feel better (상태가) 호전되다

5 (c)

해석 W 네가 그렇게 하면 아파.

    (a) 나는 그렇게 생각하지 않아.
    (b) 너 왜 그러는 거니?
    (c) 미안해. 살살 해볼게.
    (d) 알았어. 그걸 안다고 해서 손해 볼 것은 없지.

해설 다친 부위를 만져보는 상황으로 추측할 수 있다. 아프다는 말에 적절한 것은 좀 더 부드럽게 해보겠다는 (c)이다. (a) '그렇게 생각하지 않는다'는 뜻의 관용표현이다. (d) It doesn't hurt to ~ 역시 '~해서 손해 볼 것 없다'는 관용표현이다.

어휘 feel 느끼다; 생각하다　gentle 부드러운

6 (c)

해석 W 그 책을 누가 썼는지 기억이 안 나네요.

    (a) 500페이지가 넘습니다.
    (b) 언젠가 꼭 읽어보셔야 합니다.
    (c) 저자의 이름은 책 표지에 있습니다.
    (d) 저는 그 장르를 별로 좋아하지 않습니다.

해설 의문사 who로 물었으므로 책 표지에 저자 이름이 있다고 답하는 (c)가 정답이다. 직접적인 사람 이름이 답으로 등장하지 않아 어려울 수 있는 문제다.

어휘 ought to ~해야 한다　care for ~을 좋아하다　genre 장르

7 (d)

해석 M 전 당신이 그 서류 가방을 사지 않을 거라고 생각했어요.

    (a) 이것이 제 서류 가방입니다.
    (b) 금요일까지 할인해요.
    (c) 가죽으로 만든 걸로 알고 있어요.
    (d) 마음이 바뀌었어요.

해설 동사 시제로도 답을 찾을 수 있는 문제이다. 가방을 구입하는 데 있어서 심경의 변화가 있었다는 (d)가 정답이다.

어휘 plan on ~할 계획이다　briefcase 서류 가방
be made of ~로 만들어지다　leather 가죽
change one's mind 마음을 바꾸다

8 (b)

해석 W 조심해!

    (a) 내려가고 있어요.
    (b) 알려주셔서 감사합니다.
    (c) 여쭤봐서 죄송합니다.
    (d) 갈 곳이 없습니다.

해설 Watch your step!은 계단을 내려갈 때 '조심해'라는 의미로 쓸 수 있다. 조심하라는 말에는 알려줘서 고맙다는 (b)가 가장 적절하다.

어휘 downstairs 아래층으로   warning 경고, 주의
pardon 용서하다   nowhere 아무데도 없는

9 (a)

해석 W 저 기다리지 마세요. 서둘러 빨리 가세요.

    (a) 정말 그래도 되겠어요?
    (b) 더 빨리 갈 수가 없어요.
    (c) 몇 시에 올 거예요?
    (d) Sara를 만나기로 했어요.

해설 기다리지 말고 가라는 말에 그래도 되느냐고 되묻는 (a)가 정답이다. (b) 여자가 할 법한 말이다.

어휘 hurry up 서두르다   get going (서둘러) 가다

10 (a)

해석 W 제 차에 큰 문제가 있는 것 같은데, 그렇지 않나요?

    (a) 네. 그런데 제가 고칠 수 있을 것 같습니다.
    (b) 네. 새 차를 운전하시는군요.
    (c) 아니요. 잘못 구입하신 게 아니에요.
    (d) 아니요. 저는 그 점을 대수롭지 않게 생각합니다.

해설 여자의 차에 문제가 생겨 남자에게 물어보고 있으므로 고칠 수 있을 것 같다는 (a)가 가장 적절하다. (b) 새 차에 관한 내용은 언급되지 않았다. (c) 대화에 제시되었던 wrong과 car를 이용한 오답이다.

어휘 fix 고치다   vehicle 차량, 탈것
be serious about ~에 대해서 진지하게 생각하다

11 (b)

해석 W 이 옷이 나에게 잘 어울리는 것 같아.
    M 나도 그렇게 생각해. 너 그 옷 사야겠다.
    W 그런데 이거 너무 비싸다고 생각하지 않니?

    (a) 파란색이 너에게 잘 어울려.
    (b) 그렇긴 한데, 지금 할인 중이야.
    (c) 지금 돈이 충분히 없어.
    (d) 그래. 비싼 옷을 사고 싶어

해설 앞부분에 나온 옷이 어울린다는 내용보다 옷이 비싸다는 말에 대한 대답을 찾아야 하므로 할인행사 중이기 때문에 괜찮다는 (b)가 정답이다. (a) 옷 색깔은 대화에서 언급된 적 없다.

어휘 look good in (옷이) 잘 어울린다   ought to ~해야 한다
purchase 구입하다   on sale 할인 판매 중인

12 (a)

해석 M 개를 산책시키러 나갈 거예요.
    W 너무 오래 걸리면 안 돼요. 저녁 준비가 거의 다 됐어요.
    M 몇 시에 먹을 건데요?

    (a) 30분쯤 후에요.
    (b) 7시 30분이에요.
    (c) 스파게티 먹을 거예요.
    (d) 당신이 좋아하는 음식이에요.

해설 역시 앞부분에 나온 개 산책은 중요한 정보가 아니다. 의문사 when으로 물어봤으므로 시간을 알려주는 (a)가 정답이다. (b) 몇 시냐는 물음에 어울리는 대답이고, (c), (d) 의문사 what에 어울리는 대답이다.

어휘 walk the dog 개를 산책시키다
Don't be gone too long. 빨리 돌아와요., 오래 가 있지 마세요.
dish 음식; 접시

13 (d)

해석 W 안녕하세요. 무엇을 도와드릴까요?
    M 여보세요. Davidson 씨와 통화하고 싶은데요.
    W 지금 자리에 안 계십니다. 메모 남겨드릴까요?

    (a) 전화하셔서 다시 전화 드리는 겁니다.
    (b) 언제 돌아오시나요?
    (c) 아니요. 기다려도 괜찮습니다.
    (d) Tom Watkins에게 전화해 달라고 전해 주세요.

해설 여자가 메모를 남겨주겠다고 했으므로 Davidson 씨에게 전할 구체적인 내용이 나와야 한다. 따라서 (d)가 가장 적절하다. (a), (b) 남길 메시지의 내용으로는 적절하지 않고, (c) 직접 사무실을 찾아갔을 때 기다리겠다는 의미로 할 수 있는 말이다.

어휘 take a message (전화 상에서) 메모를 받다
return one's call (전화를 받지 못해서) 다시 전화하다
mind 꺼리다

14 (c)

해석 M 나 지금 밴드 연습 하러 가고 있어.
    W 악기도 다룰 줄 아니?
    M 트럼펫을 불어. 너는?

    (a) 난 농구팀 소속이야.
    (b) 난 록 음악을 좋아해.
    (c) 난 피아노를 쳐.
    (d) 난 음치야.

해설 세 번째 문장에서 어떤 악기를 다루느냐고 묻고 있으므로 피아노를 다룬다고 답한 (c)가 정답이다. (a), (b), (d) 스포츠, 음악 장르, 음치 등에 대한 내용은 모두 부적절하다.

어휘 practice 연습   musical instrument 악기
on a team 팀에 소속되어 있는   tone-deaf 음치인

15 (c)

해석 M 우리 아빠가 막 등산을 시작하셨어.
W 좋은 취미 활동이네. 분명 좋아하실 거야.
M 너는 시간이 날 때 뭐하니?

(a) 곧 그와 함께 등산을 할 거야.
(b) 난 수영 못해.
(c) 난 주로 영화를 봐.
(d) 우리는 쇼핑몰에서 돌아다녀.

해설 세 번째 문장에서 의문사 what으로 여가시간에 뭘 하는지를 물었다. 하는 일을 구체적으로 제시한 (c)가 정답이다. (d) 여자의 취미에 대해 묻고 있으므로 We로 대답하는 것은 자연스럽지 않다.

어휘 **take up ~ing** ~을 하기 시작하다   **hike** 하이킹하다, 등산하다
hang out 돌아다니다

16 (b)

해석 W 당신 이번 달 전기세가 얼마나 많이 나왔는지 봤어요?
M 네. 좀 많이 나왔더군요.
W 우리 이제 전기를 너무 낭비하면 안 되겠어요.

(a) 쓰레기를 가능한 한 빨리 버리세요.
(b) 에어컨 사용을 줄입시다.
(c) 일할 힘이라도 남아 있으면 좋겠어요.
(d) 이제 이 방 불을 켭시다.

해설 전기 낭비하지 말자는 말에 구체적으로 에어컨을 덜 쓰자고 대답하는 (b)가 정답이다. (a), (c) 대화에 제시되었던 waste, energy를 사용한 오답이다.

어휘 **electricity bill** 전기세   **dispose of** ~을 처분하다, 버리다
air conditioner 에어컨   **turn on** (전등, TV 등을) 켜다

17 (d)

해석 W 이 옷 내가 입으면 어떨 것 같아?
M 글쎄. 내가 패션은 잘 몰라서.
W 괜찮아. 그래도 네가 어떻게 생각하는지 알고 싶어.

(a) 고맙지만 난 정말 괜찮아.
(b) 난 그것에 상당히 만족해.
(c) 커피 한잔 할래?
(d) 너한테 아주 잘 어울려.

해설 옷을 고르고 있는 여자가 남자의 의견을 구하고 있으므로 잘 어울린다는 (d)가 가장 적절하다.

어휘 **outfit** 옷, 의상   **be happy with** ~에 만족하다
care for ~을 좋아하다

18 (a)

해석 M Johnson입니다. 10분 전쯤 전화 드렸는데요.
W 아, 그러세요. 무엇을 도와드릴까요?
M 댈러스에서 출발한 비행기가 언제 도착하는지 알고 싶어

서요.

(a) 오늘 저녁 7시 15분에 착륙할 예정입니다.
(b) 당신이 공항으로 서둘러 가야겠네요.
(c) 오늘 댈러스로 가는 항공편은 없습니다.
(d) 출발 두 시간 전에 이곳에 도착하셔야 합니다.

해설 세 번째 문장의 의문사 when을 놓치지 않고 들어야 한다. 도착시간을 물어보고 있으므로 시간 관련 답변인 (a)가 가장 적절하다. (c) 항공편이나, (d) 남자의 도착 시간은 비행기 도착 시간과 관련이 없다.

어휘 **find out** 알아내다   **land** 착륙하다, 도착하다
departure 출발

19 (a)

해석 W Theresa가 오늘 저녁에 박물관에 간다고 하던데.
M 맞아. 거기 인상파 전시회가 있다고 하더라고.
W 그런데 저녁에 거길 갈 수 있는지 모르겠네.

(a) 내가 알기로는, 9시까지 열 거야.
(b) 알았어. 근무 끝나고 거기서 만나자.
(c) Theresa는 전시회를 보게 돼서 매우 기뻐하고 있어.
(d) 박물관은 두 블록 정도 떨어져 있어.

해설 밤에도 박물관이 여는지를 궁금해 하고 있으므로 9시까지 연다고 말하는 (a)가 가장 적절하다. (c) (d) 대화에 등장한 exhibit과 museum을 사용한 오답이다.

어휘 **impressionist** 인상주의 화가; 인상파의
exhibit 전시, 전시회   **wonder if** ~인지 아닌지 궁금하다
as far as I know 내가 아는 한   **locate** 위치시키다

20 (d)

해석 W 드라이클리닝한 옷을 가져다 주셔서 감사합니다.
M 천만에요. 여기 계산서입니다.
W 지금 현금이 없는데 나중에 드려도 될까요?

(a) 당신 블라우스 근사하네요.
(b) 아니요. 돈이 없습니다.
(c) 손님 옷이 아직 준비되지 않았습니다.
(d) 네. 그렇게 해도 괜찮습니다.

해설 드라이클리닝한 옷을 건네 받고 계산을 해야 하는데 현금이 없어 나중에 줘도 되겠냐고 묻고 있다. 따라서 그렇게 하라는 긍정의 답을 하는 (d)가 정답이다. (c) 드라이클리닝한 옷을 가지고 온 상황이므로 적절하지 않다.

어휘 **pick up** 집어 들다, 찾아오다   **bill** 계산서, 청구서   **cash** 현금

21 (b)

해설 접수원과 환자 간의 대화를 들으시오.

W 진료 예약을 잡고 싶습니다.
M 안타깝게도 Burns 선생님은 오늘 예약이 꽉 차 있네요. 어디가 아프신 건데요?

W 요즘 심한 편두통이 있어서요. 선생님을 뵐 방법이 없을까요?

M 그러시다면 진료 마치기 바로 전에 시간을 잡아보겠습니다.

W 몇 시 정도가 될까요?

M 6시 30분입니다.

W 좋네요. 그때 가겠습니다. 감사합니다.

Q: 여자가 주로 하고 있는 것은 무엇인가?
(a) 자신의 문제에 대해 불평하기
(b) 약속 시간 잡기
(c) 자신의 증상에 대해 설명하기
(d) 처방전 요청하기

해설 편두통이 심한 여자가 병원을 찾았으나 접수원은 예약이 꽉 차서 진료를 받을 수 없다고 말한다. 그러나 다시 한번 부탁하여 진료 예약을 잡게 되었으므로 정답은 (b)이다. (a) 통증에 대해 불평하고 있다고 볼 수 없고, (d) 처방전에 관한 언급은 없었다. (c) 여자의 증상에 대한 설명은 예약을 잡는 과정에 속하는 지엽적인 내용이다.

어휘 make an appointment 약속을 잡다 book 예약하다
migraine 편두통 squeeze in 비집고 들어가다, 짬을 내다
closing 영업 종료 symptom 증상 prescription 처방전

22 (c)

해석 두 사람 간의 대화를 들으시오.

M 실례합니다만 영화관이 어디 있는지 아시나요?

W 그럼요. 쇼핑몰 바로 옆에 있어요.

M 음, 그게 정확히 어디가 되는 거죠?

W 파인가와 5번가 모퉁이에요.

M 감사합니다. 아, 혹시 영업 시간도 아시나요?

W 죄송하지만, 그건 잘 모르겠네요.

Q: 남자가 주로 하려는 것은 무엇인가?
(a) 영화관이 언제 여는지 묻기
(b) 영화관에서 어떤 영화가 상영되는지 보기
(c) 영화관이 어디에 위치해 있는지 알아보기
(d) 영화관의 영화 관람료가 얼마인지 확인하기

해설 첫 번째 문장에서 영화관이 어디에 있는지 물어보고 있으므로 정답은 (c)이다. 대화의 where the theater is가 (c)의 where the theater is located로 패러프레이징 되었다.

어휘 exactly 정확히 play 공연하다, 상영하다
locate 위치시키다 cost (비용이) ~이다

23 (d)

해석 두 친구 간의 대화를 들으시오.

W 이거 새 양복이야?

M 아냐. 꽤 오래 전부터 가지고 있었어.

W 이거 입은 걸 한번도 못 봤어.

M 자주 입지는 않아. 특별한 날을 위해 아껴두거든.

W 정말 잘 어울린다.

M 칭찬 고마워. 좀 더 자주 입어야겠는데.

Q: 대화의 주제는 무엇인가?
(a) 그들이 참석하고 있는 행사
(b) 새 옷 몇 벌
(c) 저녁 행사
(d) 남자의 옷

해설 대화 처음부터 끝까지 남자의 양복에 대해서 이야기하고 있으므로 정답은 (d)이다. (a), (c) 현재 두 사람이 어디에 있는지 알 수 없고, (b) 남자가 입고 있는 양복 한 벌에 관해서만 이야기를 나누고 있으므로 오답이다.

어휘 suit 양복 for a while 잠시 동안, 얼마 동안
put on (옷 등을) 입다 occasion (특정한) 경우, 행사
become 어울리다 compliment 칭찬
frequently 빈번하게, 자주 outfit 옷, 의상

24 (b)

해석 판매원과 고객 간의 대화를 들으시오.

M 안녕하세요. 도와드릴까요?

W 네. 아버지께 드릴 생신 선물을 찾고 있어요.

M 넥타이만한 선물이 없죠.

W 사실 아버지께서 은퇴하셨어요. 그래서 넥타이는 이제 매지 않으세요.

M 시계는 좋아하실까요?

W 아마요. 시계 좀 보여주시겠어요?

Q: 대화에 따르면 여자에 대해 옳은 것은 무엇인가?
(a) 그녀는 넥타이를 사고 싶어 한다.
(b) 그녀는 손목시계를 볼 것이다.
(c) 그녀는 아버지의 은퇴를 기념하는 파티를 열 것이다.
(d) 그녀는 아버지를 위한 선물을 샀다.

해설 여자의 마지막 말이 시계를 보여달라는 내용이므로 (b)가 가장 적절하다. (a) 넥타이는 남자가 추천한 것이고, (c) 은퇴 기념으로 파티를 여는지는 알 수 없다. (d) 여자가 아직 선물을 사지 않았으므로 오답이다. 과거시제에 유의해야 한다.

어휘 sales clerk 점원, 판매원 customer 고객
retire 은퇴하다 be interested in ~에 관심 있다
wrist watch 손목시계 purchase 구입하다

25 (d)

해석 식료품점에서의 대화를 들으시오.

M 최근 식료품 가격이 얼마나 올랐는지 믿기지가 않아요.

W 맞아요. 이거 비용이 엄청 많이 나올 거예요.

M 어쩌면 이 음식을 다 사서는 안 되겠네요.

W 예를 들면요?

M 잘 모르겠어요. 우리 이 통조림 전부 정말 필요한가요?

W 그렇지는 않겠죠. 그럼 다시 가져다 놓을게요.

Q: 대화에서 남자가 주로 불평하고 있는 것은 무엇인가?
(a) 상점의 식품 종류
(b) 몇몇 통조림 식품의 맛
(c) 여자가 사려는 식품

(d) 남자가 지불해야 하는 비용

해설 남자는 식료품 가격이 오른 것에 대해 불평하며 통조림을 과연 전부 사야 하는지 생각해보고 있다. 이처럼 남자는 돈에 관해 불평하고 있으므로 정답은 (d)이다.

어휘 grocery 식료품   go up (가격이) 상승하다
cost a fortune 비용이 많이 들다   such as 예를 들어
canned goods 통조림 식품   selection 선택, 선정

26 (c)

해설 두 친구가 옷 살 계획을 세우는 것을 들으시오.

M 오늘 밤에 옷 가게 가는 거 맞지?
W 응. 블라우스를 세일하고 있어.
M 너만 괜찮다면 나도 같이 갈까 하는데.
W 왜? 너 쇼핑 안 좋아하잖아.
M 맞아. 그런데 바지 두 벌이 필요해.
W 좋아. 그러면 7시에 출발할까?
M 7시 30분에 가자. 그때면 준비가 될 것 같아.

Q: 대화에 따르면 옳은 것은 무엇인가?
(a) 가게는 남성의류에 할인을 하고 있다.
(b) 여자는 바지 몇 벌을 살 것이다.
(c) 두 사람은 7시 30분에 가게로 갈 것이다.
(d) 남자는 옷 쇼핑을 즐긴다.

해설 남자의 마지막 말이 7시 30분에 가자는 내용이므로 정답은 (c)이다. (a) 할인 행사가 진행 중인 것은 블라우스이고, (b) 바지를 살 것이라고 한 사람은 남자이다. (d) 여자가 You don't enjoy shopping.이라고 했으므로 오답이다.

어휘 clothing store 옷 가게   have a sale 할인 판매하다
if you don't mind 당신만 괜찮다면
could use ~을 얻을 수 있으면 좋겠다. ~이 필요하다
Sounds good. 좋아.

27 (c)

해설 두 친구가 만날 계획을 세우는 것을 들으시오.

M 잠시 시간 좀 낼 수 있어?
W 지금 당장은 안 돼. 이 보고서 마무리 작업을 하고 있어.
M 내가 좀 도와줄까?
W 괜찮아. 거의 끝나가. Jones 씨께서 보고서를 가능한 한 빨리 원하셔서.
M 그렇구나. 내가 방해가 되면 안 되겠구나.
W 마무리되면 내가 너희 사무실로 갈게.
M 좋아. 기다리고 있을게.

Q: 대화에 따르면 여자에 대해 옳은 것은 무엇인가?
(a) 그녀는 발표를 마무리하려 하고 있다.
(b) 그녀는 Jones 씨와 이야기를 나누고 싶어 한다.
(c) 그녀는 남자의 사무실을 방문할 것이다.
(d) 그녀는 남자로부터 도움을 받고 싶어 한다.

해설 여자는 Jones 씨가 기다리고 있는 보고서를 마무리하느라 시간이 안 된다고 했고, 보고서를 끝내고 남자의 사무실로 간

다고 했으므로 정답은 (c)이다. (a) 발표에 관한 내용은 언급되지 않았고, (d) 여자는 도와주겠다는 남자의 말에 괜찮다고 대답했다.

어휘 Do you have a moment? 시간 있습니까?
assistance 도움   slow down 더디게 하다
presentation 발표, 프레젠테이션

28 (b)

해설 두 학생 간의 대화를 들으시오.

W 이번 학기 어때?
M 좋지 않아. 과제 때문에 할 일이 너무 많아. 학기말 리포트를 3개나 써야 해.
W 그렇게 나쁘지는 않은데.
M 그렇긴 한데, 중간고사를 4과목이나 봐야 하고 실험 보고서도 마무리해야 해.
W 윽. 모두 잘되길 바라.
M 고마워. 받을 수 있는 대로 도움이 필요할 것 같아.

Q: 이번 학기에 남자가 가지고 있는 문제는 무엇인가?
(a) 과제의 어려움
(b) 남자가 해야 할 과제의 양
(c) 남자의 최근 중간고사 점수
(d) 학기말 리포트의 주제 찾기

해설 남자는 학기말 리포트 3개, 시험 4개, 실험 보고서 1개 등 해야 할 일이 많다고 이야기하고 있으므로 정답은 (b)이다.

어휘 semester 학기   overload 과적하다, 할 일을 많이 주다
assignment 숙제, 과제   term paper 학기말 리포트
midterm 중간고사   lab 실험; 실험실

29 (c)

해설 여자의 병에 대한 대화를 들으시오.

M 안 좋아 보인다. 무슨 일 있니?
W 감기에 걸린 것 같아.
M 증상이 어떤데?
W 콧물이 나고 목이 따끔해. 그리고 머리가 많이 아파.
M 병원에 가보는 것이 어때?
W 그럴 필요는 없을 것 같아. 어떤 처방을 내려주든, 당분간 나아지지는 않을 거야.

Q: 여자에 대해 추론할 수 있는 것은 무엇인가?
(a) 그녀는 꽤 자주 아프다.
(b) 그녀는 오늘 일찍 퇴근할 것이다.
(c) 그녀는 병원에 가는 것을 좋아하지 않는다.
(d) 그녀는 남자가 약을 사다 주기를 바라고 있다.

해설 병원에 갈 것을 제안하고 있는 남자에게 여자는 병원에 가도 별 효과가 없을 것이라고 한다. 따라서 정답은 (c)이다. (a) 여자가 자주 아프다는 내용이나, (b) 직장과 관련된 내용은 없었다. (d) 여자는 약 먹는 것을 원하지 않는다.

어휘 awful 끔찍한   come down with ~에 걸리다
symptom 증상   runny nose 콧물

sore throat 목 아픔　　prescribe (약을) 처방하다
fairly 꽤, 매우

30 (d)

해석 고모와 조카 간의 대화를 들으시오.

M Sandy 고모. 여기서 뵙게 돼서 너무 반가워요.
W Andrew, 나도 만나서 반갑구나.
M 고모가 올 거라고는 생각도 못했어요.
W 이런 행사에 빠질 순 없지.
M 그렇죠. 가족이 이렇게 모이기는 오랜만인 것 같아요. 참, 고모랑 Pete 삼촌은 어떻게 지내세요?
W 우린 잘 지내고 있지.

Q: 대화로부터 추론할 수 있는 것은 무엇인가?
(a) 남자와 여자는 수년간 못 만났다.
(b) 그들은 여자의 집에 있다.
(c) 남자와 여자는 결혼한 사이다.
(d) 그들은 가족 모임에 참석한 상황이다.

해설 남자가 가족이 이렇게 모이는 건 오랜만이라고 했으므로 (d)가 정답이다. 대화의 got together가 (d)의 reunion으로 패러프레이징 된 셈이다. (a) 오랫동안 만나지 못한 것은 사실이지만 그것이 수년간인지는 알 수 없다.

어휘 expect 기대하다, 예상하다　　miss 놓치다
family reunion 가족(친지) 모임

31 (b)

해석 당뇨병은 완치될 수는 없지만 수년간, 심지어 수십 년간 관리될 수 있다는 점에서 특이한 질병이다. 당뇨병의 주된 원인은 췌장이 체내 혈당 수치를 조절하는 인슐린을 충분히 만들어낼 수 없게 되는 것이다. 인슐린 주사, 약 복용, 다이어트, 운동과 같은 다양한 방법을 통해서 환자들은 당뇨 질환의 영향을 관리할 수 있다. 그러나 결국, 대부분의 환자들에게는 심장 질환, 순환계 장애, 실명과 같은 합병증이 발생한다.

Q: 담화의 주제는 무엇인가?
(a) 당뇨병을 예방할 수 있는 방법
(b) 당뇨병의 특징과 증상
(c) 당뇨병이 주로 공격하는 신체 부위
(d) 당뇨병을 관리하는 가장 좋은 방법

해설 완치는 어렵지만 관리는 가능한 당뇨병의 특징을 설명하고, 후반부에서 관련 합병증에 대해 설명하고 있으므로 정답은 (b)이다. (a), (c), (d) 모두 언급되지 않았다.

어휘 diabetes 당뇨병　　in that ~라는 점에서　　decade 10년
pancreas 췌장　　injection 주입; 주사　　pill 알약
ultimately 궁극적으로　　complication 합병증
circulatory 순환의　　disorder 장애

32 (a)

해석 그 어느 때보다도 지금 인간이 우주 탐사를 계속하는 것이 매우 중요하다. 주된 이유는 인류의 생존을 보장하기 위해서이

다. 우리는 핵 전쟁이나 급격한 질병 확산이 지구의 모든 생명체를 멸종시킬 가능성이 있는 시대에 살고 있다. 그러나 우주 탐사를 통해서 어쩌면 달이나 화성 또는 다른 곳에 거주지를 만들 수 있을 것이다. 지구가 아닌 다른 지역에 인간 거주지를 마련함으로써, 우리는 인간이 지구 최악의 재난에도 생존할 것이라는 사실을 보장할 수 있다.

Q: 우주 탐사에 관한 화자의 요지는 무엇인가?
(a) 인간이 멸종되지 않도록 하기 위해 필요하다.
(b) 과학적인 발견을 위해 행해져야 한다.
(c) 인간이 다른 행성으로 질병을 옮기는 것이 가능하다.
(d) 인간은 무기물을 위해 다른 행성을 개척할 수 있어야 한다.

해설 요지란 화자가 진정으로 하고 싶어 하는 말이다. 따라서 첫 번째 문장의 crucial과 같은 단어에 집중해 볼 필요가 있다. 우주 탐사가 필요하다는 첫 번째 문장에 이어 두 번째 문장에 그 이유가 서술되고 있으므로 정답은 (a)이다.

어휘 crucial 매우 중요한, 필수적인
ensure 보장하다, 확실히 하다 (guarantee)
nuclear war 핵 전쟁　　wipe out 쓸어버리다, 없애버리다
establish 건설하다, 설립하다　　colony 거주지; 식민지
settlement 정착지; 정착　　extinct 멸종된
exploit 착취하다; 개발하다

33 (a)

해석 미국은 세계에서 가장 큰 국가 중 하나이다. 다행히도 사람들은 자신들의 차로 편안히 태평양에서 대서양까지 전국을 횡단할 수 있다. 이렇게 할 수 있는 이유는 국내 주간(州間) 고속도로 때문이다. 1950년대에 처음으로 건설된 이러한 주간 고속도로 체계는 국가 방위를 위한 것이었다. 오늘날 주간 고속도로는 통근자들, 여행객들, 그리고 특히 한 주에서 다른 주로 상품을 운송하는 트럭 운송업자들에 의해 흔히 이용된다.

Q: 주간 고속도로가 세워진 초기의 목적은 무엇인가?
(a) 국가 방위
(b) 상품 운송
(c) 자택에서 직장으로의 통근
(d) 여행의 편리화

해설 특정 정보를 묻는 질문으로, 1950년대에 건설된 주간 고속도로의 초기 목적이 to ensure the defense of the country라는 것을 들었다면 쉽게 풀 수 있는 문제이다.

어휘 traverse 횡단하다, 가로지르다
from coast to coast 태평양에서 대서양까지, 전국적으로
interstate system (미국) 주간(州間) 고속도로 체계
be meant to be ~하기로 되어 있다　　ensure 확실히 하다
defense 방위, 방어　　commuter 통근자
transport 운송하다　　initial 처음의

34 (c)

해석 경제는 흔히 주기를 따른다. 좋은 기간이 몇 년간 있다가, 마이너스 성장을 보이는 기간이 짧게나마 뒤따른다. 때로는 경

제가 상당한 성장세를 보일 수도 있다. 사람들은 종종 이것을 경기 호황이라 부른다. 이 기간 동안 경제는 평소보다 더 큰 성장세를 보인다. 호황 지역의 대다수 사람들은 개인 소득이 증가하고 상황이 극적으로 개선되는 것을 실감한다. 경기 호황은 아주 오래 지속되지는 않지만, 어떤 경우에는 수년간 계속된다.

Q: 경기 호황에 대해 옳은 것은 무엇인가?
(a) 항상 수년간 지속된다.
(b) 마이너스 성장의 시기를 뒤따라 온다.
(c) 많은 사람들에게 긍정적인 영향을 미친다.
(d) 평소보다 세 배나 성장하는 시기이다.

해설 경기 호황시 대다수의 사람들이 소득 증가와 상황 개선을 실감한다고 했으므로, 경기 호황이 긍정적인 영향을 미친다는 (c)가 정답이다. (a) 경기 호황이 항상 수년간 지속되는 것은 아니다. 선택지에 always, entire, only와 같은 한정적 표현이 나오면 오답일 가능성이 크다. (d) 경제가 몇 배로 성장한다는 구체적인 내용은 없었다.

어휘 cycle 주기, 반복   negative growth 마이너스 성장
tremendous 엄청난   boom 호황   majority 다수
income 수입, 소득   dramatically 극적으로
immediately 즉시   triple 세 배가 되다

35 (c)

해설 머천다이즈 은행에 전화 주셔서 감사합니다. 현재 영업은 종료되었습니다. 귀하의 전화는 자동 응답 서비스로 연결되었습니다. 폰뱅킹을 원하시면 지금 1번을 누르십시오. 현 계좌 잔고를 확인하고 싶으시면 2번을 누르십시오. 체크카드나 신용카드의 분실 및 도난 신고를 위해서는 지금 3번을 누르십시오. 제안이나 불만을 말하고 싶으시면 4번을 누르십시오. 은행 업무시간과 연락처를 들으시려면 5번을 누르십시오.

Q: 전화 메시지에 따르면 옳은 것은 무엇인가?
(a) 온라인 뱅킹을 원하는 손님은 1번을 눌러야 한다.
(b) 대차 대조표가 필요한 손님은 2번을 눌러야 한다.
(c) 카드를 잃어버린 손님은 3번을 눌러야 한다.
(d) 이 메시지를 다시 듣고 싶은 손님은 4번을 눌러야 한다.

해설 카드의 분실 및 도난 신고를 하려면 3번을 눌러달라고 했으므로 (c)가 정답이다. (a) 1번은 폰뱅킹 연결이고, (b) 2번은 계좌 잔고 확인이다. 담화에 제시된 balance를 사용한 오답이다. (d) 4번은 제안이나 불만 사항에 관한 것으로, 다시 듣기에 관한 안내는 없었다.

어휘 direct 보내다, 송신하다   automated 자동화된
account balance 계좌 잔고   report 신고하다
bank card 직불 카드, 체크 카드   suggestion 제안
complaint 불평, 불만   contact information 연락처
balance sheet 대차 대조표

36 (d)

해설 내일 부로 도서관 이용객은 책을 한 번에 다섯 권까지만 빌려 가실 수 있습니다. 너무나도 많은 이용객들이 특권을 남용하

여 책을 많이 빌려가 기간을 연장하고 있습니다. 이것은 지역의 다른 이용객들로부터 해당 책들을 빌려갈 수 있는 기회를 빼앗는 것입니다. 추가적으로 모든 책은 대출 이후 2주 내로 반납되어야 하고, 한 번만 연장될 수 있습니다. 이번 조치는 더 많은 책들이 한 번에 수개월 동안 한 명의 고객 소유로 있기보다는 자유로이 순환될 수 있도록 하기 위함입니다.

Q: 안내 방송에 따르면 옳은 것은 무엇인가?
(a) 도서관 벌금이 인상될 것이다.
(b) 이용객은 현재 한 번에 10권의 책을 대출할 수 있다.
(c) 일부 이용객은 책을 빌리는 것이 금지되어 있다.
(d) 도서관 대출 규정에 변경이 있다.

해설 도서관 이용객들이 책을 많이 빌리고는 반납을 잘 하지 않아 대출 규정을 변경한다는 내용의 공지이다. 정답은 (d)이다. (a) 벌금에 관한 내용은 없었고, (b) 현재 한 번에 몇 권이 대출 가능한지도 알 수 없다. (c) 대출 불가능한 이용객에 대한 내용도 없었다.

어휘 as of ~현재로, ~부로   patron 고객; (도서관의) 이용자
simultaneously 동시에   abuse 남용하다
privilege 특권   deprive 앗아 가다, 박탈하다
renew 갱신하다, 연장하다   possession 소유
at a time 한 번에   fine 벌금   regulation 규정

37-38 (c), (a)

해설 우드워드 고등학교 1999년 졸업반이 오는 5월 14일과 15일에 20회 연례 동창회를 개최합니다. 1999년 졸업반의 모든 분들이 참석해 주시길 바랍니다. 저희는 금요일에 학교 투어로 행사를 시작할 예정이며, 이어서 8시부터 무도회장에서 저녁식사를 할 예정입니다. 토요일 행사는 아직 정해지지 않았습니다. 숙소나 숙박은 개인적으로 진행되어야 함을 명심해 주십시오. 더 많은 정보나 장소 예약을 위해서는 아래 기재된 연락처를 통해 오늘 본교 동창회 사무실로 연락해 주시기 바랍니다.

37 Q: 다음 중 화자가 권하는 것은 무엇인가?
(a) 좋은 장소를 확보하기 위해 일찍 도착하기
(b) 오늘까지 동창회 참석을 위해 전화로 등록하기
(c) 장소 예약을 원하는 경우 학교 직원과 연락하기
(d) 동창회가 행사 준비 하는 것을 돕기

38 Q: 졸업생들은 무도회장에서 무엇을 할 예정인가?
(a) 저녁 식사
(b) 학교 투어
(c) 프롬 무도회
(d) 토요일 행사 계획 짜기

해설 37 안내 방송의 마지막 문장에서 장소 예약을 위해서는 학교 동창회 사무실로 연락해 달라고 하였으므로 정답은 (c)이다. (b) 동창회 참석을 위해 전화로 등록해야 한다거나, (d) 행사 준비를 도와달라는 언급은 없었다.

38 금요일 8시 무도회장에서 저녁식사가 예정되어 있으므로 (a)가 정답이다. (b) 금요일에 학교 투어가 있지만 무도회장에서 이루어지지는 않는다.

어휘 graduate 졸업생　hold (행사를) 열다, 주최하다
reunion 동창회　be in attendance 참석하다
promenade (고교, 대학의) 무도회 (prom)
be yet to 아직 ~하지 않다
lodging (임시) 숙박, 숙소 (accommodations)
arrange 마련하다, 처리하다　alumni 동창생
via ~을 통하여　contact detail 연락처
secure 확보하다　get in touch with ~와 연락하다

39-40 (a), (b)

해석 최초로 제작된 영화는 무성 영화였다. 영화를 위해 소리를 녹음하는 기술이 충분히 발달되지 못했던 것이다. 그래서 무성 영화의 남녀 배우들은 음성이 없는 것을 보완하기 위해 일반적으로 연기를 과장했다. 이는 관객들로 하여금 영화가 어떻게 진행되는지 알 수 있게 했다. 무성 영화 시대에 유명한 배우들이 많았다. Mary Pickford, Lillian Gish, 그리고 Charlie Chaplin이 여기에 속한다. 영화에 소리가 도입되기 시작하면서, 대다수의 무성 영화 배우들은 '유성 영화'로의 전환에 실패했다. Chaplin만이 무성 영화에서와 같은 수준의 성공을 거두었다.

39 Q: 담화의 주제는 무엇인가?
　(a) 초기 영화의 특징들
　(b) 현대 영화의 발달
　(c) 할리우드 영화의 초기 유명 배우들
　(d) 영화에 음성을 가능하게 했던 기술

40 Q: Charlie Chaplin에 대해 추론할 수 있는 것은 무엇인가?
　(a) Mary Pickford와 함께 영화에서 주연을 맡았다.
　(b) 유성 영화에서도 성공을 거두었다는 점이 이례적이다.
　(c) 20세기의 가장 유명한 무성 영화 배우였다.
　(d) 영화에서 움직임을 과장하는 데 뛰어났다.

해설 39 초기 영화인 무성 영화에 대해 전반적인 특징 위주로 설명하고 있으므로 (a)가 가장 적절하다. (c) 유명 배우들이 언급되지만 할리우드 영화가 아닌 무성 영화 시대의 배우들이다.

40 많은 배우들이 무성 영화에서 유성 영화로의 전향에 실패했으나 Charlie Chaplin은 성공했으므로 (b)가 정답이다. (a) Mary Pickford 역시 유명한 무성 영화 배우였으나 함께 주연을 맡았다는 언급은 없었으며, (c) Charlie Chaplin이 20세기의 가장 유명한 무성 영화 배우였다고도 할 수 없다. (d) 무성 영화 배우들이 일반적으로 연기를 과장한 것은 사실이지만, Charlie Chaplin은 유명한 배우라고만 언급되었다. 따라서 그가 움직임을 과장하는 데 뛰어났었는지는 알 수 없다.

어휘 silent film 무성 영화　advance 앞으로 나아가다; 발달하다
exaggerate 과장하다　compensate 보충하다, 보완하다
star 인기 배우; 주연으로 출연하다　introduce 도입하다
transition 변화, 변천　talkies 유성 영화
achieve 이루다, 달성하다　characteristic 특징, 특성
alongside ~와 함께　exceptional 이례적인, 예외적인
excel 능가하다; 뛰어나다

Actual Test 03

1 (c)	**2** (d)	**3** (c)	**4** (b)	**5** (a)
6 (a)	**7** (c)	**8** (c)	**9** (a)	**10** (b)
11 (d)	**12** (a)	**13** (b)	**14** (c)	**15** (a)
16 (b)	**17** (c)	**18** (b)	**19** (c)	**20** (a)
21 (a)	**22** (c)	**23** (c)	**24** (c)	**25** (c)
26 (d)	**27** (b)	**28** (b)	**29** (c)	**30** (b)
31 (a)	**32** (b)	**33** (b)	**34** (c)	**35** (c)
36 (c)	**37** (a)	**38** (c)	**39** (d)	**40** (c)

1 (c)

해석 M 나라면 그렇게 하지 않을 거야.

　(a) 바로 할게.
　(b) 우리 이 길로 가야 하는데.
　(c) 그러면 어떻게 하면 좋을까?
　(d) 어느 길로 가고 싶니?

해설 남자는 가정의 의미를 담아 자신이라면 그렇게 하지 않겠다고 말한다. 따라서 이에 가장 적절한 대답은 어떻게 하면 좋을지 말해 달라는 (c)이다. (b), (d) 대화에 제시되었던 way를 사용한 오답이다.

어휘 be supposed to ~하기로 되어 있다　recommend 권하다

2 (d)

해석 W 지금 경찰이 그를 심문하고 있어.

　(a) 경관님, 제 면허증 여기 있습니다.
　(b) 네, 저는 두 가지 질문이 있습니다.
　(c) 뭐라고 말할 거예요?
　(d) 그 사람 이제 큰일났다.

해설 현재 '그'가 경찰에게 심문을 받고 있으므로 큰일났다고 말하는 (d)가 정답이다. (b) 대화에 제시된 question을 사용한 오답이다.

어휘 question 심문하다
driver's license 운전면허증　a couple of 두어 개의
be in trouble 곤란에 처하다, 곤경에 빠지다

3 (c)

해석 W 네 핸드폰 잠시만 빌려줘.

　(a) 네가 찾는 전화번호 여기에 있어.
　(b) 잠시 후에 빌려줘도 돼.
　(c) 그러고 싶은데, 배터리가 다 됐어.
　(d) 미안하지만 나 전화번호를 몰라.

해설 핸드폰을 빌려달라는 말에 배터리가 방전되어 빌려줄 수 없다는 (c)가 가장 적절하다. (b) 핸드폰을 빌려달라고 하는 주체는 남자가 아니라 여자이다. (a), (d) 전화번호에 관한 내용

은 언급되지 않았다.

어휘 borrow 빌리다   for a second 잠시   lend 빌려주다

4 (b)

해석 M 당신 나이가 몇 살인지 모르겠네요.

    (a) 제 생일은 이틀 전이었어요.
    (b) 삼십대 초반입니다.
    (c) 그 사람한테 알아보라고 부탁하는 게 좋겠네요.
    (d) 저도 정답을 모르겠어요.

해설 의문사 how old로 물었기 때문에 나이를 말하는 (b)가 가장 적절하다. in one's twenties/ thirties/ forties... 는 나이를 의미하는 표현이다. (a) 생일이 이틀 전이라 해도 나이는 알 수 없고, (c), (d) 전혀 관련 없는 내용이다.

어휘 ask ~ to ... ~에게 ...할 것을 부탁하다, 요청하다
find out 알아내다   either (부정문에서) 또한

5 (a)

해석 W 너 요즘 들어 살 빠진 것 같아.

    (a) 알아봐 줘서 고마워.
    (b) 저녁 먹을 시간이다.
    (c) 내 몸무게는 70kg 정도 돼.
    (d) 곧 운동할 거야.

해설 살 빠진 것 같다는 말에 알아봐 줘서 고맙다는 내용의 (a)가 가장 적절하다. (c) 몸무게를 물어보지는 않았다. (d) 운동해서 살을 뺀 것이라면 현재시제나 완료시제로 써야 하지만 be going to의 미래시제와 soon이 있으므로 아직 운동을 시작하지 않았음을 알 수 있다.

어휘 lose weight 살이 빠지다   recently 최근에
notice 알아차리다, 알아보다   weigh 무게가 ~이다
work out 운동하다

6 (a)

해석 M 나 지금 당장 너의 조언이 필요해.

    (a) 무슨 문제라도 있니?
    (b) 저기 책상 위에 있어.
    (c) 그러면 빌려 가렴.
    (d) 내가 무엇을 해야 하는지 그녀에게 이야기해 줘.

해설 could use는 '~이 필요하다'라는 뜻이므로 남자는 현재 조언을 구하고 있는 것이다. 따라서 이에 대한 대답으로 가장 적절한 것은 무슨 문제가 있는지 묻는 (a)이다.

어휘 could use ~을 얻을 수 있으면 좋겠다. ~이 필요하다
a piece of advice 충고 한 마디

7 (c)

해석 W 이 문제에 관해 당신은 어떻게 생각하는지 듣고 싶습니다.

    (a) 아니요. 저는 아직 그에 관해 들은 바가 없습니다.
    (b) 알겠습니다만, 그분이 그렇게 잘하고 있지 못하다고 들었습니다.
    (c) 일단 참고자료를 검토해 봐야겠어요.
    (d) 저는 지금 휴식을 취해야 할 것 같습니다.

해설 의견을 구하고 있는 여자에게 자신의 생각을 말하기 전 우선 자료를 살펴보겠다고 대답하는 (c)가 가장 적절하다.

어휘 would love to ~하고 싶다   review 검토하다
material 자료   take a break 휴식을 취하다

8 (c)

해석 W 우리가 해야 할 일에 대해 확신이 서면 그때 시작합시다.

    (a) 거의 다 끝나갑니다.
    (b) 그 가능성에 대해서 생각해 보셨습니까?
    (c) 알겠습니다. 그러면 아무것도 하지 않겠습니다.
    (d) 그렇게 보는 것이 가장 낫겠군요.

해설 여자가 맡은 일에 확신이 서면 그때 시작하자고 이야기하므로, 이에 대해 수긍하고 그때까지 그 일에 손을 대지 않겠다고 대답하는 (c)가 가장 적절하다. (a) 일을 이미 시작한 상태이므로 적절하지 않다.

어휘 not ~ until ... ...하고 나서야 (비로소) ~하다
be positive of ~을 확신하다. 긍정적으로 생각하다
consider 고려하다   possibility 가능성

9 (a)

해석 W 백화점에서 방금 새 원피스를 샀어!

    (a) 거기서 지금 대대적으로 세일하고 있지, 그렇지?
    (b) 옷 입는 데 몇 분 걸릴 거야.
    (c) 그 소식 정말 유감이다.
    (d) 그래. 그 백화점은 지난 주에 개장했어.

해설 여자가 백화점에서 옷을 샀다고 말하는 상황이므로 가장 적절한 반응은 남자가 자신이 알고 있는 백화점에 대한 정보를 말하는 (a)이다. (d) 답이 될 수 없는 것은 아니지만 여자가 '방금' 원피스를 샀다고 했으므로 더 최신의 정보를 제공하는 (a)가 더 적절하다.

어휘 department store 백화점   go on 일어나다. 벌어지다
take (시간이) 걸리다   get dressed 옷을 입다

10 (b)

해석 M 그건 네가 생각해 낸 아이디어 중에서 가장 훌륭해!

    (a) 너 겸손한 편은 아니구나, 그렇지?
    (b) 칭찬 고마워.
    (c) 다음 번에는 더 잘 할게.
    (d) 그렇게 생각하다니 믿을 수가 없어.

해설 남자가 여자의 아이디어를 칭찬하고 있으므로 여자의 말로

적절한 것은 감사를 표하는 (b)이다. (a), (c), (d) 칭찬에 대한 응답으로는 적절하지 않다.

어휘 brilliant 훌륭한　come up with ～을 생각해 내다
modest 겸손한　appreciate 고마워하다; 감상하다
compliment 칭찬　feel 느끼다; 생각하다

11 (d)

해석 M 너 안 좋아 보여. 무슨 일이야?
W 지독한 감기에 걸렸어.
M 자, 이 약 한번 먹어봐.

(a) 죄송합니다.
(b) 나 감기 걸렸어.
(c) 그래. 여기 있어.
(d) 이게 효과가 있으면 좋겠다.

해설 감기에 걸린 여자에게 남자가 약을 주고 있다. 적절한 응답으로는 약의 효과에 대해 말하는 (d)이다. (b), (c) 대화에 제시된 cold와 here you go를 사용한 오답이다.

어휘 look horrible (몸이) 안 좋아 보이다
medicine 약　pardon 용서하다
catch a cold 감기에 걸리다　work (약이) 효과가 있다

12 (a)

해석 W 이 재킷 한번 입어봐.
M 정말 내 스타일이 아닌데.
W 일단 가서 어떤지 한번 봐봐.

(a) 그래. 그런데 사지는 않을 거야.
(b) 나는 이미 그걸 입고 있어.
(c) 그 재킷을 찾고 있는 중이야.
(d) 그런데 이걸 반품하고 싶어.

해설 남자는 옷이 마음에 들지 않는다고 했지만 여자는 계속 어떤지 한번 보라고 하고 있다. 따라서 알겠다고 한 후 사지는 않겠다고 한 (a)가 가장 적절하다. (b), (c), (d) 모두 대화 내용과 전혀 어울리지 않는다.

어휘 try on (옷 등) ～을 입어보다　return 반품하다; 되돌려주다

13 (b)

해석 M 여기 있었구나. 하루 종일 너에게 연락하려고 했는데.
W 전화를 하지 그랬어?
M 전화했어. 그런데 네 핸드폰 꺼져 있던데.

(a) 메시지 남기는 것을 깜빡했어.
(b) 배터리가 다 됐나 보다.
(c) 전화 잘못 거셨어요.
(d) 난 항상 전화를 받아.

해설 전화를 했으나 전화가 꺼져 있었다는 남자의 말에 가장 적절한 응답은 배터리가 다 됐을 것이라고 대답하는 (b)이다.

어휘 get in touch with ～와 연락하다　turn off (전원 등) 끄다

leave a message 메시지를 남기다
must have p.p. ～했음에 틀림없다
answer the phone 전화를 받다

14 (c)

해석 W 저 이틀 정도 쉬어야 할 것 같아요.
M 어디 가세요?
W 아버지께서 편찮으셔서 병문안을 가야 합니다.

(a) 그가 잘 지내신다니 다행이네요.
(b) 제 말이 그 말입니다.
(c) 그렇다면, 필요한 만큼 휴가를 내세요.
(d) 네가 곧 회복되길 바라.

해설 여자의 아버지가 병원에 있는 상황이므로 충분한 시간을 내어서 병문안을 다녀오라는 내용의 (c)가 정답이다. (a) 여자의 아버지가 잘 지낸다는 의미이므로 대화 내용과 반대이다. (d) that절의 주어가 you가 아닌 he가 되어야 정답이 될 수 있다.

어휘 take a day off 하루 휴가를 내다
in that case 그런 경우에는, 그렇다면
get better (상황, 건강이) 호전되다, 나아지다

15 (a)

해석 M 영국 여행 어땠어?
W 굉장했어. 좀 더 머무를 수 있었으면 좋았을 텐데.
M 정말 즐거운 시간을 보냈나 보구나.

(a) 응. 정말 즐거웠어.
(b) 더 좋을 수가 없어.
(c) 3년 전 그곳으로 이사 갔어.
(d) 4일 후에 그곳으로 갈 예정이야.

해설 남자가 영국 여행이 어땠는지 물어보고 있으므로 정말 즐거운 시간이었다고 대답하는 (a)가 가장 적절하다. (b) 안부를 묻는 질문에 적절한 대답이며, (d) 영국 여행은 과거의 일이므로 시제가 적절하지 않다.

어휘 awesome 굉장한, 훌륭한
enjoy oneself 즐거운 시간을 보내다
Couldn't be better. (안부에 대한 대답) 이보다 더 좋을 수 없다.. 최고다.

16 (b)

해석 M 이 파일을 정리해 주세요.
W 다 끝내고 나면 어떻게 할까요?
M 그냥 제 책상에 두세요.

(a) 제 사무실은 복도를 따라가면 나옵니다.
(b) 최대한 빨리 처리하겠습니다.
(c) 훌륭한 선택입니다.
(d) 초대해 주셔서 감사합니다.

해설 남자가 여자에게 업무를 주고 있는 상황이므로 주어진 업무를 빨리 처리하겠다고 답하는 (b)가 정답이다. (a), (c), (d) 모

두 대화와 관련이 없다.

어휘 organize 정리하다, 정돈하다
Thanks for having me. 초대해 주셔서 감사합니다.

17 (c)

해석 M 흥미로운 소식이야.
W 그래. Tim과 Jane이 결혼한다니 믿을 수 없어.
M 난 심지어 둘이 사귀는지도 몰랐어.

(a) 4월에 결혼한대.
(b) 아직도 서로 좋아하는 것 같아.
(c) 너만 놀란 것이 아니야.
(d) 그 소식을 들어서 정말 유감이다.

해설 (a)도 답이 될 수 있지만 대화의 흐름이 interesting, I can't believe, had no idea ~ even 등으로 이어지고 있으므로 (c)가 더 적절한 응답이다. (d) 친구의 결혼이 유감스러운 소식은 아니다.

어휘 get married 결혼하다
be into ~을 좋아하다   a shame 유감스러운 일

18 (b)

해석 W 2개월째 집을 팔려고 내놓았는데, 아무도 거들떠보지 않네요.
M 관심 있어 하는 구매자를 찾기 위해 최선을 다하고 있습니다.
W 집을 못 팔까 봐 걱정이에요.

(a) 의료 구호품을 무료로 제공해 드리고자 합니다.
(b) 지금 주택 시장이 불황이라서요.
(c) 가격이 매우 적정하다고 생각해요.
(d) 저는 시장에서 채소를 팔고 있습니다.

해설 여자는 집을 매물로 내놓은 상태이고, 최선을 다하고 있다는 말로 미루어 보아 남자는 이를 매매하는 부동산 중개인임을 알 수 있다. 따라서 집이 팔리지 않을까 걱정하고 있는 고객에게 집이 팔리지 않는 이유를 설명해 주는 (b)가 가장 적절하다.

어휘 be on the market 시장에 내놓다, 시중에서 판매하다
do one's best 최선을 다하다   medical aid 의료 구호품
free of charge 무료로   fairly 매우, 상당히
affordable (가격이) 합리적인

19 (c)

해석 M 이 수학 문제 한번 봐봐.
W 이거 어떻게 푸는지 모르니?
M 모르겠어. 이게 내가 항상 헷갈리는 부분이야.

(a) 그래. 나는 좀 혼란스러워.
(b) 수학은 내가 제일 취약한 과목이야.
(c) 이렇게 하면 돼.
(d) 선생님께서 설명하셨어.

해설 남자가 수학 문제를 풀다가 몰라서 여자에게 물어보고 있으

므로 푸는 방법을 가르쳐 주는 (c)가 정답이다. (a), (b) 대화에서 여자가 '이 문제 어떻게 푸는지 모르니?'하고 반문했으므로 여자는 이 문제를 풀 수 있는 것으로 추측할 수 있다. (d)도 답이 될 수 있으나 문제를 해결해 주는 (c)가 더 적절하다.

어휘 take a look at ~을 살펴보다
confuse 혼란을 주다   subject 과목; 주제

20 (a)

해석 M 너 그 잡지 아직도 가지고 있지, 그렇지?
W 실은, 사무실에 있는 사람한테 줬는데.
M 어떻게 그럴 수가 있어!

(a) 네가 달라고 하지 않을 거라 생각했어.
(b) 아직 다 읽지 못했어.
(c) 그는 오늘 밤 늦게까지 일할 거야.
(d) 나중에 살펴볼게.

해설 남자가 여자에게 빌려준 잡지를 다시 받으려고 하자 여자는 이미 사무실 사람에게 주었다고 한다. 여기서 여자가 할 말로 적절한 것은 잡지가 필요하지 않을 거라 생각했다고 해명하는 (a)이다.

21 (a)

해석 판매원과 고객 간의 대화를 들으시오.

M 찾으시는 물건 있으신가요?
W 네, 울 스웨터를 찾고 있어요. 여기 어디 있었는데.
M 안타깝지만 저희 재고가 다 떨어졌습니다.
W 아… 언제 그렇게 됐나요?
M 두 시간 전에요. 그런데 좋은 면 스웨터도 있습니다.
W 괜찮아요. 면 스웨터에는 관심이 없어서요.
M 이틀 후에 오세요. 그러면 울 스웨터를 더 구비해 놓겠습니다.

Q: 여자가 주로 하려는 것은 무엇인가?
(a) 의류의 구입 가능 여부 알아보기
(b) 저렴한 울 스웨터를 파는 가게 추천하기
(c) 울 스웨터의 가격 확인하기
(d) 면 스웨터의 위치 찾아보기

해설 여자가 의류매장에서 울 스웨터를 구입하기 위해 찾고 있으므로 정답은 (a)이다. (b), (c) 대화 내용에서 가격에 대한 언급은 없었고, (d) 여자는 면 스웨터에 관심이 없다고 했다.

어휘 unfortunately 안타깝게도, 안됐지만   entire 전체의
stock 재고   availability 구매 가능성, 이용 가능성
item 제품   location 위치

22 (c)

해석 레스토랑에서의 대화를 들으시오.

W 네가 오늘 밤 저녁식사 장소로 정한 이곳 정말 로맨틱하다.
M 네가 좋아하니 다행이다.
W 내가 어떻게 싫어할 수 있겠어? 바다 전경을 봐!

M 정말 멋있어, 그렇지?
W 바다 위로 해가 지는 것을 오래 볼 수 있어.
M 내일 또 여기서 저녁을 먹어야겠다.

Q: 대화의 주제는 무엇인가?
(a) 요리사
(b) 음식
(c) 전경
(d) 일몰

해설 전반적으로 레스토랑의 전경에 대한 대화가 진행되고 있으므로 정답은 (c)이다. (d) 일몰은 전경이라는 큰 주제의 세부 내용에 그친다.

어휘 **spot** 장소 **view** 전경, 경치
stunning 놀라운; 놀랄 만큼 아름다운
stare at ~을 보다, 응시하다 **be sure to** 확실히 ~하다
dine 저녁식사를 하다 **chef** 요리사

23 (d)

해석 연인 간의 대화를 들으시오.

M 연료가 떨어지고 있어.
W 기름을 채우지 않고도 집까지 갈 수 있을 것 같은데.
M 못 갈 것 같아. 아직 두 시간은 더 가야 하잖아. 다음 주유소가 보이면 들렀다 가자.
W 정말 그래야 할 필요가 있다고 생각해?
M 외딴 곳에서 기름이 떨어지는 건 싫어.
W 네 말이 맞아.

Q: 남자와 여자는 주로 무엇에 대해 이야기를 하고 있는가?
(a) 가장 가까운 주유소가 어디에 있는지
(b) 집까지 도착하기까지 남은 시간
(c) 그들의 현재 위치
(d) 차에 기름을 넣어야 하는 필요성

해설 여자는 기름을 넣지 않고도 집까지 갈 수 있을 것 같다고 하고, 남자는 갑자기 기름이 떨어지는 일이 없도록 넣자고 하고 있다. 따라서 정답은 (d)이다. (a), (b) 기름을 넣는 데 관한 세부 정보이고 (c) 언급되지 않았다.

어휘 **gas gauge** (자동차) 연료계
fill the car up 자동차에 기름을 넣다
run out of ~이 떨어지다, 바닥나다
in the middle of nowhere 인적이 드문, 외딴
current 현재의

24 (c)

해석 여자의 연설에 관한 대화를 들으시오.

W 나한테 의견 좀 줄 수 있을까?
M 그럼. 뭔데?
W 이거 내일 할 연설이거든.
M 나한테 줄 사본 있니?
W 여기 있어.
M 좋아. 먼저 읽어보고 한 시간 후에 다시 이야기하자.

W 고마워. 도와줘서 고마워.

Q: 대화에 따르면 옳은 무엇인가?
(a) 남자는 내일 연설을 할 것이다.
(b) 여자는 복사를 해야 한다.
(c) 남자는 여자에게 자신의 의견을 말해 줄 것이다.
(d) 여자는 자신이 무엇을 해야 할지 모른다.

해설 여자가 내일 연설할 내용에 대해 남자에게 조언을 구했고, 남자는 연설문을 읽어본 뒤 이야기하자며 승낙했으므로 여자에게 자신의 의견을 말해 줄 것이다. 정답은 (c)이다. (a) 연설을 하는 사람은 여자이고, (b) 사본을 건네주었으므로 또 복사하지는 않을 것이다. (d) 남자에게 의견을 구한 것이지 무엇을 해야 할지 모를 정도로 난관에 봉착한 것은 아니다.

어휘 **speech** 연설 **copy** 복사, 사본
Here you go. 여기 있어.
appreciate 고마워하다; 감상하다
assistance 도움, 보조 **presentation** 발표

25 (c)

해석 여자의 외모에 관한 대화를 들으시오.

M 너 뭔가 달라진 것 같아.
W 네가 알아차릴 거라 생각했어.
M 그런데 정확히 뭔지 모르겠어. 혹시 새 원피스를 입은 거야?
W 아니. 이 옷 갖고 있던 건 좀 됐어.
M 이제 알겠다. 파마했구나, 그렇지?
W 맞아. 그래서, 어떤 거 같아?
M 마음에 들어. 정말 세련돼 보여.

Q: 여자에 대해 옳은 것은 무엇인가?
(a) 새 옷을 몇 벌 샀다.
(b) 자기 옷에 대해 남자의 의견을 물어보았다.
(c) 헤어스타일을 바꾸었다.
(d) 좀 더 세련되어 보이려고 노력하고 있다.

해설 남자의 파마하지 않았느냐는 말에 Bingo.로 대답했으므로 정답은 (c)이다. 본문의 got a perm이 (c)의 changed her hairstyle로 패러프레이징 된 셈이다. (d) 세련되어 보인다는 것은 남자의 생각이고, (a) 여자의 옷은 이전부터 있었던 것이며, (b) 옷에 대해 묻고 있는 상황도 아니다.

어휘 **put one's finger on** ~을 정확히 잡아내다, 분명히 지적하다
for a while 잠시 동안, 얼마 동안 **sophisticated** 세련된
outfit 옷, 의상

26 (d)

해석 두 친구가 만날 계획을 세우는 것을 들으시오.

M 오늘 밤 나랑 영화 보러 갈래?
W 그러고 싶은데, Cathy와 저녁을 먹기로 했어.
M 아, 그건 몰랐네.
W 그러면 대신 저녁식사 후에 커피 마시러 만나는 건 어때?
M 좋지. 저녁 다 먹고 나서 전화 줘.

W 좋아. 그렇게.

Q: 대화에 따르면 옳은 것은 무엇인가?
(a) 남자는 Cathy와 저녁을 먹을 것이다.
(b) 남자는 저녁 먹을 시간이 없다.
(c) 여자는 남자와 함께 영화를 보러 갈 것이다.
(d) 여자는 남자와 함께 커피를 마실 것이다.

해설 영화를 보러 가자는 남자의 말에 여자는 다른 약속이 있다고 답하며 그 대신 커피를 마시자고 했으므로 정답은 (d)이다. (a) Cathy와 저녁을 먹는 사람은 여자이고, (b) 남자가 영화를 보러 가자고 했으므로 시간이 없는 것은 아니다. (c) 여자는 남자와 함께 영화를 볼 수 없다고 했다.

어휘 catch a film 영화 보다
What about ~ing? ~하는 것은 어때?
give ~ a call ~에게 전화를 하다

27 (b)
해석 남자의 일정에 관한 대화를 들으시오.

W Kevin이 전화해서 뵙고 싶다고 했습니다.
M 그가 원하는 시간은 남겼나요?
W 오늘 오후 2시가 좋겠다고 하셨습니다.
M 음… 모르겠네요. 나한테는 4시가 더 좋을 것 같은데.
W 안 됩니다. 4시부터 5시까지 회의가 있으세요.
M 그렇네요. 그럼 그가 처음 말한 대로 합시다.

Q: 남자는 Kevin을 언제 만날 것 같은가?
(a) 1시
(b) 2시
(c) 4시
(d) 5시

해설 남자의 마지막 말에 나온 his original suggestion은 Kevin 이 처음 제안했던 시간을 의미하므로 두 사람은 2시에 만날 것이다. 정답은 (b)이다.

어휘 mention 언급하다: 말하다   original 원래의, 본래의
suggestion 제안

28 (b)
해석 남자의 성적에 관한 대화를 들으시오.

M 좀 짜증 나.
W 무슨 일인데?
M 영어 에세이 점수가 낮아.
W 왜 그런 거야?
M 어이없는 실수를 너무 많이 했어.
W 음, 다음 번에는 제출하기 전에 좀 더 꼼꼼하게 검토해 보는 게 좋겠다.

Q: 남자가 기분이 안 좋은 이유는 무엇인가?
(a) 에세이를 쓰고 싶지 않다.
(b) 학교 과제를 잘 못했다.
(c) 영어 숙제 제출하는 것을 깜빡했다.
(d) 발표 중에 실수를 여러 번 했다.

해설 남자는 영어 에세이에서 실수를 해 점수가 낮게 나왔고, 이에 기분이 나쁜 상태이다. 따라서 정답은 (b)이다. (d) 발표가 아닌 에세이에서 실수를 했다.

어휘 grade 성적, 점수   annoyed 짜증난, 화가 난
How come? 왜?   silly 어리석은, 바보 같은
read over 다시 읽다   turn in 제출하다
assignment 과제   presentation 발표

29 (c)
해석 우체국 가는 길에 관한 대화를 들으시오.

W 실례합니다. 우체국이 어디 있는지 말씀해 주시겠어요?
M 네. 이 길을 따라가시다가 오른쪽으로 도세요. 그러고 나서 세 블록 직진하세요.
W 전 그게 아직도 5번가에 있는 줄 알았네요.
M 5년 전에 이전했습니다.
W 아, 제가 한동안 여기 온 적이 없어서요.
M 그런 것 같네요. 어쨌든, 찾기 쉬우실 거예요.

Q: 여자에 대해 추론할 수 있는 것은 무엇인가?
(a) 그녀는 길 묻는 것을 꺼려한다.
(b) 그녀는 5번가에 가고 있는 중이다.
(c) 그녀는 다른 도시에 산다.
(d) 그녀는 여행을 좋아한다.

해설 여자는 오랫동안 이 지역에 오지 않아 5년 전에 있었던 우체국의 이전 사실을 모르고 있다. 따라서 여자가 다른 도시에 산다고 추론하는 (c)가 가장 적절하다. (a) 길을 물어보고 있으므로 이를 꺼린다고 생각하기는 힘들고, (b) 여자는 우체국이 아직도 5번가에 있는 줄 알았다고 했으므로 현재 5번가에서 길을 묻는 것으로 추론할 수 있다. (d) 무관한 내용이다.

어휘 Pardon me. 실례합니다.   avenue 거리, ~가
in a while 한동안   ask for directions 길을 묻다

30 (b)
해석 남편과 아내 간의 대화를 들으시오.

W Jason, 갈 준비 됐어요?
M 어딜 가요?
W 콘서트장으로요. 한 시간 안에 시작할 거란 말이에요.
M 내일 밤이라고 생각했어요.
W 아니에요. 화요일 밤 7시에 시작해요. 그건 오늘이고요.
M 아, 알겠어요. 그러면 준비하게 잠시만 기다려줘요.
W 오래 걸리지 않게 하세요. 늦고 싶지 않아요.

Q: 남자에 대해 추론할 수 있는 것은 무엇인가?
(a) 그는 여자를 위해 콘서트 티켓을 구입했다.
(b) 그는 콘서트가 언제 열리는지 깜빡했다.
(c) 그는 콘서트에 가는 데 별 관심이 없다.
(d) 그는 콘서트장에 제시간에 도착할 것이다.

해설 남자는 콘서트에 가는 날이 오늘인지 몰라 준비도 안 하고 있었으므로 정답은 (b)이다. (a) 누가 콘서트 티켓을 샀는지는 알 수 없고, (c) 남자는 콘서트 요일을 착각한 것이므로 관심

이 없다고는 할 수 없다. (d) 대화 내용으로는 제시간에 도착할 수 있을지 알 수 없다.

어휘 **Don't take all day.** 꾸물대지 마라.
purchase 구입하다　　**hold** (행사를) 열다, 개최하다
attend 참석하다　　**on time** 정시에

31 (a)

해석 오늘 저녁 이곳에 참석해 주신 여러분 모두에게 감사의 말을 전합니다. 오늘 밤 회사 창립자이자 32년간 최고 경영자로 일해 온 Edward Malone이 걸어온 길을 돌이켜 보고자 합니다. Ed가 은퇴를 준비하게 되면서, 그는 컴퓨터 소프트웨어 디자인 분야에서 이제 세계적인 리더로 평가 받는 회사를 곧 떠날 것입니다. 게다가 그의 지도 하에서 회사는 전체 회계 연도 중 한 번도 손실을 본 적이 없었습니다. 오늘 많은 분들의 연설이 있을 것입니다. 자, 그럼 첫 번째 연사 Edward Malone의 아내, Jennifer Malone을 모셔봅시다.

Q: 담화의 주제는 무엇인가?
　(a) Edward Malone의 경력
　(b) 곧 있을 Jennifer Malone의 연설
　(c) Edward Malone의 은퇴 이유
　(d) Edward Malone 회사의 역사

해설 화자는 청중에게 인사한 뒤 바로 we're going to look back on the career of Edward Malone이라며 자신의 목적을 밝혔다. 이후 내용도 일맥상통하므로 정답은 (a)이다. (b) 마지막 문장에 잠시 나오는 세부 내용이고, (c), (d) 언급되지 않은 내용이다.

어휘 **look back on** ~을 돌이켜 보다, 회고하다
career 직업; 경력　　**founder** 창립자
CEO 최고 경영자 (Chief Executive Officer)
retirement 은퇴　　**in addition** 게다가
fiscal year 회계 연도　　**upcoming** 곧 있을, 다가오는

32 (b)

해석 연구는 특정 종류의 게임을 하는 이들의 추론 능력이 더 발달된다는 것을 밝혔다. 사람의 능력을 향상시킬 수 있는 게임은 수없이 많다. 분명, 체스와 같은 게임은 사람들로 하여금 미리 계획을 짜는 법을 훈련시킨다. 세계적으로 유명한 루빅스 큐브와 같은 퍼즐은 일반적으로 사람에게 문제 해결 능력을 줄 수 있다. 가로세로 퍼즐과 같은 비교적 쉬운 게임도 유익할 수 있다. 이들은 두뇌를 자극하여 더욱 비판적으로 사고하도록 도와준다.

Q: 화자의 요지는 무엇인가?
　(a) 가로세로 퍼즐을 하는 것보다 체스를 두는 것이 더 좋다.
　(b) 게임을 하는 것은 사람들로 하여금 사고를 향상시키게 만들 수 있다.
　(c) 다양한 게임을 하는 이가 많지 않다.
　(d) 루빅스 큐브는 문제 해결 능력을 키워준다.

해설 화자가 여러 가지 게임을 열거하면서 이를 통해 사고력을 향상

시킬 수 있음을 설명하고 있으므로 정답은 (b)이다. (a) 어떤 게임이 더 좋은지 비교하는 내용은 없고, (d) 올바른 정보이지만 지엽적인 내용에 불과하다.

어휘 **develop** 계발시키다, 발전시키다　　**reasoning** 추리, 추론
improve 향상시키다　　**world-famous** 세계적으로 유명한
impart 전하다, 주다　　**problem-solving skill** 문제 해결 능력
relatively 상대적으로, 비교적으로　　**beneficial** 유익한, 이로운
stimulate 자극하다　　**critically** 비판적으로

33 (b)

해석 대도시에 거주하는 이들은 흔히 차를 구입하지 않는다. 대신 그들은 돌아다니는 데 대중교통을 이용한다. 이러한 이유로, 전 세계의 도시들은 대중교통 체계를 발전시킬 방법을 찾는 데 집중하고 있다. 두 가지 간단한 방법은 기존의 버스 노선을 확장하는 것과 더 많은 지하철 노선을 만드는 것이다. 다른 도시의 경우 가끔 모노레일이라고 하는 고가 철도를 만드는데, 이는 지상에서의 교통을 완전히 피할 수 있다. 시에서는 거리를 다니려는 수많은 자전거 이용자들을 위해 자전거도로도 만들고 있다.

Q: 담화는 주로 무엇에 관한 것인가?
　(a) 대중교통 개선의 필요성
　(b) 도시에서 대중교통을 발전시키는 방법
　(c) 상대적으로 저렴한 대중교통 비용
　(d) 버스 및 지하철 노선의 확장

해설 대중교통 확대 방안으로 현재 전 세계의 도시에서 진행되는 몇 가지 방법을 언급하고 있으므로 정답은 (b)이다. (a) 담화는 대중교통 개선 방안에 관한 것으로 개선의 필요성은 언급하지 않았고, (c) 비용에 대한 언급 또한 없었다. (d) 여러 개선 방안 중 한 가지를 이야기하는 세부 정보이다.

어휘 **purchase** 구입하다　　**opt to** ~하기로 선택하다
public transportation 대중교통 (public transit)
focus on 집중하다　　**expand** 확장하다
existing 기존의　　**route** 길; 노선　　**construct** 건설하다
elevated train 고가 철도　　**cyclist** 자전거 타는 사람

34 (d)

해석 시립 공연장입니다. 현재 전화를 받을 수 있는 상담원이 없습니다. 수화기를 계속 들고 계시면, 상담원과 곧 연결될 것입니다. 이번 주말, 특별 공연으로 베를린 필하모닉 오케스트라가 두 차례 콘서트를 열 예정입니다. 토요일 공연 시간은 오후 7시부터 9시까지이고, 일요일은 오후 6시에서 8시까지입니다. www.civichall.org에서 온라인으로 티켓을 예매할 수 있고 매표소에서도 구입 가능합니다.

Q: 콘서트에 대해 옳은 것은 무엇인가?
　(a) 일요일 공연이 토요일 공연보다 더 길다.
　(b) 독일 베를린에서 열린다.
　(c) 티켓은 직접 구입만 가능하다.
　(d) 일요일 공연은 토요일 공연보다 일찍 시작한다.

해설 후반부에서 토요일 공연은 오후 7시에서 9시까지, 일요일은

6시에서 8시까지라고 했으므로 (d)가 정답이다. (a) 두 공연 모두 2시간 동안 진행되고, (b) 베를린 필하모닉 오케스트라가 공연한다는 것만으로 베를린에서 열린다고 단정할 수 없다. (c) 티켓은 온라인 예매나 현장 구매 모두 가능하다.

어휘 at the moment 지금
stay on the line 전화를 끊지 않고 기다리다
operator 전화 상담원   momentarily 곧, 금방
performance 공연, 연주   put on (연극, 공연을) 무대에 올리다
show time 공연 시간, 상영 시간
available 구입 가능한, 이용 가능한   box office 매표소

35 (c)

해석 많은 사람들은 타이타닉이 역사상 가장 끔찍한 해양 참사라고 믿고 있지만, 바다에서 가장 많은 인명을 앗아갔던 사건은 2차 세계대전 막바지인 1945년 1월 30일 밤 발트해에 있던 독일 여객선 Wilhelm Gustloff호에서 일어났다. 피난민들을 독일 동쪽에서 서쪽으로 이송시키던 그 배는 러시아 잠수함에 의해 침몰되었다. 8천 명 가까이 사망한 것으로 추산되며, 이들 중 대다수는 노인, 젊은 여성, 아이들이었다.

Q: Wilhelm Gustloff호에 대해 옳은 것은 무엇인가?
(a) 러시아 배였다.
(b) 군에서 이 배를 사용했다.
(c) 전시에 침몰당했다.
(d) 침몰할 때 군인들을 이송 중이었다.

해설 첫 번째 문장 끝에 2차 세계대전 막바지에 Wilhelm Gustloff호 사건이 발생했다고 하였으므로 (c)가 정답이다. (a), (b) 독일의 여객선이었고, (d) 당시 피난민들을 이송 중이었다.

어휘 disaster 재난, 참사   loss of life 인명 손실
passenger ship 여객선   the Baltic Sea 발트해
refugee 피난민   submarine 잠수함   wartime 전시

36 (c)

해석 서구 교육을 받은 많은 의사들은 경시하는 경향이 있지만, 상당수의 사람들은 침술사로부터 치료를 받으려고 한다. 신체 여러 부위에 침을 놓는 이러한 침술사들은 칼을 대는 수술을 하지 않고도 환자를 치료할 수 있다고 주장한다. 대체로 침술은 동아시아 국가에서 시술되고 있다. 그러나 이는 여러 지역에서 조금씩 인기를 얻고 있다. 미국, 영국, 캐나다 등의 서구 국가들도 여기에 포함된다.

Q: 담화로부터 추론할 수 있는 것은 무엇인가?
(a) 침술은 수술만큼 효과적이지는 않다.
(b) 미국에서는 침술이 불법이다.
(c) 침술은 더욱 인기를 끌기 시작했다.
(d) 침술 치료는 비용이 꽤 많이 든다.

해설 '침술'이라는 acupuncture의 뜻을 몰라도 고유명사처럼 여기며 풀면 답을 찾을 수 있다. 마지막 부분에 However 이후로 침술이 미국, 영국, 캐나다 등 서구 국가들을 포함한 여러 지역에서 인기를 얻고 있다고 하였으므로 (c)가 정답이다. (a), (b), (d) 본문에서 언급되지 않은 내용이다.

어휘 be quick to 재빨리 ~하다   disparage 깔보다, 경시하다
treatment 치료   acupuncturist 침술사   insert 주입하다
invasive 침입하는; (의학 치료) 몸에 칼을 대는   surgical 수술의
procedure 절차   for the most part 대체로
practice 시술하다

37-38 (a), (c)

해석 임직원 여러분, 내일 열리는 연례 사내 야유회를 기억해 주시길 바랍니다. 이는 레이크 루이스 해변가에서 열릴 것입니다. 주차는 해당 장소로만 제한될 것이므로 회사 사옥에서 출발하는 셔틀 버스가 준비되어 있을 것입니다. 야유회는 10시에 시작해서 오후 5시나 6시에 끝날 예정이며, 셔틀 버스는 9시 30분에 출발합니다. 비치 발리볼, 야구, 축구 및 기타 다양한 게임을 포함한 재미있는 프로그램이 많이 준비되어 있습니다. 또한 햄버거, 핫도그, 그 외 다른 종류의 훌륭한 음식으로 야외 요리도 할 예정입니다. 오실 때 모두가 즐길 수 있는 간단한 간식을 가져오시고, 가족 누구든지 참가 환영이라는 사실을 기억해 주시기 바랍니다!

37 Q: 안내 방송에서 화자가 주로 하고 있는 것은 무엇인가?
(a) 곧 있을 야유회에 대해 설명하기
(b) 사람들에게 행사에 대해 상기시켜 주기
(c) 회사 전직원과 직원의 가족들을 야유회에 초대하기
(d) 사람들에게 함께 게임하자고 요청하기

38 Q: 야유회에 대해 옳은 것은 무엇인가?
(a) 행사에서의 주차는 허용되지 않을 것이다.
(b) 모든 음식은 회사가 제공할 것이다.
(c) 본 행사는 1년에 한 번 열린다.
(d) 야유회는 회사 임직원에게로만 제한된다.

해설 37 회사 야유회의 장소, 교통편, 시간, 행사 구성, 음식에 대해 설명하고 있으므로 정답은 (a)이다. (b), (c) 첫 번째 문장과 마지막 문장에만 적용되는 세부 정보이다.

38 안내 방송의 첫 문장에서 연례 사내 야유회라는 말이 나오므로 (c)가 정답이다. 안내 방송의 annual이 (c)의 is held once a year로 패러프레이징 된 셈이다. (a) 주차는 특정 장소로 제한되는 것뿐이며, (b) 간단한 간식을 가져오라고 했으므로 음식 모두를 회사가 제공하는 것은 아니다. (d) 가족 누구든지 참가를 환영한다고 했다.

어휘 annual 연례의   hold (행사를) 열다, 개최하다
limit 제한하다   venue (어떤 일이 열리는) 장소; 현장
shuttle 왕복 항공, 버스, 기차
cookout 야외에서 요리해 먹는 파티   describe 묘사하다
upcoming 곧 있을, 다가오는   remind 상기시키다
request 요청하다

39-40 (d), (c)

해석 직장은 직원을 어떻게 대하는지에 있어 급속히 유연해지고 있다. 대표적인 예가 바로 직원들이 지키는 근무 시간에 관한 것이다. 일부 직장에서, 직원들은 더 이상 일반적인 9시부터 6시까지의 근무 시간대로 일하도록 요구 받지 않는다. 대신 그들 중 일부는 자신의 근무 시간을 변경하고 있다. 7시

부터 4시까지 혹은 11시부터 8시까지 일을 할 수도 있게 된
것이다. 이는 유연근무제(flextime)로 알려져 있는데, '유연한
(flexible)'이라는 단어와 '시간(time)'이라는 단어의 조합이다.
모든 회사가 유연근무제를 운영하는 것은 아니지만, 시행하
는 이들은 유연근무제를 이용하는 직원들이 더 만족스러워
하고 더 생산적이게 된다고 보고한다. 이는 그러한 규정을 시
행하는 회사들이 어떤 재정적인 투자 없이 좀 더 이윤을 낼
수 있다는 것을 의미한다.

39 Q: 유연근무제란 무엇인가?
  (a) 회사가 비용을 절감하기 위해 사용할 수 있는 방법
  (b) 과도한 근무 시간에 대한 불만을 담당하는 기관
  (c) 표준 근무 시간의 이점과 결점을 분석하는 연구소
  (d) 직원 근무 조건에 관한 새로운 접근법

40 Q: 유연근무제에 대해 추론할 수 있는 것은 무엇인가?
  (a) 대다수의 회사가 이를 활용한다.
  (b) 직원들은 사무실에서 근무하는 것을 피하기 위해 이를
    이용한다.
  (c) 직원들에게 몇 가지 이점을 제공한다.
  (d) 직원들이 이를 이용하고자 할 경우 반드시 급여 삭감
    을 감수해야 한다.

해설 39 유연근무제란 특정 근무시간대를 고집하지 않고 자유로
운 근무시간을 허용하는 새로운 근무 방침이므로 정답은 (d)
이다. (a) 비용을 절감하기 위해 사용한다는 언급은 없으며,
(b), (c) 기관이나 연구소의 명칭은 아니다.

40 담화의 마지막 부분에서 유연근무제를 이용하는 직원들
이 더 만족스러워하고 더 생산적이게 되었다고 언급했으므
로 직원들에게 이점을 제공한다고 추론할 수 있다. 따라서 (c)
가 정답이다. (a) 일부 회사가 이를 시행한다고 했으며, (b) 유
연근무제는 근무 장소가 아닌 시간에 관한 제도이다. (d) 급
여 삭감에 대한 언급은 없었다.

어휘 rapidly 급격히   flexible 유연한   in regard to ~에 관하여
standard 표준의; 일반적인   combination 조합, 결합
take advantage of ~을 이용하다, 활용하다 (make use of)
productive 생산적인   profitable 수익성이 있는, 이윤을 내는
in charge of ~을 담당하여   institute 기관, 연구소
drawback 결점   approach 접근(법)   pay cut 급여 삭감

Actual Test 04

1 (b)	2 (b)	3 (c)	4 (a)	5 (d)
6 (c)	7 (a)	8 (d)	9 (b)	10 (a)
11 (a)	12 (b)	13 (c)	14 (b)	15 (d)
16 (a)	17 (d)	18 (b)	19 (c)	20 (c)
21 (b)	22 (b)	23 (c)	24 (a)	25 (b)
26 (c)	27 (c)	28 (d)	29 (a)	30 (c)
31 (b)	32 (c)	33 (b)	34 (d)	35 (a)
36 (d)	37 (b)	38 (c)	39 (d)	40 (b)

1 (b)
해석 W 내가 너 대신 운전할까?
  (a) 아니. 나는 차가 없어.
  (b) 너 운전 면허증 막 따지 않았니?
  (c) 아니. 거기로 가면 안 돼.
  (d) 아니. 나 어디로 가는지 모르겠어.

해설 여자의 말이 대신 운전하겠다는 제안이므로 운전 면허증을
얼마 전에 따지 않았냐고 불안한 듯 되묻는 (b)가 가장 적절
하다. (d) Yes,로 시작했다면 답이 될 수 있다.

어휘 license 면허증

2 (b)
해석 W 그들은 거기서 얼마나 자주 놀지?
  (a) 그들은 쇼핑몰에 있어.
  (b) 그들은 항상 거기서 모여.
  (c) 옷은 옷걸이에 걸려 있어.
  (d) 한동안 그들을 못 봤어.

해설 의문사 how often으로 빈도를 물었기 때문에 all the time으
로 답한 (b)가 정답이다. (a), (c), (d) 여자가 한 말과는 무관한
내용이다.

어휘 hang out 만나서 어울리다   rack 선반   in a while 한동안

3 (c)
해석 M 우리 전에 어디서 만난 적 있지 않나요?
  (a) 만나서 반갑습니다.
  (b) 안녕하세요. 제 이름은 Jenny Robinson입니다.
  (c) 다른 분하고 착각하신 것 같습니다.
  (d) 그를 만난 기억이 없어요.

해설 남자가 어디서 만난 적 있는지 물어보고 있으므로 다른 사람
과 착각한 것 같다는 답변으로 만난 적 없다는 의미를 대신
하는 (c)가 정답이다. (d) 대명사 him이 you가 된다면 답이 될
수 있다.

어휘 pleasure 기쁨   confuse 혼동시키다   recall 기억하다

4 (a)
해석 W 정말 그게 효과가 있을 거라고 생각하니?
  (a) 확실히 그러길 바라.
  (b) 지금은 근무 중이 아니야.
  (c) 그것에 대해서 생각을 많이 해.
  (d) 그래. 그는 지금 일하고 있어.

해설 효과가 있을 거라고 생각하냐는 물음에 그러길 바란다고 대
답하는 (a)가 가장 적절하다. (b), (c), (d) 대화에 제시되었던
work와 think를 사용한 오답이다.

어휘 **work** 일하다; 효과가 있다; 작동하다

5 (d)

해석 M 회사가 신상품을 대대적으로 홍보하고 있어요.

　　(a) 농산품은 지금 할인 판매 중입니다.
　　(b) 제가 이곳의 새로운 책임자입니다.
　　(c) 매우 성공적인 홍보입니다.
　　(d) 베스트셀러가 되어야겠네요.

해설 대대적인 홍보에 뒤따를 바람직한 결과로는 베스트셀러가 되는 것이므로 (d)가 정답이다. bestseller는 '잘 팔리는 것'이라는 뜻으로 책에만 적용되는 표현은 아니다.

어휘 **heavily** 비중 있게; 대대적으로
promote 승진시키다; 촉진시키다; 홍보하다
produce 농산물　**director** 책임자

6 (c)

해석 M 그가 사무실에 도착하면 전화 드리라고 하겠습니다.

　　(a) Smith 씨 계신가요?
　　(b) 그의 사무실은 2층에 있습니다.
　　(c) 감사합니다. 고마워요.
　　(d) 알겠습니다. 나중에 전화 드리죠.

해설 남자가 여자에게 일종의 도움을 주는 것이므로 이에 대해 감사의 말을 하는 (c)가 가장 적절하다.

어휘 **be around** (부근에) 있다　**appreciate** 고마워하다; 감상하다

7 (a)

해석 W 그 문제를 어떻게 해야 할지 내가 결정할게.

　　(a) 서둘러서 빨리 결정해 줘.
　　(b) 아니. 그 상품에 대한 수요가 늘고 있어.
　　(c) 우리는 Tom의 사무실에 있을 거야.
　　(d) 산책 가자.

해설 어떤 사안에 대해 여자가 직접 결정을 내리겠다고 했으므로 이를 재촉하는 (a)가 가장 적절하다. (b) 대화에 제시되었던 need를 사용한 오답이다.

어휘 **issue** 문제, 사안　**make up one's mind** 결정하다
product 상품, 제품　**go for a walk** 산책 가다

8 (d)

해석 M 현재 환율이 어떻게 되는지 모르겠어.

　　(a) 은행에 예금할 거야.
　　(b) 저기서 돈을 바꿀 수 있어.
　　(c) 다른 것들보다 높게 책정되어 있어.
　　(d) 여기에 수치가 있어.

해설 현재 환율이 어떻게 되는지 모르겠다고 했으므로 이에 대

한 수치가 있다고 답하는 (d)가 가장 적절하다. (b) 지금 당장 돈을 바꾸려고 환율을 물어본 것인지 알 수 없으며, (c) the others의 의미가 구체적으로 나타나 있지 않아 오답이다.

어휘 **currency** 통화, 화폐　**exchange rate** 환율
deposit (은행에) 예금하다　**rate** 평가하다

9 (b)

해석 M 잠시 이 문제를 생각해 봐야겠어.

　　(a) 그건 엄청난 액수의 돈인데.
　　(b) 너무 오랫동안 생각하지는 마.
　　(c) 너는 참 사려 깊은 사람이구나.
　　(d) 무슨 일이 있었는지 잠시 잊어버렸어.

해설 문제에 대해서 생각을 해 봐야겠다는 말에 너무 깊이 고민하지 말라고 대답하는 (b)가 가장 적절하다. (a), (c) 대화에 제시되었던 consider를 considerable, considerate으로 바꿔서 사용한 오답이다.

어휘 **consider** 고려하다　**for a moment** 잠시
considerable 엄청난, 많은　**considerate** 배려심 깊은
momentarily 잠시

10 (a)

해석 M 네가 사장님의 방문 소식을 어떻게 들었는지 알고 싶어.

　　(a) 그에 대해 알려주는 이메일을 받았어.
　　(b) 사장님은 우리와 함께 십 년을 일해 오셨어.
　　(c) 사장님은 이번 주 목요일에 도착하실 거야.
　　(d) 나 최근 들어서 청력이 안 좋아졌어.

해설 의문사 how로 사장님의 방문 소식을 어떻게 들었는지를 묻고 있으므로 이메일로 들었다고 구체적으로 대답하는 (a)가 가장 적절하다. (b), (c) 시간에 관한 대답이다.

어휘 **CEO** 최고 경영자 (Chief Executive Officer)
upcoming 다가오는, 곧 있을　**inform** 알려주다
hearing 청력

11 (a)

해석 W 영화 어땠어?
　　M 스토리는 좋았는데 연기가 조금 아쉬워.
　　W 음악도 괜찮았던 것 같은데.

　　(a) 나는 음악이 별로였는데.
　　(b) 나는 특수효과가 정말 마음에 들었어.
　　(c) 영화 정말 지루했어.
　　(d) 대신 다운받아 보는 게 어때?

해설 영화에 대한 의견을 나누고 있는 상황에서 여자가 음악을 언급했으므로 이를 이어가는 (a)가 가장 자연스럽다. (b) 특수효과가 좋았다며 화제를 전환할 수도 있지만 대화를 이어나가는 (a)가 더 적절하다. (c) 남자는 앞에서 이미 스토리가 좋았다고 말했고, (d) 둘 다 이미 영화를 본 상태이므로 다운받자

는 제안은 적절하지 않다.

acting 연기   **soundtrack** 영화 음악, 사운드트랙
special effect 특수효과

12 (b)
해석 M 집에 언제 갈 거야?
　　　W 10분쯤 후에. 왜?
　　　M 같이 어디서 저녁이나 먹을까 해서.

　　　(a) 안 되겠어. 오늘 밤 야근하거든.
　　　(b) 그러면 좋겠지만 이미 계획이 있어.
　　　(c) 음식 정말 괜찮았어.
　　　(d) 그래. 나 없이 가도 돼.

해설 남자가 저녁을 같이 먹자고 제안하고 있으므로 다른 계획이
있다며 거절 의사를 밝힌 (b)가 정답이다. (a) 10분쯤 후에 집
에 갈 거라고 했으므로 야근하지는 않을 것이고, (d) 같이 저
녁을 먹자는 제안에 자신은 빼고 가라는 대답은 어색하다.

어휘 **work overtime** 야근하다

13 (c)
해석 W 이번 주에 소풍 가자.
　　　M 그러자. 내가 갈 만한 좋은 장소를 알고 있어.
　　　W 좋아. 음식은 모두 내가 준비할게.

　　　(a) 점심 맛있었어요. 고마워요.
　　　(b) 그거 비쌌겠다.
　　　(c) 그럼 음료는 내가 가지고 올게.
　　　(d) 금방 어디 갔었니?

해설 소풍을 가기로 한 상황에서 여자가 음식을 가져오겠다고 했
으므로 음료수는 자신이 가져가겠다고 대답하는 (c)가 가장
적절하다. (a), (b), (d) 모두 과거시제이므로 앞으로 있을 소풍
에 대해 이야기하는 대화와는 어울리지 않는다.

어휘 **go on a picnic** 소풍 가다
take care of ~을 돌보다; ~을 책임지다
must have p.p. ~했음에 틀림없다

14 (b)
해석 M 지금 다들 왜 이렇게 조용한 거지?
　　　W 방금 선생님이 오셔서 그만 떠들라고 하셨어.
　　　M 나도 그렇게 해야겠네.

　　　(a) 저기 오신다.
　　　(b) 좋은 생각이야.
　　　(c) 아니. 괜찮아.
　　　(d) 천만에.

해설 남자는 다른 학생들이 조용히 하라는 선생님의 지시에 따르
고 있다는 것을 알고 자신도 그 지시에 따라야겠다고 말했다.
따라서 좋은 생각이라며 그를 지지하는 (b)가 가장 자연스
럽다.

어휘 **had better** ~하는 것이 낫다

15 (d)
해석 W 제가 산 이 스피커에 문제가 있는 것 같아요.
　　　M 무슨 문제입니까?
　　　W 음질이 썩 좋지 않아요.

　　　(a) 환불 받으러 오셨습니까 반품하러 오셨습니까?
　　　(b) 품질이 좋은 시스템입니다.
　　　(c) 아무런 문제가 없습니다.
　　　(d) 그러시다면 다른 걸로 바꿔 드리겠습니다.

해설 스피커의 음질 문제로 판매자를 찾은 고객에게 가장 적절한
대답은 다른 걸로 바꿔 주겠다는 (d)이다. (a) 문제를 더 살펴
보지도 않고 환불을 원하는지 반품을 원하는지 물어보고 있
으므로 적절하지 않고, (c) 역시 알아보지도 않고 바로 문제가
없다고 대답하는 것은 자연스럽지 않다.

어휘 **defective** 결함이 있는   **refund** 환불; 환불하다
return 반품; 반품하다   **exchange** 교환; 교환하다

16 (a)
해석 M 아야! 엄청 아프네.
　　　W 방금 뭐 한 거야?
　　　M 문에 손을 찍혔어.

　　　(a) 다음번엔 더 조심해.
　　　(b) 나갈 때 문 닫아 줘.
　　　(c) 너 목발을 이용하는 게 좋겠다.
　　　(d) 그것 때문에 소음이 많이 발생해.

해설 문에 손이 찍힌 남자에게 여자가 할 수 있는 말로는 조심하라
는 당부의 말인 (a)가 가장 적절하다.

어휘 **slam** (문을) 쾅하고 닫다   **crutch** 목발
make a noise 떠들다; 소란을 피우다

17 (d)
해석 W David이 방금 우리한테 한 이야기 넌 믿을 수 있니?
　　　M 잘 모르겠어. 나한테는 꽤 그럴듯하기도 했어.
　　　W 걔 설명에서 뭔가 빠진 듯한 느낌이 있어.

　　　(a) 그 일이 발생했을 때 내가 그 자리에 있었어.
　　　(b) 나는 사실 David을 그렇게 잘 몰라.
　　　(c) 그가 가면 그리울 거야.
　　　(d) 네가 그에게 사실을 말해 달라고 부탁해 보는 게 좋겠어.

해설 David의 말에 의구심을 품고 있는 여자에게 남자가 해줄 수
있는 말로는 그에게 직접 사실을 말해 달라고 부탁해 보라는
(d)가 가장 적절하다. (c) 대화에 제시되었던 missing을 miss
로 바꿔서 사용한 오답이다.

어휘 **believable** 그럴듯한, 믿을 만한   **missing** 없어진; 빠진
explanation 설명   **ask for** ~을 요청하다

18 (b)

해석 M Brian을 해고해야겠습니다.
W 너무 지나치다고 생각하지 않으세요?
M 다른 방법이 없습니다.

(a) 네. 그는 이미 해고되었습니다.
(b) 대신 그에게 경고를 주도록 하세요.
(c) 그는 곧 승진할 것입니다.
(d) 그는 일을 잘 못하고 있습니다.

해설 남자는 Brian을 해고할 마음이고, 여자는 이를 반대하는 입장이다. 따라서 여자의 반응으로 가장 적절한 것은 해고 대신 경고만 주라는 (b)이다. (a) 아직 해고되지 않은 상태이고, (c) 해고 위기에 처해 있으므로 Brian이 승진할 가능성은 없을 것이다. (d) 여자는 Brian을 감싸는 입장이다.

어휘 **plan to** ~할 계획이다 **fire** 해고하다
overreact 과민 반응을 보이다 **warning** 경고, 주의
promote 승진시키다

19 (c)

해석 W 네 핸드폰으로 Mark한테 전화해 줄래?
M 왜, 그에게 할 말 있어?
W 그가 점심식사로 뭘 먹겠다고 했는지 기억이 안 나.

(a) 그의 전화번호 여기 있어.
(b) 그는 Fred와 점심을 먹었어.
(c) 그는 햄버거와 감자 튀김을 먹을 거야.
(d) Mark는 지금 사무실에 없어.

해설 세 번째 문장에서 여자는 Mark가 무엇을 먹겠다고 했는지 기억나지 않는다고 했으므로, 이를 기억해서 말해 주는 (c)가 가장 적절하다. (a) 여자는 남자에게 전화번호를 물은 것이 아니라 직접 전화해 줄 것을 요청했다. (b) 점심을 사다 주는 상황이므로 점심을 이미 먹었다는 내용은 어색하다.

어휘 **recall** 기억해 내다 **fries** 감자 튀김 (French fries)

20 (c)

해석 W 다시 들어가서 우산을 가지고 와야겠어.
M 왜 그렇게 하는데?
W 너 오늘 일기 예보 못 본 거 같다. 그렇지?

(a) 날씨는 화창할 거야.
(b) 봤어. 지금 비가 오고 있어.
(c) 못 봤어. 오늘 확인 못했거든.
(d) 구름이 조금 보이네.

해설 우산을 가지러 가는 여자에게 그 이유를 물어봤으므로 남자는 일기예보를 확인하지 못했을 것이다. 따라서 (c)가 정답이다. (b) 왜 우산을 가지러 가냐고 물었으므로 지금은 비가 오지 않을 것이다. (d) 전혀 불가능한 대답은 아니지만 일기 예보 시청 여부에 대해 직접적으로 답하는 (c)가 더 적절하다.

어휘 **weather forecast** 일기 예보

21 (b)

해석 승무원과 승객 간의 대화를 들으시오.

M 저희 이제 곧 착륙합니까?
W 갑자기 역풍을 만나서 속도가 조금 늦어졌습니다. 우리 비행기는 4시 30분에 착륙할 예정입니다.
M 그럼 한 시간이 늦게 되잖아요! 이러다가 연결편 비행기를 놓치겠어요.
W 최대한 빨리 목적지에 도착할 수 있도록 최선을 다하겠습니다.
M 그렇게 해주시길 바랍니다. 여행 계획을 재조정하게 되고 싶지는 않아요.
W 운이 좋으면 그럴 필요 없으실 겁니다.

Q: 대화는 주로 무엇에 관한 것인가?
(a) 남자의 여행 계획
(b) 비행기 도착 시간
(c) 지연되는 이유
(d) 남자의 최종 목적지

해설 연결편 비행기를 타야 하는 남자가 비행기 도착 시간이 지연되는 것에 대해 걱정하고 있으므로 정답은 (b)이다. (a), (c) 비행기 도착 시간이라는 주제에 관한 세부 내용이고, (d) 남자의 최종 목적지는 언급되지 않았다.

어휘 **flight attendant** 승무원 **land** 착륙하다
run into (좋지 않은 기상 상태를) 만나다; ~와 충돌하다
headwind 맞바람, 역풍 **be scheduled to** ~할 예정이다
connecting flight 연결편 비행기 **destination** 목적지
readjust 재조정하다

22 (b)

해석 두 동료 간의 대화를 들으시오.

W 남편과 전 아파트를 팔기로 결정했어요.
M 흥미로운 소식이네요.
W 이제 아이가 둘이다 보니 좀 더 큰 집이 필요해서요.
M 그럼 어디로 이사가세요?
W 교외 지역에 집을 얻는 걸 생각하고 있어요.
M 그거 좋겠네요.
W 네, 거기 아이들 기르기에 좋은 곳이 몇 군데 있더라고요.

Q: 남자와 여자는 주로 무엇에 대해 이야기를 하고 있는가?
(a) 살기에 가장 좋은 교외 지역
(b) 여자의 이사 계획
(c) 여자의 가족
(d) 여자가 사는 아파트의 크기

해설 두 동료가 아파트를 팔아 아이들을 키우기 더 좋은 교외 지역으로 이사 가려는 여자의 계획에 대해 이야기하고 있으므로 정답은 (b)이다. (a), (d) 언급되지 않은 내용이고, (c) 여자의 가족 이야기는 세부 정보에 그친다.

어휘 **suburb** 교외, 도시 외곽 지역 **raise** 기르다, 키우다

23 (c)

해석 두 동료 간의 대화를 들으시오.

M 너 수영 강습 받는다고 들었어.
W 맞아. 누가 얘기한 거야?
M 사무실에 소문 퍼졌던데.
W 아, 나는 몰랐는데.
M 사실, David이 알려줬어.
W 나도 그렇게 생각했어. 그가 여기서 그 사실을 알고 있는 유일한 사람이거든.

Q: 대화의 주제는 무엇인가?
  (a) 수영 강습
  (b) 여자의 친구 David
  (c) 소문의 출처
  (d) 수영이 얼마나 어려운지

해설 대화의 시작은 수영 강습이지만 곧바로 이 사실을 퍼뜨린 이가 누구인지에 대해 이야기를 나누고 있으므로 정답은 (c)이다. (a) 대화의 주제라기보다는 도입 소재에 불과하다.

어휘 rumor 소문   realize 인식하다; 깨닫다
figure 생각하다; 계산하다   source 근원; 출처

24 (a)

해석 두 친구가 일자리 제의에 대해 이야기하는 것을 들으시오.

M 결정을 못하겠어. 다른 도시의 일자리를 제의 받았는데, 나는 지금 직장도 좋거든.
W 새 일자리에 장점이 있니?
M 응. 급여를 더 많이 받고 휴가도 더 많을 거야.
W 그러면 왜 가기로 결정하지 못하는 건데?
M 나는 이 도시에서 사는 것이 좋아.
W 장단점을 충분히 고려해보고 결정을 내려야겠구나.

Q: 남자가 일자리 제의를 받아들이는 것을 망설이고 있는 이유는 무엇인가?
  (a) 현재 살고 있는 도시를 마음에 들어 한다.
  (b) 급여가 적어질 예정이다.
  (c) 매년 15일의 유급 휴가밖에 없을 것이다.
  (d) 승진할 기회가 있다.

해설 여자가 장점이 많은 새 일자리를 선택하지 못하는 이유에 대해 묻자 남자는 현재 도시에서 사는 것이 좋아서 그렇다고 답한다. 따라서 정답은 (a)이다. (b) 급여는 더 많다고 했고, (c) 휴가가 많아진다고 했지만 얼마나 되는지는 언급되지 않았다. (d) 대화에 제시되었던 opportunity를 사용한 오답이다.

어휘 make up one's mind 결정하다   opportunity 기회
stop ~ from ...ing ~가 ...하지 못하게 하다
weigh 무게가 ~이다; (결정 전에) 따져 보다, 저울질하다
accept 받아들이다   underpaid 급여가 적은
paid vacation 유급 휴가

25 (b)

해석 두 친구가 음식 알레르기에 대해 이야기하는 것을 들으시오.

W 오늘 밤 저녁 먹으러 오는 것 맞지, 그렇지?
M 네가 말한 대로 8시에 도착할 거야.
W 혹시 못 먹는 음식이라도 있니?
M 생선 알레르기가 있어. 생선 요리는 안 했으면 좋겠어.
W 생선 요리는 하지 않을 거야. 그런데 새우 요리는 준비하려는데. 그건 괜찮을까?
M 그럼. 새우는 먹어도 괜찮아.

Q: 여자가 제공하지 않을 것 같은 음식은 무엇인가?
  (a) 새우
  (b) 연어
  (c) 양고기
  (d) 양배추

해설 남자에게 생선 알레르기가 있으므로 여자는 이를 제외하고 음식을 준비할 것이다. 생선과 같은 해산물이지만 새우는 괜찮다고 했으므로 정답은 (b)이다.

어휘 allergy 알레르기   allergic to ~에 알레르기가 있는
salmon 연어   mutton 양고기   cabbage 양배추

26 (c)

해석 여자의 우편에 관한 대화를 들으시오.

M 안내 데스크에서 집배원이 너를 기다리고 있어.
W 아, 내가 로비로 내려가야 하나?
M 응. 네가 직접 와서 받았다고 서명해야 한다던데.
W 이유가 뭔지 말해줬어?
M 보니까 등기 우편 같더라고. 그래서 너한테 직접 줘야 하나 봐.
W 그러면 내가 곧 내려가야겠네. 알려줘서 고마워.

Q: 대화에 따르면 남자에 대해 옳은 것은 무엇인가?
  (a) 그는 여자에게 등기 우편을 보내고 싶어 한다.
  (b) 그는 여자의 우편을 가져오지 않아서 사과하고 있다.
  (c) 그는 왜 여자가 로비에 가야 하는지 설명하고 있다.
  (d) 그는 여자에게 누가 우편을 보냈는지 말하고 있다.

해설 남자가 여자에게 등기 우편 때문에 집배원이 로비에서 기다리고 있다고 이야기하고 있으므로 정답은 (c)이다. (a) 대화에 제시된 registered mail을 사용한 오답이고, (b) 여자의 서명이 필요하므로 남자가 우편을 대신 가져올 수 없다. (d) 남자는 누가 우편을 보냈는지 모른다.

어휘 mailman 집배원   sign 서명하다
in person 개인적으로; 직접   explain 설명하다
apparently 보아하니   registered mail 등기 우편
pick up (물건을) 챙기다, 가지고 오다

27 (c)

해석 부부가 휴가 계획을 세우는 것을 들으시오.

M 다음 주에 이틀 쉬게 되었어요.
W 어디 여행가는 게 어때요?
M 나도 그 생각했어요. 해변으로 가는 건 어떨까요?
W 바로 지난달에 갔었잖아요.

M 그럼 뭘 하고 싶어요?

W 한 며칠간 부모님 뵈러 가고 싶어요.

Q: 남자와 여자에 대해 옳은 것은 무엇인가?
  (a) 그들은 여자의 부모님 댁에 방문할 것이다.
  (b) 그들은 휴가 갈 시간이 없다.
  (c) 그들은 지난달에 해변으로 휴가를 갔다.
  (d) 그들은 휴가 때 어디로 갈지에 대해 같은 의견이다.

해설 해변으로 휴가를 가자는 남자의 제안에 여자가 지난달에 갔었다며 거절했으므로 정답은 (c)이다. (a) 부모님 댁에 방문하고 싶다는 여자의 말에 남자가 수락했는지 아닌지 알 수 없고, (b) 다음 주에 이틀 쉬게 되었다는 말로 대화가 시작된다. (d) 남자와 여자는 해변과 부모님 집으로 휴가에 대해 서로 다른 의견을 가지고 있다.

어휘 get [take] a day off 하루 휴가를 내다
a couple of 두어 개의   exactly 정확히
prefer to ~하는 것을 더 좋아하다
go on vacation 휴가를 가다

28 (d)

해설 안내원과 방문객 간의 대화를 들으시오.

M Martin 씨의 사무실을 찾고 있는데요. 그와 회의가 있습니다.

W 우선 복도를 따라서 엘리베이터로 가세요.

M 아, 바로 저기 보이네요.

W 10층까지 타고 올라가세요. 내리자마자 오른쪽으로 도시고요.

M 그러고 나서 어디로 가야 하나요?

W 왼쪽 세 번째 문입니다. 문에 이름이 있을 거예요.

Q: 대화로부터 추론할 수 있는 것은 무엇인가?
  (a) 남자는 Martin 씨가 어떻게 생겼는지 모른다.
  (b) 남자는 3층까지 엘리베이터를 타고 가서 오른쪽으로 돌 것이다.
  (c) Martin 씨의 사무실은 10층짜리 건물에 있다.
  (d) 10층에서 남자는 길 안내를 잊어버려도 Martin 씨의 사무실을 찾을 수 있을 것이다.

해설 여자가 마지막에 문에 이름이 있다고 했으므로 10층에 도착한다면 문을 보고도 Martin 씨의 사무실을 찾을 수 있을 것으로 추론할 수 있다. 따라서 정답은 (d)이다. (a) 대화로부터 추론할 수 없는 정보이고, (b) 남자는 10층까지 엘리베이터를 타고 갈 것이다. (c) Martin 씨의 사무실이 10층에 있다고 해서 총 10층짜리 건물이라고 추론하기는 어렵다.

어휘 look for ~을 찾다   get off (엘리베이터, 차 등에서) 내리다
ten-story 10층짜리의

29 (a)

해설 블루투스 스피커에 관한 대화를 들으시오.

W 얼마 전에 이 블루투스 스피커를 구입했는데, 문제가 있어요.

M 어떤 문제죠?

W 계속 페어링에 실패해요. 어쩌다 연결이 돼도, 지지직 소리나 잡음만 들리고요.

M 검색 가능 모드는 켜신 거죠?

W 그럼요. 전 전자기기에 대해 좀 알아요.

M 알겠습니다. 그러면 한번 보죠. 고치도록 해볼게요.

Q: 대화로부터 추론할 수 있는 것은 무엇인가?
  (a) 여자는 남자로부터 전자기기를 샀다.
  (b) 남자는 여자의 스피커를 고치는 방법을 모른다.
  (c) 여자는 전자기기에 친숙하지 않다.
  (d) 남자는 여자의 스피커에 문제가 있던 것을 알고 있었다.

해설 여자가 얼마 전 구입한 블루투스 스피커에 문제가 있다며 남자를 찾아왔으므로 남자로부터 샀다고 추론할 수 있다. 따라서 (a)가 정답이다. (b) 남자의 마지막 말이 I'll try to fix it.이므로 고치는 방법을 알 것이고, (c) 여자는 전자기기에 대해 좀 안다고 했으므로 이에 친숙할 것이다. (d) 과거시제임에 유의해야 한다. 남자가 스피커의 문제를 원래 알고 있었다고 추론하기는 어렵다.

어휘 pair (전자기기를) 페어링하다   static 잡음
discoverable 발견할 수 있는, 탐색 가능한
electronic device 전자기기   take a look at ~을 한번 보다
unfamiliar 낯선, 친숙하지 않은

30 (d)

해설 두 친구 간의 대화를 들으시오.

M 지난달에 살이 얼마나 많이 쪘는지 몰라. 부모님 댁에 2주간 머물렀거든.

W 아, 무슨 말인지 알겠어. 어머니께서 계속 먹을 것을 주신 거구나, 그렇지?

M 맞아. 이제 옷이 다 끼는 것 같아.

W 내가 다니는 헬스장 명함이야. 한번 와봐.

M 너는 주로 거기서 언제 운동해?

W 매일 아침 7시에 나를 찾을 수 있을 거야.

M 좋아. 나한테 살 빼는 방법 알려주길 기대할게.

Q: 대화로부터 추론할 수 있는 것은 무엇인가?
  (a) 남자와 여자는 같은 헬스장에 다닌다.
  (b) 여자는 체중을 줄일 필요가 있다.
  (c) 남자는 새 옷을 사야 한다.
  (d) 남자와 여자는 헬스장에서 같이 운동할 것이다.

해설 부모님 댁에 머무는 동안 체중이 늘어난 남자에게 여자는 자신이 다니는 헬스장에서 같이 운동할 것을 제안하였고, 이에 남자가 응하고 있으므로 (d)가 가장 적절하다. (a) 남자는 아직 헬스장에 다니고 있지 않고, (b) 여자의 체중에 대한 언급은 없었다. (c) 체중이 늘어 옷이 끼는 것 같다고 했지만 새 옷을 사야 할 정도인지는 알 수 없다.

어휘 put on weight 체중이 늘다   keep ~ing 계속해서 ~하다
tight (옷이) 꽉 끼는   gym 헬스장; 체육관
try out 시도하다, 시험 삼아 해보다   work out 운동하다
look forward to ~ing ~하기를 기대하다

31 (b)

해석 학생들은 종종 공부에만 너무 집중하면 안 된다는 이야기를 듣는다. 대신 다양한 방과후 활동에도 참여해야 할 필요가 있다. 스포츠, 음악, 동아리 활동이 이에 포함된다. 학교 선생님들은 한 개 이상의 방과후 활동을 하는 학생이 균형 잡힌 인격체로 성장할 수 있을 것이라고 본다. 다양한 활동에 참여하는 것은 대학에 호소력 있게 다가오기도 하는데, 이는 그들의 학생들이 그저 공부만 하는 학생들이 아닌, 많은 일들을 할 수 있는 학생들로 구성되기를 원하기 때문이다.

Q: 화자의 요지는 무엇인가?
(a) 학생들은 좋은 대학에 입학하기 위해 공부를 열심히 해야 한다.
(b) 학생들은 방과후 활동에 참여하도록 권장된다.
(c) 학생들이 주로 하는 방과후 활동의 종류는 매우 다양하다.
(d) 학생들은 자신이 왜 공부를 열심히 해야 하는지 알아야 한다.

해설 요지란 화자가 진정으로 하고 싶어 하는 말이므로, 균형 잡힌 인격체로 성장하기 위해 학생들은 다양한 방과후 활동을 해야 한다는 (b)가 정답이다. (a) 화자는 좋은 대학에 입학하려면 오히려 많은 방과후 활동에 참여해야 한다고 주장할 것이고, (c) 올바른 정보이지만 화자가 하고자 하는 말은 아니다. (d) 관련 없는 내용이다.

어휘 solely 오로지 participate in ~에 참여하다
extracurricular 정식 학과목 이외의
well-rounded 균형 잡힌; 전인적인; 다재다능한
appeal 관심을 끌다; 호소다
student body (집합적) 학생 전체
get accepted to (학교에) 입학하다
engage in ~에 관여하다, 참여하다

32 (c)

해석 세계화의 단점 중 하나는 비행기 여행 때문에 질병이 매우 빠른 속도로 확산될 수 있다는 것이다. 그러나 일부 질병은 대부분의 사람들이 비행기로 여행을 시작하기도 전에 전 세계로 퍼져 나갔다. 1918년에 발생했던 독감 대유행을 예로 들어 보자. 미국에서 시작된 소위 '스페인 독감'이 대서양을 건너 유럽에 상륙했다. 거기서 그 독감은 1919년 마침내 사라질 때까지 세계 전역에 퍼졌다. 독감이 사라질 때까지, 1억 명에 이르는 사람들이 사망한 것으로 보고 있다.

Q: 담화는 주로 무엇에 관한 것인가?
(a) 질병에 의한 사망자 수
(b) 세계화가 어떻게 부정적인 영향을 미치는가
(c) 스페인 독감의 영향
(d) 특정 질병이 전 세계로 퍼질 가능성

해설 담화가 세계화의 단점으로 시작되었지만 이는 스페인 독감에 대해 설명하기 위해 언급한 것으로 볼 수 있다. 스페인 독감의 시작, 진행 경로, 사망자 수에 관해 설명하고 있으므로 정답은 (c)이다. (a) 스페인 독감의 세부 정보이고, (b), (d) 스페인 독감에 대해 언급한 이후 일반적인 내용으로 이어질 수는 있지만

주어진 담화의 범위에서는 답이 되기 힘들다.

어휘 globalization 세계화 spread 퍼지다, 확산되다
thanks to ~덕분에
manage to ~하는 데 (가까스로) 성공하다
influenza 유행성 감기, 독감
pandemic 유행병 the Atlantic Ocean 대서양
by the time ~할 때까지 up to (특정 수, 정도) ~까지

33 (b)

해석 승객 여러분, 안녕하십니까. 이 비행기의 기장입니다. 저희 비행기는 곧 악천후를 만나 앞으로 10분에서 15분 가량 난기류를 통과할 것으로 예상됩니다. 제가 지금 '안전벨트 착용' 신호를 켜드릴 것입니다. 모든 승객 여러분은 즉시 자리로 돌아가셔서 안전벨트를 착용하시기 바랍니다. 이번 악천후를 지나는 대로 즉시 여러분들께 알려드리겠습니다. 그리고 나면 자유롭게 일어나셔서 다시 볼일을 보셔도 됩니다.

Q: 안내 방송에 따르면 옳은 것은 무엇인가?
(a) 비행기는 난기류를 만났지만 아무 문제 없이 통과했다.
(b) 기장은 승객들에게 안전벨트 착용을 요청하고 있다.
(c) 기장은 도착시간을 알려주기 위해 말하고 있다.
(d) 승객들은 지금 있는 위치에 머물러야 한다.

해설 비행기가 곧 난기류를 통과할 것이기 때문에 안전벨트를 착용하라는 내용이므로 정답은 (b)이다. (a) 난기류를 이미 통과한 것은 아니며, (c) 도착시간에 관해서는 언급하지 않았다. (d) 승객들은 지금 있는 위치에 머무르는 것이 아니라 각자의 자리로 돌아가야 한다.

어휘 attention 주의, 집중 be about to do 막 ~하려고 하다
run into (좋지 않은 기상 상태를) 만나다; ~와 충돌하다
turbulence 난기류 fasten a seatbelt 안전벨트를 착용하다
buckle up (벨트를) 채우다
get through 통과하다; 끝마치다 patch 조각; 작은 구획
encounter 맞닥뜨리다 put on (옷 등) 입다

34 (d)

해석 미국과 여러 나라에서 가장 많은 사랑을 받는 TV 프로그램은 연속극이다. 이러한 낮 시간대의 드라마들은 일반적으로 일주일에 다섯 번 방송되고 연속적인 줄거리를 보여주는데, 종종 등장인물의 험난한 인생에 관한 것이다. 일 년에 거의 200회분이 촬영되고 이러한 장르의 TV 프로그램은 배우, 작가, 제작자에게 가장 힘든 작업이다. 이에 관여하는 모든 사람들의 능력에 대한 증거라도 되듯이, 연속극은 탄탄한 팬층을 확보하고 있으며 몇몇 작품은 40년 넘게 계속 방영되어 오고 있다.

Q: 담화에 따르면 옳은 것은 무엇인가?
(a) 연속극 제작은 그리 어려운 일이 아니라고 할 수 있다.
(b) 연속극 시청자들은 등장인물들의 행복한 삶을 보는 데 흥미가 있다.
(c) 어떤 경우에는 일 년에 200편이 넘는 에피소드가 제작된다.
(d) 연속극은 남녀노소를 불문하고 모두에게 널리 사랑 받

는다.

해설 담화의 첫 문장에서 연속극이 가장 많은 사랑을 받는 TV 프로그램이라고 하였으며, 마지막 문장에서 탄탄한 팬층을 확보하고 있다는 말이 나오므로 모두에게 널리 사랑을 받는다는 (d)가 가장 적절하다. (a) 연속극은 배우, 작가, 제작자에게 가장 힘든 작업이고, (b) 그 내용은 주인공의 험난한 인생에 관한 것이다. (c) 일 년에 거의 200회분이 촬영된다는 내용이 나오지만, 200편이 넘는 경우를 언급하지는 않았다.

어휘 soap opera 연속극, 드라마   represent 보여주다, 묘사하다
serialize 연속물로 방송하다   turbulent 격동의, (인생이) 험한
shoot 촬영하다   demanding 요구하는 것이 많은; 힘든
testament 증거; 유언, 유서   involve in ~에 관여하다
fan base 팬층   regardless of ~과 상관없이

35 (a)

해석 금이나 은과 같은 일부 원소는 순수한 상태로 사랑 받는다. 그러나 최소 두 가지의 다른 원소가 합쳐진 금속인 합금도 마찬가지다. 그러한 합금 중 한 가지가 구리와 주석의 조합인 동이다. 구리와 아연으로 만들어진 황동 또한 다른 흔한 합금이다. 합금은 일반적으로 순수 물질보다 여러 가지 장점을 가지고 있다. 합금은 철보다 더 강할 수 있다. 이는 전기를 더 잘 통하게 할 수도 있고 심지어 더 유연할 수도 있다.

Q: 담화에 의하면, 황동은 무엇으로 만들어지는가?
(a) 구리와 아연
(b) 금과 주석
(c) 은과 구리
(d) 철강과 철

해설 Brass, which is made of copper and zinc,라는 부분을 들었다면 쉽게 풀 수 있는 문제다. 정답은 (a)이다.

어휘 element 요소, 물질   alloy 합금   metal 금속
combination 결합, 배합   bronze 청동   tin 주석
brass 황동   be made of ~로 만들어지다   zinc 아연
conduct 전도하다, 전기를 통하게 하다
flexible 유연한; 휘기 쉬운   steel 강철

36 (d)

해석 과거의 과학자들은 오늘날의 학계가 보유하고 있는 최신 장비를 사용할 수 없었습니다. 그것이 바로 과거의 일부 발견을 너무도 대단하게 만드는 것이죠. 레오나르도 다 빈치, 아이작 뉴턴 경, 니콜라스 코페르니쿠스와 같은 사람들이 최첨단 과학 연구소나 아니면 그저 컴퓨터만이라도 이용할 수 있었다면 어떤 것을 해낼 수 있었을지 상상해 보십시오. 그들의 이론, 발명, 발견이 모두 이런 기기의 혜택 없이 나온 것임을 고려해 본다면, 누구든 그들의 업적을 더 높이 평가하기 시작할 것입니다.

Q: 강의로부터 추론할 수 있는 것은 무엇인가?
(a) 현대의 발명은 그다지 대단하지 않다.
(b) 아이작 뉴턴 경은 최근까지 살아 있었다.
(c) 인간은 현대적인 연구소에서만 발명을 할 수 있다.

(d) 과거의 과학자들은 매우 똑똑했다.

해설 현대의 과학 장비 없이 이룩했던 과거 과학자들의 업적으로부터 그들이 얼마나 훌륭했는지 짐작해 볼 수 있으므로 정답은 (d)이다. (a) 현대 과학 발명을 폄하하려는 의도는 아니며, (b) 담화 내용만으로는 아이작 뉴턴 경의 생애를 알 수 없다. (c) 담화 내용과 상반된다.

어휘 have access to ~에 접근할 수 있다
advanced 선진의, 고급의   discovery 발견
laboratory 연구실   invention 발명   benefit 혜택
gain an appreciation for ~의 진정한 가치를 깨닫다
accomplishment 업적   intelligent 똑똑한

37-38 (b), (c)

해석 막 들어온 뉴스 속보 전해 드리겠습니다. 조금 전 잭슨빌 지역에서 토네이도가 관측되었습니다. 이 토네이도는 시속 32km의 속도로 북동쪽으로 향하는 듯 보입니다. 풍속은 시속 160km가 넘는 것으로 보고됩니다. 모든 주민 여러분들께서는 즉시 안전한 지역으로 이동하시길 바랍니다. 지하실이나 땅 밑이 가장 안전한 장소입니다. 무슨 일이 있어도 밖으로 나가시면 안 됩니다. 집의 전기가 나가면 인내심을 가지시고 전기회사에 전화 걸지 마시길 바랍니다. 전기회사는 이미 상황을 파악하고 있기 때문에 상황이 안정되자마자 바로 기술자를 보내줄 것입니다.

37 Q: 화자의 요지는 무엇인가?
(a) 모든 사람들은 다가오는 폭풍 전선을 피해야 한다.
(b) 주민들은 토네이도로부터 몸을 숨겨야 한다.
(c) 사람들은 전기 회사에 연락해야 한다.
(d) 토네이도는 곧 소멸될 것이다.

38 Q: 안내 방송에 따르면 옳은 것은 무엇인가?
(a) 폭풍은 북서쪽을 향해 이동하고 있다.
(b) 풍속은 시속 160km 이하이다.
(c) 사람들이 폭풍 시에 밖으로 나갈 리는 만무하다.
(d) 전기회사는 이미 전기를 복구시켰다.

해설 37 요지는 화자가 하고자 하는 말이므로 토네이도가 위험하니 안전한 곳으로 이동하라는 (b)가 정답이다. (a) 잭슨빌 지역 주민들에게 해당하는 내용이다. everyone, all, 최상급과 같은 단정적인 의미의 표현은 오답일 가능성이 크다. (c) 안내 방송과는 상반된 내용이다.

38 안내 방송에 따르면 토네이도는 시속 32km의 속도에 풍속 160km로 이동하고 있으므로 밖으로 나가는 사람은 없을 것이다. 따라서 정답은 (c)이다. (a) 폭풍은 북동쪽을 향해 이동하고 있으며, (b) 풍속은 시속 160km 이상이다. (d) 전기회사는 현재 상황을 파악하고 있을 뿐, 이미 전기를 복구시킨 것은 아니다.

어휘 breaking news 속보   sight 목격하다   urge 촉구하다
under no circumstance 어떠한 경우에도 ~해서는 안 된다
go out (불, 전기가) 꺼지다, 나가다   patient 참을성 있는
take cover from ~을 피해 몸을 숨기다, 피난하다
dissipate 소멸되다
There is no reason to ~할 리 없다, ~할 이유가 없다

restore 복구하다

39-40 (d), (b)

해석 천연두, 소아마비, 볼거리, 홍역과 같은 바이러스는 인간에게 죽음에까지 이르게 하는 말로 다 할 수 없을 정도의 고통을 남겼습니다. 다행히도 과학자들이 이들 바이러스와 여타 바이러스를 막을 수 있는 백신을 개발해 냈습니다. 백신은 사람들에게 질병에 대한 면역력을 줍니다. 바이러스에 대해 알려진 치료법이 아직 없기 때문에, 백신은 매우 중요한 역할을 합니다. 방치하게 되면, 천연두와 같은 특정 바이러스는 사람들 사이에서 활개치고, 많은 사람들을 죽게 하거나 영구적으로 피해를 입힐 수 있습니다. 여러 바이러스에 대한 백신이 아직 개발되지 못한 상황이지만, 많은 과학자들이 힘을 기울이고 있기 때문에 백신 개발은 시간 문제입니다.

39 Q: 바이러스에 대해 옳은 것은 무엇인가?
　(a) 바이러스는 좀처럼 사람들을 죽게 하지 않는다.
　(b) 대부분의 바이러스는 현재 치료할 수 있는 백신을 가지고 있다.
　(c) 바이러스는 최근 들어 더 위험해져 가고 있다.
　(d) 바이러스는 사람들 사이에서 빠르게 퍼질 수 있다.

40 Q: 백신이 중요한 이유는 무엇인가?
　(a) 바이러스에 있어 효과적인 치료제이다.
　(b) 바이러스의 확산을 막을 수 있다.
　(c) 아이들의 주요 사망 원인 중 하나이다.
　(d) 과학 기술을 더욱 발달하도록 만든다.

해설 39 담화의 중간 부분에서 바이러스를 방치하면 그것이 사람들 사이에서 활개쳐 많은 이들을 죽음에까지 이르게 한다는 내용이 있으므로 (d)가 정답이다. (a) 바이러스는 많은 사람을 죽게 할 수 있고, (b) 대부분의 바이러스는 치료가 아닌 예방이 가능한 백신이 있을 뿐이다. (c) 바이러스의 최근 추세는 언급되지 않았다.

40 바이러스는 아직 치료법이 없으므로 그것의 확산을 막을 수 있는 백신이 매우 중요하게 된다. 따라서 정답은 (b)이다. (a) 백신은 바이러스의 예방제이지 치료제가 아니다. (c), (d) 언급되지 않은 내용이다.

어휘 smallpox 천연두　polio 소아마비　mumps 볼거리
measles 홍역　untold 말로 다 할 수 없는
come up with (해결책을) 떠올리다, 찾아내다
immunity 면역력　run wild 제멋대로 자라다, 활개치다
permanently 영구적으로　a matter of time 시간 문제
work on ~에 공을 들이다, 애쓰다

1	(d)	2	(a)	3	(b)	4	(a)	5	(c)
6	(c)	7	(d)	8	(c)	9	(b)	10	(d)
11	(a)	12	(c)	13	(b)	14	(d)	15	(d)
16	(a)	17	(d)	18	(b)	19	(d)	20	(a)
21	(d)	22	(a)	23	(b)	24	(a)	25	(d)
26	(a)	27	(b)	28	(a)	29	(d)	30	(b)
31	(b)	32	(a)	33	(d)	34	(c)	35	(b)
36	(a)	37	(c)	38	(a)	39	(d)	40	(c)

1 (d)

해석 W 언제 우리를 소개해 주시면 감사하겠어요.

　(a) 죄송합니다만 저희는 소개받지 못했습니다.
　(b) 저는 사람을 처음 만나면 어색해요.
　(c) 좋아요. 다음에 꼭 뵙길 바랄게요.
　(d) 저기로 가서 지금 바로 인사합시다.

해설 언제 한번 소개시켜 달라는 여자의 부탁에 가장 적절한 응답은 바로 소개시켜 주겠다는 (d)이다. (a) 소개받지 못한 사람은 여자이고, (b) 누군가를 처음 만날 때 자신의 태도에 대한 내용은 어색하다.

어휘 it would be great if ~하면 좋겠다
introduce 소개시켜 주다　awkward 어색한
look forward to ~ing ~하기를 기대하다

2 (a)

해석 W 회의에서 무슨 일이 있었는지 정확히 말해 주세요.

　(a) 그냥 평소대로였어요.
　(b) 회의는 10시에 끝났어요.
　(c) 그건 회의실에 있어요.
　(d) 저는 거기 참석할 예정입니다.

해설 의문사 what으로 어떤 것이 진행되었는지 묻고 있는 상황으로, 특별한 내용 없이 평소대로였다는 (a)가 가장 적절하다. (b) 의문사 when과 어울리는 대답이고, (c) 의문사 where에 적절한 답변이다. (d) 과거의 회의에 대해 묻고 있으므로 미래시제는 자연스럽지 않다.

어휘 business as usual 정상 영업 중; 평소대로, 특별한 일 없이
conference room 회의실　attend 참석하다

3 (b)

해석 W 상황이 어떻게 진행되고 있는지에 대한 보고서 좀 부탁합니다.

　(a) 그는 곧 새로운 부서로 이동합니다.
　(b) 즉시 준비해 드리겠습니다.
　(c) 물론이죠. 당신과 함께 거기로 갈게요.
　(d) 그녀는 경제 동향에 대한 보고서를 제출했습니다.

해설 현 상황에 대한 보고서를 요구하고 있으므로 곧 보고서를 준비하겠다고 말한 (b)가 정답이다. (c) 대화에 제시된 come along을 '따라가다, 함께 가다' 등으로 잘못 해석했을 때 고를 만한 선택지이고, (d) 보고서를 제출했다는 과거시제는 적절하지 않다.

어휘 report 보고서　come along (일이) 되어가다; 따라가다
department 부서　submit 제출하다
economic trend 경제 동향

4 (a)

해석 M Mary가 무엇을 계획하는지 알려주면 좋겠어.

　　(a) 앉아봐. 내가 이야기해 줄게.
　　(b) 미안하지만 우리 계획은 이미 정해져 있어.
　　(c) 서류 캐비닛 맨 위에 있어.
　　(d) Mary는 지금 자기 사무실에서 일하고 있어.

해설 Mary의 계획에 대해 알려달라고 했으므로 말해 줄 테니 앉아보라고 대답하는 (a)가 가장 적절하다. (b) 계획이 무엇인지 묻고 있으므로 계획이 정해져 있다는 대답은 자연스럽지 않고, (d) Mary가 있는 장소와는 관련 없는 내용이다.

어휘 fill ~ in on ~에게 …에 관해 알려주다　Have a seat. 앉아봐.
filing cabinet 서류 캐비닛

5 (c)

해석 M 상황이 바뀌면 말씀해 주시길 바랍니다.

　　(a) 해야 할 일이 없습니다.
　　(b) 제가 전부 다 바꾸었습니다.
　　(c) 그렇게 적어 놓겠습니다.
　　(d) 상황이 어떻습니까?

해설 남자는 상황에 대해 업데이트된 정보를 원하고 있으므로 이 부탁을 메모해 놓고 염두에 두겠다고 답하는 (c)가 정답이다. (b), (d) 대화에 제시되었던 change와 situation을 사용한 오답이다.

어휘 inform 알려주다　make changes 변경하다
make a note of ~을 써 놓다

6 (c)

해석 M 제가 요청을 오해하신 게 분명하군요.

　　(a) 당신은 지시사항을 전혀 이해하지 못했어요.
　　(b) 제가 반복해서 말하기 싫어하는 거 아시잖아요.
　　(c) 아닙니다. 제게 말씀하신 대로 정확히 이행했습니다.
　　(d) 네. 그게 제가 당신이 해주길 바라는 것입니다.

해설 남자가 자신이 요구한 바를 잘못 이해했다고 지적했으므로 이에 정확히 이행했다고 반박하는 (c)가 가장 적절하다. (a), (b), (d) 지시를 하는 입장인 남자가 할 법한 말이다.

어휘 misunderstand 오해하다　request 요청

instruction 설명; 지시사항　repeat 반복하다
work on ~에 착수하다

7 (d)

해석 M 다음에 무엇을 해야 하는지 완전히 잊어버렸어.

　　(a) 마지막으로, 이 문제에 대해서 Eric에게 이야기해 봐.
　　(b) 그가 나에게 뭐라고 말했는지 기억이 안 나.
　　(c) 컴퓨터 메모리가 삭제되었어.
　　(d) 사용 설명서를 참고해 봐.

해설 남자가 다음에 무엇을 해야 하는지 기억하지 못하고 있으므로 사용 설명서를 참고해 보라고 권하고 있는 (d)가 정답이다. (a) 일의 순서를 나열하는 것이 아니므로 last of all이라는 표현은 어울리지 않고, (b) 대화에 he로 언급될 만한 사람이 등장하지 않았다.

어휘 completely 완전히　be supposed to ~하기로 되어 있다
last of all 마지막으로　erase 삭제하다
refer to ~을 참고하다　instruction manual 사용 설명서

8 (c)

해석 W 이 상자를 여기에 두면 안 되는데.

　　(a) 새 상품은 항상 상자에 담겨서 옵니다.
　　(b) 죄송합니다만, 그분은 저에게 말도 하지 않고 가버렸습니다.
　　(c) 제가 옮길까요?
　　(d) 아니요. 대신 오른쪽으로 도세요.

해설 상자가 원치 않는 장소에 놓여 있는 것에 대해 여자가 불평을 하고 있으므로 자신이 옮기겠다고 제안하는 (c)가 가장 적절하다. (a) 대화에 제시되었던 box를 사용한 오답이다.

어휘 should have p.p. ~했어야 했다　leave 두다, 남기다
purchase 구입, 구입한 것

9 (b)

해석 M 택배 기사님이 오시면 바로 알려주시기 바랍니다.

　　(a) 당신 택배 여기 있습니다.
　　(b) 금방 온다고 하시던데요.
　　(c) 부칠 봉투는 제가 가지고 있습니다.
　　(d) 그분 어디로 가시는 거죠?

해설 배달원이 도착하면 알려달라고 요청하고 있으므로 금방 오겠다던 말을 전하는 (b)가 가장 적절하다.

어휘 inform 알려주다　as soon as ~하자마자
deliveryman 배달원　package 소포
envelop 편지 봉투

10 (d)

해석 M 그 접근법 아직 시도된 적 없잖아, 그렇지?

(a) 내가 너라면 더 이상 가까이 가지 않겠어.
(b) 기회는 이제 한 번뿐이야.
(c) 그게 알아볼 수 있는 최고의 방법인 것 같아.
(d) 내가 알기로는 없어.

해설 남자가 한 질문의 요점은 접근법이 시도되었는지 아닌지 이므로 이에 대해 가장 직접적으로 답하는 (d)가 정답이다. (a), (b) 내용상 전혀 관련이 없고, (c) 남자가 한 질문의 초점을 파악하지 못한 대답이다.

어휘 approach 접근법   attempt 시도하다
as far as ~하는 한

11 (a)
해석 M 이것 좀 들어주실 수 있나요?
W 물론이죠. 어디 가시는데요?
M 뭐 좀 가지러 사무실에 가봐야 할 거 같아요.

(a) 그러면 여기서 기다릴게요.
(b) 사실 제 사무실이 더 가까워요.
(c) 그건 10층에 있어요.
(d) 곧 문을 닫을 것 같은데요.

해설 남자가 짐을 맡기고 사무실에 잠시 갔다 오려는 상황이므로 돌아올 때까지 기다리겠다고 대답하는 (a)가 정답이다. (b), (c) 위치에 대한 내용이 아니므로 부적절하고, (d) 남자 자신의 사무실에 가는 것이므로 문을 닫아도 상관이 없다.

어휘 mind 꺼리다   locate 위치시키다

12 (c)
해석 W 오늘 저녁에 지하철 탈 거야?
M 아니. 그 대신 버스를 타야 할 것 같아.
W 그러면 일 끝나고 버스 정류장에서 만나자.

(a) 여기 내 티켓 있어.
(b) 저기에 있구나.
(c) 그럼 그때 보자.
(d) 지금 바로 가자.

해설 여자가 퇴근 후 버스정류장에서 만나자고 제안하고 있으므로, 이에 긍정의 답변을 하는 (c)가 가장 적절하다. (b) it이 무엇을 지칭하는지 알 수 없고, (d) 일과 후에 만나자고 했으므로 지금 가자는 말은 자연스럽지 못하다.

어휘 take (교통수단을) 타다   bus stop 버스 정류장

13 (b)
해석 M 쇼핑몰로 가는 길을 알려주시겠습니까?
W 사실 제가 얼마 전에 이사를 와서요.
M 그러시군요. 어쨌든 감사합니다.

(a) 거기서 즐거운 쇼핑하세요.
(b) 죄송합니다. 도움이 못 되네요.
(c) 어디에 사시죠?

(d) 저는 이 동네가 좋습니다.

해설 쇼핑몰의 위치를 물어보는 남자에게 여자는 자신도 이사온 지 얼마 되지 않아 모른다고 답한다. 남자가 그럼에도 고맙다고 했으므로 도움이 못 되어서 미안하다고 답하는 (b)가 가장 적절하다. (a) 답이 될 가능성이 없는 것은 아니지만 (b)가 길을 묻고 답한 것과 더욱 관련 있는 답을 제시한다.

어휘 neighborhood 동네

14 (d)
해석 M Bill 생일선물로 뭐 샀어?
W 어머나! 나 완전히 까먹었어.
M 오늘 밤 생일파티 전에 뭐라도 사는 게 좋을 것 같아.

(a) 생일파티는 일이 끝난 직후 바로 시작될 거야.
(b) Bill의 집에서 생일파티가 있을 거 같아.
(c) 그가 좋아할 거 같은 시계를 준비했어.
(d) 점심시간에 선물을 사야겠다.

해설 Bill의 생일에 남자는 선물을 준비한 반면 여자는 아직 구입하지 못했다. 따라서 점심시간에 선물을 사오겠다는 (d)가 정답이다. (a), (b) 파티의 시간과 장소를 이야기하고 있으므로 남자의 말과 이어지지 않고, (c) 여자는 Bill의 선물을 깜빡했으므로 적절하지 않은 내용이다.

어휘 completely 완전히, 전적으로   had better ~하는 것이 낫다

15 (d)
해석 M 이 건물에 자판기가 있습니까?
W 2층으로 올라가세요. 화장실 옆에 있습니다.
M 감사합니다. 고마워요.

(a) 저는 탄산음료 먹겠습니다.
(b) 여기 동전 있습니다.
(c) 저도 그곳으로 가는 중입니다.
(d) 천만에요.

해설 감사 인사에 가장 적절한 답변은 (d)이다. (a), (b) vending machine과 관련된 표현을 사용한 오답이다.

어휘 vending machine 자판기   appreciate 고마워하다
soda 탄산음료   Don't mention it. 천만에요.

16 (a)
해석 W 제가 좀 전에 스마트폰을 여기 맡겼는데요.
M 네. 손님 기억납니다.
W 수리는 마무리되었나요?

(a) 10분만 더 기다려 주세요.
(b) 지금 음악을 듣고 있습니다.
(c) 그것을 떨어뜨리지 말았어야 했는데요.
(d) 수리 비용은 10달러입니다.

해설 여자가 스마트폰을 맡기고 다시 찾으러 와 수리가 마무리되

었냐고 묻고 있으므로 십 분만 더 기다려 달라는 (a)가 정답이다. (c) 대화에 제시된 drop을 사용한 오답이고, (d) 수리 비용은 수리가 끝난 뒤 할 수 있는 말이다.

어휘 drop off 맡기다; 깜빡 졸다; 줄어들다 repair 수리하다
cost (비용이) ~이다

17 (d)

해석 M 이 주유소에서 잠시 차를 세워야겠어.
W 무슨 일인데? 화장실 가야 해?
M 연료계 못 봤어?

(a) 주유소로 가자.
(b) 나도 화장실을 가야겠어.
(c) 기름이 새고 있어.
(d) 자동차에 기름을 넣어야겠구나.

해설 남자가 연료계에 대해 언급하고 있으므로 기름이 떨어져서 주유소에 차를 세우려는 것임을 알 수 있다. 따라서 연료계를 확인한 여자가 할 말로는 (d)가 가장 적절하다. (a) 이미 주유소로 가고 있는 상황이므로 적절하지 않다.

어휘 pull into ~에 도착하다. (차를) ~에 세우다
gas station 주유소 for a minute 잠시
gas gauge 연료계 leak (물, 기름이) 새다
fill up the car 차에 기름을 채우다

18 (b)

해석 W 이렇게 두 권 사겠습니다.
M 다른 필요한 것 없으세요?
W 네. 그게 다입니다. 아, 신용카드 받으시나요?

(a) 네. 있습니다.
(b) 네. 받습니다.
(c) 아니요. 우리는 아닙니다.
(d) 아니요. 그는 받지 않습니다.

해설 신용카드를 받는지 물어 봤으므로 (b)가 가장 적절하다. 여기서 do는 take credit cards를 받는다.

어휘 purchase 구입하다 That's it. 그게 전부이다.
credit card 신용카드

19 (d)

해석 M 이 부서의 책임자와 이야기하고 싶습니다.
W 오늘 사무실에 안 계십니다.
M 그러면 그분 성함과 전화번호 좀 가르쳐 주시겠습니까?

(a) 제 이름은 Jennifer Houston입니다.
(b) 그의 사무실은 모퉁이만 돌면 있습니다.
(c) 아닙니다. 오늘 영업은 끝났습니다.
(d) 여기 Burns 씨 연락처 드리겠습니다.

해설 세 번째 문장에서 이름과 전화번호를 요구했으므로 이를 언급하는 (d)가 가장 적절하다. (a) 여자의 이름을 요구하지는

않았고, (b) 여자와 사무실 책임자는 같은 사무실에서 일하는 것으로 추측할 수 있다.

어휘 in charge of ~을 책임지는, 담당하는
closed for the day 휴업한, 문을 닫은
contact information 연락처

20 (a)

해석 W 신차 구입을 생각 중입니다.
M 대신 임차해 보세요.
W 왜 그렇게 생각하시죠?

(a) 돈을 절약할 수 있으니까요.
(b) 최소한 그렇게 하셔야죠.
(c) 새로 산 제 차가 아주 마음에 듭니다.
(d) 별로 믿을만하지 않은데요.

해설 남자의 임차 제안에 여자가 그 이유를 물었으므로 돈을 절약할 수 있다고 답하는 (a)가 정답이다. (c), (d) 대화에 제시되었던 car와 believe를 사용한 오답이다.

어휘 consider 고려하다 purchase 구입하다
ought to ~해야 한다 lease 임대하다. 임차하다

21 (d)

해석 여자의 문제에 관한 대화를 들으시오.

M 너 요즘 통 힘이 없어 보인다.
W 잠을 많이 못 잤어.
M 아픈 거야?
W 뭐가 문제인지 모르겠어. 아마 스트레스 때문인 것 같아.
M 병원에 가봐야 겠다.
W 가봤는데, 별로 도움이 안 됐어.

Q: 대화는 주로 무엇에 관한 것인가?
(a) 몇 가지 잠 드는 방법
(b) 여자의 몸 상태가 호전될 방법
(c) 여자의 삶에서 겪는 스트레스의 양
(d) 여자의 신체 상태

해설 남자가 안색이 좋지 않은 여자의 건강상태를 걱정하고 있으므로 정답은 (d)이다. (a) 여자가 잠을 많이 못 잤다고는 했지만 남자가 그에 대한 방법을 제시하지는 않았고, (b) 몸 상태에 대해서도 병원에 가보라는 말밖에 하지 않았으므로 정답으로 보기 어렵다. (c) 여자가 스트레스를 받고는 있지만 그 양이 어느 정도인지는 알 수 없다.

어휘 see a doctor 병원에 가다 do good ~에게 도움이 되다
physical condition 건강 상태

22 (a)

해석 연인 간의 대화를 들으시오.

W 내가 대신 운전할까?
M 일단은 뭘 좀 먹어야겠어.
W 알았어. 조금만 있으면 휴게소가 나와.

M 응. 나도 알아. 난 면 종류가 먹고 싶네.

W 그래? 나는 밥이랑 국 먹고 싶은데.

M 음, 아마 거기 푸드 코트가 있을 거야. 그러니 각자 먹고 싶은 걸 먹자.

Q: 남자와 여자는 주로 무엇에 대해 이야기를 하고 있는가?

(a) 무엇을 먹을지

(b) 무엇을 할지

(c) 남자가 얼마나 피곤한지

(d) 누가 다음에 운전을 할지

해설 운전하며 가는 길에 휴게소에서 무엇을 먹을지 이야기하고 있으므로 (a)가 정답이다. (b) 전혀 불가능한 대답은 아니지만 (a)가 좀 더 구체적이다. (d) 여자가 대신 운전하겠다는 내용은 대화 처음에만 등장한다.

어휘 would rather (차라리) ~하겠다 rest stop 휴게소 be in the mood for ~을 하고 싶다; ~을 먹고 싶다

23 (b)

해석 두 친구 간의 대화를 들으시오.

W 어젯밤 경기에서 너를 못 본 것 같은데.

M 가려고 했는데 못 갔어.

W 왜 못 오게 된 거야?

M 직장 상사가 늦게까지 남아 프로젝트를 끝내라고 했어.

W 그거 참 안됐다.

M 그러니까. 11시 넘어서 집에 도착했어.

Q: 대화의 주제는 무엇인가?

(a) 남자가 야근한 일의 종류

(b) 남자가 왜 경기에 가지 못했는지

(c) 남자 직장의 근무 환경

(d) 남자가 작업 중인 프로젝트

해설 왜 경기에 참석하지 못했냐는 여자의 물음에 남자가 구체적으로 대답하고 있으므로 정답은 (b)이다. (a), (c), (d) 대화로부터 어렴풋이 추론해 볼 수 있는 내용이지만 주제가 될 수는 없다.

어휘 make it 제 시간에 도착하다 keep ~ from ...ing ~가 ...하지 못하게 하다, 방해하다 attend 참석하다 force ~ to ~가 ...하도록 강요하다 overtime 초과근무, 야근 workplace 일터, 직장

24 (a)

해석 두 친구가 컴퓨터를 사는 것에 대해 이야기하는 것을 들으시오.

M 그 컴퓨터 안 살 거니?

W 사고는 싶은데 지갑을 가져오는 걸 깜빡했어.

M 그래서 지금 현금이 없는 거야?

W 컴퓨터 살 만큼은 없어. 신용카드로 사려고 했거든.

M 나중에 언제든 다시 올 수 있잖아.

W 그래. 내일 이 매장에 다시 오자.

Q: 여자가 컴퓨터를 살 수 없는 이유는 무엇인가?

(a) 신용카드를 깜박했다.

(b) 여자에게 너무 비싸다.

(c) 매장에 더 이상 재고가 없다.

(d) 현금을 쓰기 싫어한다.

해설 charge는 카드를 사용해서 비용을 지불한다는 뜻이므로 (a)가 정답이다. 대화의 charge를 (a)에서 credit card로 패러프레이징한 셈이다. (b) 컴퓨터가 너무 비싸다거나, (c) 매장에 재고가 없다든지, (d) 현금을 쓰기 싫은 것은 아니다.

어휘 purse 지갑 charge (카드로) 비용을 지불하다 credit card 신용 카드 in stock 재고로

25 (d)

해석 두 친구 간의 대화를 들으시오.

M 아직도 나한테 화가 나 있니?

W 조금. 너 모두가 있는 데서 날 비난하지 말았어야 했어.

M 정말 미안해. 나도 내가 왜 그런 말을 했는지 모르겠어.

W 괜찮아. 하지만 앞으로는 말하기 전에 생각 좀 해.

M 네 말이 맞아. 다시는 안 그럴게.

W 다행이네.

Q: 남자가 여자에게 사과하고 있는 이유는 무엇인가?

(a) 여자와 싸웠다.

(b) 여자를 욕했다.

(c) 여자의 동료들에게 그녀가 좋은 직원이 아니라고 말했다.

(d) 여자에 관해 안 좋은 말을 했다.

해설 남자가 사람들 앞에서 여자를 비난해서 여자가 화가 나 있는 상태이므로 (d)가 정답이다. 대화의 criticized가 (d)의 said some bad things로 패러프레이징된 셈이다. (b) called her some names는 '욕하다'라는 뜻으로 강도가 좀 더 센 표현이다.

어휘 should have p.p. ~했어야 했다 criticize 비난하다 apologize 사과하다 get in a fight with ~와 싸우다 call ~ names ~를 욕하다 colleague 동료

26 (a)

해석 여자의 아들에 관한 대화를 들으시오.

W 흥미로운 시상식이었어요.

M 그러게요. 당신 아들 참 잘했어요. 상을 여러 개 받던데요.

W 네. 아들이 정말 자랑스러워요.

M 공부하는 걸 정말 좋아하나 봐요.

W 그렇긴 한데 제가 운동도 시키려고 해요.

M 정말 다재다능한 아이인 것 같군요.

Q: 여자의 아들에 대해 옳은 것은 무엇인가?

(a) 그는 시상식에 참석했다.

(b) 그는 상을 타는 데 실패했다.

(c) 그는 매일 공부하는 것에 지쳤다.

(d) 그는 친구들과 어울리는 것을 좋아한다.

해설 남자가 여자의 아들이 상을 여러 개 받는 것을 보았으므로 그

가 시상식에 참석했다는 (a)가 정답이다. (b), (c) 대화와 반대
되는 내용이며, (d) 대화로부터 알 수 없는 내용이다.

어휘 **awards ceremony** 시상식
be proud of ～을 자랑스러워 하다
make sure 확실히 ～하다　　**as well** 또한
well-rounded 다재다능한
get tired of ~ing ～하는 것에 지치다, ～하는 것을 지겨워 하다
hang out with ～와 어울리다

27 (b)

해석 사무실에서의 대화를 들으시오.

W 오늘 밤에 뭐 할 거야?
M 일 마치고 사람들이랑 외출하려고.
W 정말? 어디 갈 건데?
M 다같이 밥 먹으러 갈 거야.
W 좋겠다. 나도 따라가도 될까?
M 괜찮을 거 같아. 6시에 로비에서 보자.

Q: 대화에 따르면 남자와 여자에 대해 옳은 것은 무엇인가?
　(a) 그들은 각자의 집에서 저녁을 먹을 것이다.
　(b) 그들은 퇴근 후 계획에 대해 이야기하고 있다.
　(c) 그들은 저녁을 거르고 야근을 할 것이다.
　(d) 그들은 몇 명의 사람들과 함께 파티에 갈 것이다.

해설 첫 번째 문장에서부터 오늘 밤 계획을 물어보고 있고, 그 다
음부터 그에 대한 세부 내용이 나오고 있으므로 정답은 (b)이
다. (a) 남자와 여자는 함께 밥을 먹으러 갈 것이고, (c) 함께
저녁을 먹기 위해 6시에 로비에서 보자고 했다. (d) 몇 명의
사람들과 같이 밥을 먹는 것뿐이다.

어휘 **tag along** 따라가다　　**respective** 각자의, 각각의
work overtime 야근하다　　**a number of** 몇 명의, 다수의

28 (a)

해석 회의 중의 대화를 들으시오.

W 거래를 하고 싶습니다. 그런데 가격을 낮추어 주셨으면 합
　니다.
M 그렇게는 안 됩니다.
W 왜 안 되죠?
M 가격을 더 낮추면 저희 회사는 수익을 낼 수 없게 됩니다.
W 그러면 일 년 동안 저희에게 무료 서비스를 제공해 주시는
　건 어떠신가요?
M 좋습니다. 그렇게 해드릴 수 있습니다.

Q: 대화에 따르면 옳은 것은 무엇인가?
　(a) 남자와 여자는 계약을 협상하고 있다.
　(b) 남자와 여자는 가격 변동에 대해 이야기하고 있다.
　(c) 남자는 여자에게 지속적인 서비스를 제공하는 데 동의
　　하고 있다.
　(d) 여자는 가격을 낮춰서 계약을 체결하고 있다.

해설 낮은 가격 대신 무상 서비스를 제공해 주겠다며 계약에 관해
협상하고 있으므로 (a)가 정답이다. (b) 언급되지 않은 내용이

며, (c) 일 년 동안 무료 서비스를 제공하는 것으로 합의했다.
(d) 여자는 가격을 낮추지 못했다.

어휘 **make a deal** 거래하다
come down (가격, 비율 등을) 낮추다, 내리다
make a profit 수익을 내다
It's a deal. (거래 상황에서) 좋습니다., 그렇게 합시다.
negotiate 협상하다　　**price fluctuation** 가격 변동
continuous 지속적인
sign an agreement 계약을 체결하다, 계약서에 서명하다

29 (d)

해석 두 친구 간의 대화를 들으시오.

M 나한테 돈 좀 빌려줄 수 있니?
W 잘 모르겠는데. 돈이 왜 필요한데?
M 새로 나온 저 CD 사고 싶어서. 아, 그리고 집에 가는 버스
　탈 돈도 조금 필요해.
W 집에 갈 차비도 없으면서 CD를 사고 싶다고? 말도 안 돼.
M 그래. 무슨 말인지 알겠어.
W 너 돈 관리를 좀 더 잘해야겠다.

Q: 남자에 대해 추론할 수 있는 것은 무엇인가?
　(a) 클래식 음악을 즐겨 듣는다.
　(b) 개인 소유의 차가 없다.
　(c) 항상 대중교통을 이용한다.
　(d) 안 좋은 소비 습관을 가지고 있다.

해설 버스 탈 돈도 없으면서 CD를 사려는 남자는 소비 습관이 좋
지 않다고 추론할 수 있으므로 정답은 (d)이다. (a) 새 CD를
사려 한다는 내용은 있지만 음악의 장르는 언급되지 않았
다. (b) 버스를 타고 집에 간다고 해서 개인 소유의 차가 없
다거나, (c) 항상 대중교통을 이용한다고 추론할 수는 없다.
always와 같이 단정적인 의미의 표현은 오답일 가능성이 크
다.

어휘 **lend** (돈을) 빌려주다
afford ～할 (경제적) 여유가 있다 ; ～을 살 여유가 있다
(public) transportation 대중교통
ridiculous 우스운, 어리석은　　**budget** 예산을 세우다
rely on ～에 의지하다, 의존하다　　**spending habits** 소비 습관

30 (b)

해석 남자의 문제에 관한 대화를 들으시오.

W 뭐가 문제인지 나한테 말해 줘.
M 별거 아니야. 넌 걱정하지 않아도 돼.
W 말해봐. 너한테 문제가 있으면 난 알 수 있단 말이야.
M 알겠어. 그런데 내가 말했다는 거 다른 사람은 모르게 해
　줘.
W 물론이지. 반드시 비밀 지킬게.
M 고마워. 지금 아버지 건강이 너무 걱정돼.

Q: 대화로부터 추론할 수 있는 것은 무엇인가?
　(a) 남자는 가족과 돈독한 관계를 유지하고 있다.
　(b) 남자는 비밀에 있어서 여자를 신뢰하고 있다.

(c) 여자는 남자를 잘 모른다.
(d) 여자와 남자는 사귀는 사이이다.

해설 여자에게 자기의 비밀을 털어 놓은 것으로 보아 남자는 여자를 신뢰하고 있으므로 (b)가 가장 적절하다. (a), (d) 대화로부터 추론할 수 없는 내용이고, (c) 두 사람은 비밀을 이야기할 정도로 가까운 사이이다.

어휘 bother 신경 쓰이게 하다, 괴롭히다

31 (b)

해석 많은 사람들은 전자책이 종이책을 몇십 년 내에 쓸모 없게 만들 것이라고 주장한다. 전자책은 멋지면서도 많은 편의점을 제공하지만, 절대로 종이책을 전적으로 대체할 수 없다. 우선, 실제 책을 집어 들어 읽는 것과 같은 느낌이 전혀 없다. 또한 전자책의 페이지에는 책에서와 같이 메모를 남길 수 없다. 그리고 마지막으로, 사람들은 여전히 전통에 매여 있다. 우리는 수천 년간 종이책을 읽어 왔고, 이를 그만 둘 생각이 없다.

Q: 화자의 요지는 무엇인가?
(a) 전자책은 세상에서 가장 흥미로운 기술이다.
(b) 종이책은 전자책에 의해 완전히 대체되지 못할 것이다.
(c) 전자책은 종이책이 가지고 있지 않은 많은 편리함을 제공한다.
(d) 종이책은 적어도 천 년 이상 지속될 것이다.

해설 요지를 찾는 문제에서는 however, but 등의 역접 연결어 이후 내용을 잘 봐야 한다. 두 번째 문장의 but 이후 전자책이 종이책을 전적으로 대체할 수 없다는 내용이 나오므로 화자의 요지로는 (b)가 가장 적절하다. (c) 올바른 정보이지만 화자가 하고자 하는 말은 아니다.

어휘 E-book e북, 전자책   obsolete 쓸모 없는; 구식의
decade 10년   convenience 편리함   entirely 전적으로
replace 대체하다   pick up 집어 들다   bind 묶다
not be about to ~할 생각이 없다

32 (c)

해석 많은 사람들은 단순히 많은 형형색색의 물고기 때문에 산호초가 스노클링이나 스쿠버 다이빙을 하기에 좋은 장소라고만 생각한다. 하지만 산호초는 세계의 바다에 있어 필수적이다. 산호초는 바다 생물에게 풍부한 먹을 거리를 제공하기 때문에 수많은 종류의 어류와 다른 해양생물에게 보금자리 역할을 한다. 이러한 이유로, 산호초는 해양생물의 다양성을 도모하는 데 일조한다. 게다가 산호초는 많은 어류, 특히 아직 다 자라지 않은 어류를 상어와 같은 포식자로부터 보호해 주는데, 그들이 산호초에서는 대개 쉽게 이동할 수 없기 때문이다.

Q: 담화의 주제는 무엇인가?
(a) 산호초에 사는 해양생물의 종류
(b) 산호초에서 스쿠버 다이빙하는 방법
(c) 산호초의 중요성
(d) 산호초가 어떻게 포식자로부터 보호 공간을 제공하는가

해설 두 번째 문장에서 바다에는 산호초가 필수적이라고 한 뒤, 해

양 생물의 다양성 도모, 먹을 거리 공급, 어류 보호의 역할 등을 설명하고 있으므로 (c)가 정답이다. (a) 해양생물의 종류는 언급되지 않았고, (d) 산호초가 포식자로부터 보호 공간을 제공한다는 내용이 나오기는 하지만 지엽적인 정보에 불과하다.

어휘 coral reef 산호초   myriad 다양한, 무수한
integral 필수적인, 중요한   serve as ~의 역할을 하다
marine 해양의   abundant 풍부한
immature 성숙하지 않은   predator 포식자
maneuver 이동하다

33 (d)

해설 컴퓨터의 발명으로 사람들은 과거 그 어느 때보다도 더 많은 일을 할 수 있게 되었다. 끝내는 데 수시간이 걸렸던 작업이 이제는 몇 분 만에 마무리될 수 있다. 컴퓨터가 사람을 더 똑똑하게 만들지는 않지만, 사람들의 효율성은 높여주었다. 컴퓨터 프로그램 덕택에 전문 지식을 요하던 일도 거의 누구나 할 수 있게 되었다.

Q: 담화에 따르면 옳은 것은 무엇인가?
(a) 컴퓨터 프로그램은 구동시키는 데 수시간이 걸릴 수 있다.
(b) 컴퓨터 덕분에 사람들이 더 똑똑해지고 있다.
(c) 사람들은 이제 컴퓨터가 있기 전보다 더 적은 양의 일을 한다.
(d) 사람들은 효율성을 위해 컴퓨터를 사용할 수 있다.

해설 컴퓨터가 사람들의 효율성을 높여주었다는 내용이 나오므로 정답은 (d)이다. 담화의 have improved people's efficiency가 (d)의 to be more efficient로 패러프레이징 되었다. (b) 컴퓨터가 사람들을 똑똑하게 만드는 것은 아니고, (c) 컴퓨터가 사람들의 작업 시간을 줄여 줄 수는 있지만, 절대적인 작업량을 줄여 주지는 않는다.

어휘 thanks to ~ 때문에, 덕분에   invention 발명
in a matter of ~만에, ~안에   efficiency 효율성
specialized 전문화된   run (기계를) 가동하다, 작동하다

34 (c)

해석 흥미로운 소식을 준비했습니다. 현지 대학의 연구원들은 오늘 유아의 자폐증을 일으키는 유전자 하나를 밝혀 냈다고 발표했습니다. 연구원들은 지난 5년간 이에 대한 연구를 해왔고, 그렇기에 이들의 발견은 획기적이라고 볼 수 있습니다. 운이 따라준다면, 그들은 연구를 계속하도록 해주는 충분한 자금 지원을 기대할 수도 있을 것이고, 어쩌면 의사들로 하여금 자폐증이라는 미스터리를 풀어 내도록 할 수 있을 것입니다.

Q: 뉴스 보도에 따르면 과학자들에 대해 옳은 것은 무엇인가?
(a) 그들은 5년 넘게 자폐증의 원인을 연구해 왔다.
(b) 그들은 자폐증에 기여하는 유전자를 우연히 발견했다.
(c) 재정 지원을 받는다면 그들은 추가적인 연구를 시행할 것이다.
(d) 그들은 자폐증 치료약을 개발하는 데 희망적이다.

해설 운이 따라준다면 지속적인 연구를 가능케 하는 자금 지원을 기대할 수도 있다고 하였으므로, 과학자들은 자금 지원을 받으면 추가적인 연구를 할 것이다. 따라서 정답은 (c)이다. (a) 5년 동안 연구해 온 것이며, (b) 우연한 발견인지는 알 수 없다. (d) 치료약에 대한 언급은 없었다.

어휘 announce 발표하다   identify 찾아내다, 발견하다
gene 유전자   responsible for ~에 책임이 있는
autism 자폐증   conduct (특정 활동을) 하다, 수행하다
breakthrough 돌파구, 획기적인 사건   funding 자금 지원
come across ~을 우연히 발견하다
contribute to ~에 기여하다

35 (b)

해석 19세기가 되어서야 사람들은 고작 몇 층짜리 이상의 건물을 건설하기 시작했습니다. 한 가지 이유는 전형적인 건축자재인 돌, 벽돌, 목재가 아주 높은 구조물을 지탱할 수가 없었기 때문입니다. 그런데 철강 제조 공법의 발전이 고층 건물의 건설을 가능하게 만든 것이죠. 그러나 가장 중요한 발명은 엘리베이터였습니다. 엘리베이터가 없이는 고층 건물 자체가 지어질 수 있었을지 의심스럽답니다. 따지고 보면, 누가 50층이나 되는 곳을 매일 계단으로 올라가려 할까요?

Q: 화자가 가장 동의할 것 같은 문장은 무엇인가?
(a) 고층 건물들은 전적으로 철강으로 만들어진다.
(b) 사람들은 계단으로 가는 것보다 엘리베이터 타는 것을 선호한다.
(c) 벽돌로 고층 건물을 짓는 것이 가능하다.
(d) 고층 건물은 20세기에 건축 가능했다.

해설 마지막 문장에서 화자는 엘리베이터 없이 50층까지 계단으로 올라갈 사람은 없을 것이라 했으므로 사람들이 계단보다 엘리베이터를 선호한다는 (b)에 가장 동의할 것이다. (a) entirely와 같이 단정적인 의미의 표현은 오답일 가능성이 크고, (c) 벽돌로는 고층 건물을 지탱하기 힘들다. (d) 고층 건물이 건축되기 시작한 것은 19세기부터이다.

어휘 construct 건설하다   story (건물의) 층   material 재료, 자재
structure 구조물   improvement 개선, 향상
steel manufacturing 철강 제조   skyscraper 고층 건물
crucial 결정적인, 매우 중요한   doubtful 의심스러운
after all 결국

36 (a)

해석 웰만 어린이집은 여러분의 자녀가 여러분에게 얼마나 소중한지 잘 알고 있습니다. 그래서 저희가 여러분의 자녀를 최선을 다해 돌보는 것입니다. 사실상 저희는 이 아이들을 마치 우리 자녀들처럼 돌봅니다. 여러분이 낮에 아이를 웰만 어린이집에 맡기실 때, 아이가 저희와 탈없이 지낼 것을 아시기 때문에 마음을 놓을 수 있습니다. 그뿐만 아니라 저희는 하루 종일 재미난 게임, 교육적인 활동, 충분한 운동과 낮잠 자는 시간까지 마련해 두었습니다. 전화 주시면 저희 프로그램에 대해서 상세하게 알려 드리겠습니다.

Q: 웰만 어린이집에 대해 추론할 수 있는 것은 무엇인가?

(a) 부모들이 자유시간을 더 즐길 수 있도록 한다.
(b) 높은 비용을 청구한다.
(c) 아이들을 위한 활동 프로그램이 거의 없다.
(d) 아이들이 많다.

해설 어린이집이 하루 종일 다양한 프로그램을 제공한다고 하였으므로 부모들은 더 많은 시간을 확보할 수 있을 것이다. 따라서 정답은 (a)이다. (b), (d) 알 수 없는 내용이고, (c) 다양한 활동 프로그램이 많다.

어휘 daycare center 어린이집   take care of ~을 돌보다
drop off (차 등에서) 내려놓다
in the knowledge that ~임을 알고
safe and sound 무사히, 탈없이
not only that 그뿐만 아니라   provide 제공하다
plenty of 많은   nap 낮잠   rate 요금

37-38 (c), (a)

해석 본 도시의 벚꽃 축제가 내일부터 이틀 동안 시작되는 것을 알고 계시길 바랍니다. 올해 축제는 페어뷰 글렌이 아닌 리버사이드 파크로, 다른 장소에서 열릴 것입니다. 저희는 올해 축제를 지금껏 가장 성공적인 축제로 만들기 위해서 모든 시민들의 지원을 필요로 할 것입니다. 전국 각지에서뿐만 아니라 몇몇 외국에서도 방문객들이 올 것으로 예상하고 있으니, 찾아오시는 모든 이들을 우리 가족처럼 맞이해 주시길 바랍니다. 길을 잃은 것 같은 사람에게, 특히 관광객임이 확실하다면 도움을 주십시오. 방문객들에게 이 도시에 대한 좋은 인상을 주고자 합니다. 이번 축제에 대한 여러분의 성원에 의지하고 있으니 다음 주 내내 모든 분들이 열심히 일해 주시길 바랍니다.

37 Q: 안내 방송에 따르면 행사에 대해 옳은 것은 무엇인가?
(a) 이번 해에 최초로 개최될 것이다.
(b) 페어뷰 글렌에서 열릴 것이다.
(c) 다른 나라 사람들이 참석할 것이다.
(d) 사기업에 의해 주최되고 있다.

38 Q: 듣는 이들은 왜 축제를 지원해야 하는가?
(a) 관광객들이 도시를 좋게 생각하도록 하기 위해
(b) 축제의 개막식을 준비하기 위해
(c) 낯선 이들을 대할 때 기본적인 예의를 갖추기 위해
(d) 관광객들에게 축제 일정의 변경을 알리기 위해

해설 37 안내 방송의 중간 부분에서 전국 각지뿐만 아니라 외국에서도 방문객들이 온다고 했으므로 정답은 (c)이다. (a) 올해 축제는 이전과 다른 장소에서 열린다고 했으므로 최초로 개최되는 것이 아님을 알 수 있고, (b) 페어뷰 글렌은 기존 축제 장소이다. (d) 첫 문장으로 보아 시에서 주관하는 축제임을 알 수 있다.

38 담화의 마지막 부분에 방문객들에게 도시에 대한 좋은 인상을 주고자 한다는 내용이 나와 있으므로 (a)가 정답이다. (b), (d) 개막식이나 축제 일정 변경에 대한 내용은 언급되지 않았고, (c) 예의를 갖춰야 하는 것은 맞지만 그것이 축제를 지원해야 하는 궁극적인 목적은 아니다.

어휘 be aware that ~을 알다, 인지하다

hold (행사를) 열다, 주최하다 (take place)　**impression** 인상
count on ~에 의지하다　**organize** 주최하다; 조직하다
private business 개인 사업; 사기업
have a good opinion of ~을 좋게 생각하다
opening ceremony 개막식　**courtesy** 공손함; 예의
deal with 다루다, 처리하다
inform ~ of ~에게 ...에 대해 알리다

39-40 (d), (c)

해석 경고도 없이 발생하여 사람의 목숨을 앗아가거나 부상을 입히는 자연 재해가 많이 있다. 가장 위험한 것 중 하나가 엄청난 속도로 덮치는 거대한 파도인 쓰나미이다. 지진이나 산사태 같은 수중 지각변동에 의해 일어나는 쓰나미는 해안에 이르기까지 수천 마일을 이동한다. 육지에 상륙하기 전, 쓰나미가 해안 가까이에 있는 많은 물을 흡수하면서 파도는 높아지게 된다. 대부분의 쓰나미는 3미터 높이의 파도를 만들어내지만, 드물게는 파도가 30미터 높이에도 이를 수 있다. 2004년 동남아시아에서 발생한 강력한 쓰나미는 여러 국가를 강타하여 수십만 명의 사람들을 사망하게 했는데, 이는 쓰나미가 얼마나 치명적인지를 여실히 보여주는 것이다.

39 Q: 담화는 주로 무엇에 관한 것인가?
(a) 수중 지진의 결과들
(b) 가장 위험한 종류의 자연 재해들
(c) 쓰나미에 의해 사망한 사람들의 수
(d) 자연 재해 중 한 종류에 대한 개괄적인 설명

40 Q: 담화로부터 쓰나미에 대해 추론할 수 있는 것은 무엇인가?
(a) 대부분의 쓰나미는 수천 명의 사망자를 낳는다.
(b) 쓰나미는 사람에 의한 사건으로도 발생할 수 있다.
(c) 쓰나미의 파도는 바다 한 가운데에서는 더 작다.
(d) 쓰나미는 대부분 태평양에서 자주 발생한다.

해설 39 자연 재해의 일종인 쓰나미에 대해 원인, 특징, 사례 등을 들어 포괄적으로 설명하고 있으므로 정답은 (d)이다. (a) 수중 지진의 결과로 쓰나미만 언급하였고, (b) 여러 자연 재해를 설명하지도 않았다. (c) 2004년의 쓰나미로 인해 수십만 명이 사망했다는 언급은 있지만 세부 정보에 그친다.

40 담화 중간 부분에서 쓰나미가 해안 가까이에 있는 물을 흡수하면서 파도를 높아지게 만든다고 하였으므로 바다 한 가운데에서는 파도가 더 낮다고 추론할 수 있다. 따라서 (c)가 정답이다. (a) 대부분의 쓰나미가 수천 명의 사망자를 낳는다고 단정지을 수는 없고, (b) 쓰나미는 지각변동과 같은 자연적인 사건으로 발생한다. (d) 쓰나미의 발생 위치는 언급되지 않았다.

어휘 **strike** 강타하다　**warning** 경고
injure 부상을 입히다　**immense** 엄청난, 어마어마한
disturbance 소란, 소동; 지각변동　**landslide** 산사태
prior to ~전에　**make landfall** 착륙하다, 상륙하다
deadly 생명을 앗아가는, 치명적인
description 묘사; 설명; 서술
manmade 인공의, 사람이 만든　**frequently** 자주, 흔히

Actual Test 06

1 (d)		**2** (b)		**3** (b)		**4** (d)		**5** (b)	
6 (b)		**7** (c)		**8** (a)		**9** (b)		**10** (b)	
11 (b)		**12** (c)		**13** (b)		**14** (c)		**15** (b)	
16 (a)		**17** (c)		**18** (a)		**19** (a)		**20** (c)	
21 (c)		**22** (b)		**23** (a)		**24** (b)		**25** (c)	
26 (b)		**27** (a)		**28** (b)		**29** (c)		**30** (b)	
31 (a)		**32** (b)		**33** (d)		**34** (c)		**35** (d)	
36 (b)		**37** (c)		**38** (a)		**39** (d)		**40** (b)	

1 (d)

해석 M 우리랑 두 시간 뒤에 거기서 만나는 게 어때?

(a) 나는 한동안 거기 가지 않았어.
(b) 너는 만날 때마다 늦더라.
(c) 좋아. 내일 보자.
(d) 좋은 생각이야.

해설 남자가 두 시간 뒤에 만나자고 제안했으므로 이에 긍정의 답변을 하는 (d)가 가장 적절하다. (a), (b) 대화에 제시된 there과 meet을 사용한 오답이고, (c) 두 시간 후에 만나자는 말에 Okay라고 대답하고는 내일 보자는 말이 이어졌으므로 자연스럽지 않다.

어휘 **a couple of** 두어 개의　**in a while** 한동안

2 (b)

해석 M 마케팅 부 신입사원에 대해 솔직히 어떻게 생각하세요?

(a) 제가 당신을 전적으로 신뢰하는지 모르겠네요.
(b) 일을 잘하고 있는 것 같습니다.
(c) 당신이 어떻게 생각하는지를 이미 그녀에게 전달했습니다.
(d) 그녀를 다른 부서로 이동시켰습니다.

해설 신입사원에 대한 의견을 달라는 말에 잘하고 있는 것 같다고 구체적으로 대답하는 (b)가 가장 적절하다. (d) 신입사원의 현재 상황에 대해서 묻는 것이므로 부서를 옮겼다는 과거시제는 자연스럽지 못하다.

어휘 **employee** 직원　**adequate** 적절한
transfer 옮기다; 이동하다

3 (b)

해석 W 시간이 나시면, 제 사무실에 들러주실래요?

(a) 네. 언제든지 저를 만나러 오세요.
(b) 지금으로부터 10분 뒤에 들르겠습니다.
(c) 내일 아침에 시간이 있습니다.
(d) 사무실이 3층이죠?

해설 시간이 나면 사무실로 와달라고 했으므로 10분 후에 가겠다

고 답하는 (b)가 정답이다. (a) 되려 언제든 오라고 답했으므로 적절하지 않고, (c), (d) 전혀 불가능한 대답은 아니지만 구체적으로 대답하는 (b)가 더 적절하다.

어휘 **how about ~ing** ~하는 것이 어때? **drop by** 잠시 들르다
available 이용 가능한, (시간이) 여유가 있는

4 (d)

해석 W 신호등이 곧 녹색 불로 바뀔 거야.

(a) 그러면 차를 세워야겠군.
(b) 좌회전 차선으로 진입해.
(c) 차가 많이 밀려 있어.
(d) 그럼 난 출발할 준비를 해야겠네.

해설 신호등이 녹색 불로 바뀌려는 상황이므로 출발할 준비를 해야겠다는 (d)가 정답이다.

어휘 **in a second** 곧 **left-turn lane** 좌회전 차선
be backed up 정체되어 있다, 밀려 있다
had better ~하는 것이 낫다

5 (b)

해석 W 이 분석 보고서에 뭔가 문제가 있어.

(a) 언제 만들어졌습니까?
(b) 그렇게 말씀하시는 이유가 무엇입니까?
(c) 보고서가 어디에 있습니까?
(d) 무엇을 점검해 볼까요?

해설 여자가 분석에 대해 문제를 제기했으므로 그러한 의견을 제시하는 이유를 물어보는 (b)가 가장 적절하다. (a), (c) 시간과 장소를 묻기보다 무엇이 문제인지 그 내용을 물어야 적절할 것이다.

어휘 **analysis** 분석
report 보고서 **examine** 검사하다, 살펴보다

6 (b)

해석 M 그녀가 요즘 어떻게 살고 있는지 알아봐야겠어요.

(a) 그녀는 3층에 있습니다.
(b) 제가 그녀와 이야기해서 알아보겠습니다.
(c) 제가 곧 그리로 올라가겠습니다.
(d) 살펴봤는데 어디서도 그걸 찾을 수가 없어요.

해설 그녀의 근황에 대해 묻고 있으므로 직접 알아보겠다고 답한 (b)가 정답이다. (a) 대화에 제시된 she's been up을 사용한 오답이고, (d) it이 her가 된다면 답이 될 수 있다.

어휘 **find out** 알아내다 **have been up to** 어떻게 지내다
in a few minutes 잠시 후, 곧

7 (c)

해석 W 일기 예보에서 내일 비 온다고 하더라.

(a) 그러면 우리 소풍 갈 수 있겠다.
(b) 나는 시원한 날씨가 좋아.
(c) 우산 반드시 챙겨오는 거 잊지 마.
(d) 날씨가 정말 따뜻해질 것 같다.

해설 일기 예보에서 비가 온다고 했으므로 우산에 대해 이야기하는 (c)가 가장 적절하다. (a) 비가 오는데 소풍을 가는 것은 자연스럽지 않다.

어휘 **weather forecast** 일기 예보
call for ~을 불러내다, ~을 요구하다

8 (a)

해석 W 우리가 무엇을 해야 하는지 이제 알 것 같아.

(a) 그러면 어서 네 계획을 알려줘.
(b) 그들은 어젯밤에 그것에 관해서 이야기했어야 했어.
(c) 회의는 계획대로 계속될 거야.
(d) 판매 수치는 바로 여기 내 책상에 있어.

해설 남자가 해야 할 일을 알아 냈다고 했으므로 그 내용이 무엇인지 물어보는 (a)가 정답이다. (b) They가 누구인지 언급되지 않았고, (d) 대화에 제시되었던 figure를 사용한 오답이다.

어휘 **figure out** 알아내다; 이해하다 **as planned** 계획대로
figure 수치, 숫자

9 (b)

해석 W 이 문제가 나를 정말 헷갈리게 해.

(a) 문제가 너무 많은 것 같아.
(b) 너 답을 모른다는 말이니?
(c) 네가 그렇게 생각한다면 잊어버려.
(d) 회의 시간에 그것에 대해 알려줘.

해설 여자는 남자에게 문제가 헷갈린다고 하고 있으므로, 답을 모른다는 말인지 확인하는 (b)가 정답이다. (a) 대화에 제시된 problem을 사용한 오답이다. (d) 헷갈리게 하는 problem은 수학이나 영어 문제로 보는 것이 적합하므로 회의 시간을 언급하는 것은 자연스럽지 않으며, at the meeting이 없더라도 (d)는 문제를 헷갈려 하는 여자가 할 법한 말이다.

어휘 **confuse** 혼란스럽게 하다
fill ~ in about ~에게 ...에 대해 설명해주다, 알려주다

10 (b)

해석 M 거기로 가는 다른 방법을 생각해 보자.

(a) 비행기는 세 시간 후에 이륙합니다.
(b) 그 대신 기차를 이용할 수 있어.
(c) 그는 교외 지역에 살고 있습니다.
(d) 러시아워가 곧 시작될 것입니다.

해설 목적지로 가는 다른 대안을 모색하고 있으므로 기차 이용을 제안하는 (b)가 정답이다. (a) 시간, (c) 장소에 관련되어 있으므로 적절하지 않다.

어휘 suburb 도시 외곽 지역, 교외
rush hour 교통 혼잡 시간대, 출퇴근 시간대, 러시아워

11 (b)

해석 M 그 소리 좀 내지 말아줄래?
W 미안해. 그게 그렇게 방해가 됐니?
M 그 소리가 얼마나 짜증나는지 몰랐단 말이야?

(a) 그래. 그 사람은 그래.
(b) 몰랐어.
(c) 그건 옳지 않아.
(d) 아니. 그건 그렇지 않아.

해설 여자는 자신이 낸 소음이 얼마나 방해가 되었는지 오히려 남자에게 되묻고 있으므로 (b)가 정답이다. (a), (c), (d) 모두 주어가 적절하게 쓰이지 않았다.

어휘 make a noise 소음을 내다, 소란을 피우다
bother 신경 쓰이게 하다, 괴롭히다   annoying 짜증나게 하는
guess 추측하다

12 (c)

해석 W 너 지금 어디야? 나 거의 30분 동안 기다리고 있는데!
M 무슨 소리야? 나 방금 일어나서 아직 침대에 있는데.
W 우리 데이트하기로 한 걸 잊었다는 말이야?

(a) 아니. 오늘은 9월 19일이야.
(b) 조금만 더 기다리세요.
(c) 아, 맞다. 완전히 깜빡했어!
(d) 어젯밤은 즐거운 시간이었던 것 같아.

해설 남자는 약속을 잊은 채 자느라 여자를 30분 동안 기다리게 했다. 따라서 데이트 약속을 잊었냐는 물음에 깜빡했다고 대답하는 (c)가 정답이다. (a) 대화에 제시되었던 date를 이용한 오답이다.

어휘 wait for ~을 기다리다   totally 완전히, 전적으로
slip one's mind 잊어 버리다, 깜빡하다

13 (b)

해석 M 비행기 티켓을 공짜로 받을 수 있을 정도로 마일리지를 많이 모아두었어.
W 잘됐다. 어디로 갈 건데?
M 확실하지는 않아. 추천할 곳 있니?

(a) 곧 부모님 댁에 갈 거 아니니?
(b) 내가 너라면 이국적인 곳으로 가겠어.
(c) 그곳에 가는 것은 권하지 않겠어.
(d) 내가 가고 싶은 곳이 바로 거기야.

해설 마지막 문장에서 추천할 곳을 물었으므로 장소에 관한 내용

이 이어지는 것이 적절하다. 이국적인 장소로 가보라는 의미의 (b)가 정답이다. (c), (d) 대화에서 구체적인 장소가 언급되지 않았으므로 자연스럽지 못하다.

어휘 mileage 마일리지   recommendation 추천
exotic 이국적인

14 (c)

해석 M 나 어젯밤에 TV에서 한 그 새 드라마 봤어.
W 재미있었지?
M 완전. 요즘 하는 것 중 가장 재미있는 프로그램 같아.

(a) 그러면 나도 그 드라마 봐야겠다.
(b) 7시에 시작했어.
(c) 나도 전적으로 동감이야.
(d) 나는 못 봤어.

해설 여자가 말했던 새 드라마가 요즘 하는 프로그램 중 가장 재미있는 것 같다는 남자의 말에 적절한 응답을 찾아야 한다. 여자도 드라마가 재미있다는 반응을 보였으므로 동의한다는 내용의 (c)가 가장 자연스럽다. (a), (d) 둘 다 드라마를 본 상태이다. (b) 의문사 when과 어울리는 답변이다.

어휘 produce 제작하다
completely 완전히, 전적으로   catch (영화, TV를) 보다

15 (b)

해석 W 스테이플러 잠시 빌릴 수 있을까?
M 물론이지. 그런데 전에 빌려갔던 계산기랑 꼭 같이 돌려줘.
W 알았어. 내가 항상 물건을 제때 돌려주는 걸 깜빡해.

(a) 원하는 만큼 가지고 있어도 돼.
(b) 이번에는 잊지 마.
(c) 그러니까 내가 못 빌려주는 거야.
(d) 정말 고마워.

해설 빌려간 물건을 자주 잊고 돌려주지 않는 여자에게 남자가 할 수 있는 말은 이번에는 잊지 말라는 (b)이다. (c) 스테이플러를 빌려주고 있으므로 자연스럽지 못하다.

어휘 for a minute 잠시 동안   be sure to 반드시 ~하다
bring ~ back ~을 되돌려주다   calculator 계산기
on time 정각에, 제때에   as long as ~하는 한
appreciate 고마워하다

16 (a)

해석 W 오늘 저녁으로는 중국음식을 시켰어.
M 좋아. 요리하기에는 너무 바빴던 거야?
W 응. 하루 종일 이곳 저곳을 돌아다녔거든.

(a) 어딜 갔어야 했는데?
(b) 오늘 저녁식사로 뭘 만들 거야?
(c) 음식이 얼마였어?
(d) 조깅은 언제 끝났어?

해설 하루 종일 여기저기를 돌아다녔다는 여자의 말에 적절한 응답을 찾아야 하므로 어디 갔다 왔냐는 (a)가 가장 적절하다. (b) 이미 중국음식을 시켰다고 했으므로 적절하지 않고, (c) 첫 문장 바로 다음에 올 만한 물음으로, 세 번째 문장과는 어울리지 않는다.

어휘 order 주문하다
run around 여기저기 돌아다니다   cost (비용이) ~이다

17 (c)

해석 M 내 새 헤어스타일 어때?
W 우왜! 거의 삭발을 했구나. 왜 그런거야?
M 그냥 긴 머리가 싫증났어.

(a) 내가 훌륭한 스타일리스트를 알아.
(b) 내가 네 머리를 커트해 줄게.
(c) 너 짧은 머리 잘 어울린다.
(d) 너 파마를 해야겠다.

해설 남자가 여자에게 삭발에 가까운 짧은 머리가 어떠냐고 묻고 있으므로, 짧은 머리가 잘 어울린다는 (c)가 정답이다. (a), (b), (d) 남자는 이미 머리를 손질한 상태이다.

어휘 get tired of ~에 싫증나다   get a perm 파마하다

18 (a)

해석 M Jenkins 씨가 나에게 일을 너무 많이 줘.
W 그와 이야기를 해보는 게 좋겠다. 그리고 너의 상황을 말해.
M 그런데 그는 내가 하는 말을 전혀 듣지 않아!

(a) 아마 네가 불평을 많이 하면 들어줄 거야.
(b) 미안해. 다시 한번 말해 주겠니?
(c) Jenkins 씨가 모퉁이에 서 있어.
(d) 너랑 이야기해서 정말 즐거웠어.

해설 남자의 직장 상사는 지나치게 많은 일을 주면서 그의 이야기도 들어주지 않는다. 이에 대한 대답으로는 불평을 많이 하면 들어줄 거라고 조언하는 (a)가 가장 적절하다.

어휘 chat 이야기하다
what's up 상황이 어떠한지   complain 불평하다

19 (a)

해석 M 아파트 전세를 알아보러 왔습니다.
W 네. 어떤 종류의 아파트를 생각하고 계신가요?
M 제 가족이 쓸 침실 3개짜리 아파트가 필요해요. 있을까요?

(a) 물론이죠. 보여드릴 수 있는 집이 몇 군데 있습니다.
(b) 네. 저와 제 가족은 큰 아파트에 살고 있습니다.
(c) 아닙니다. 저는 아파트를 구입했고 세를 놓지는 않아요.
(d) 당신 아이들이 이 집을 좋아할 거예요.

해설 남자가 부동산 사무소에 와서 방 3개짜리 아파트 전세를 찾는다고 했으므로 보여드릴 집이 있다는 (a)가 가장 적절하다. (c) 부동산 중개인이 할 말로는 적절하지 않다. (d) 아직 아파트를 보여주지 않은 상태이다.

어휘 rent 세 들다. 임차하다; 세 놓다. 임대하다

20 (c)

해석 W 나 다음 주에 해외여행 가기로 했는데 여권 기한이 만료되었어.
M 그러면 안 되는데. 여권 갱신이 그렇게 빨리 가능할까?
W 확실하지 않아서 알아보러 가장 가까운 관공서로 가고 있는 중이야.

(a) 가 있는 동안 즐거운 시간 보내.
(b) 내 여권은 바로 여기 내가 직접 가지고 다녀.
(c) 별 문제 없길 바라.
(d) 난 여행을 아주 기대하고 있어.

해설 해외여행을 가려는 여자가 여권을 급히 갱신하기 위해 관공서로 가는 중이다. 이에 남자가 할 수 있는 말은 잘 처리되길 바란다는 (c)가 가장 적절하다. (a) 아직 여행을 갈 수 있을지 확실하지 않고, (d) 여행을 가는 사람은 남자가 아닌 여자이다.

어휘 be supposed to ~하기로 되어 있다   passport 여권
expire (기한이) 만료되다   renew 갱신하다   head 향하다
government office 관공서
look forward to ~을 기대하다

21 (c)

해석 두 친구 간의 대화를 들으시오.

W 우리 이제 도착했으니 뭘 하면 좋을까?
M 난 범퍼카 타고 싶어.
W 나는 싫어. 막 밀치는 게 별로야.
M 그럼 그 대신 롤러코스터 타는 건 어때?
W 미안하지만 나 고소공포증이 있어서. 나를 절대 그런 거에 타게 하지 못 할 거야.
M 우리 둘 다 즐길 수 있는 것을 찾아야겠네.

Q: 대화의 주제는 무엇인가?
(a) 왜 롤러코스터를 타야 하는지
(b) 놀이공원이 얼마나 재미있는지
(c) 두 사람이 타려고 하는 놀이기구
(d) 범퍼카의 위치

해설 놀이공원에서 범퍼카와 롤러코스터를 타는 것에 대해 이야기하다가 다른 놀이기구를 더 둘러보려 하므로 정답은 (c)이다. (a) 롤러코스터는 지엽적인 정보이고, (b) 놀이공원 전체에 대한 내용은 아니다. (d) 범퍼카의 위치에 대한 언급은 없었다.

어휘 now that ~이므로   jostle 거칠게 밀치다   height 높이
amusement park 놀이공원   ride 놀이기구
location 위치

22 (b)

해석 두 동료 간의 대화를 들으시오.

W 지난 번 면접에서 일자리를 제의 받았어.
M 그거 좋은 소식이구나. 거기 조건은 어때?
W 나쁘지 않아. 꽤 괜찮은 급여도 제안했어.
M 좋은데.
W 다른 복지혜택도 꽤 좋은 편이야.
M 그럼 받아들일 거니?
W 아마도. 그래도 생각해 볼 시간이 좀 필요해.

Q: 대화에서 여자가 주로 하고 있는 것은 무엇인가?
(a) 자신의 급여에 대해 불평하기
(b) 자신이 받은 일자리 제의에 대해 이야기하기
(c) 자신이 받게 될 복지혜택 자랑하기
(d) 일자리 제의의 조건 협상하기

해설 여자는 면접에서 일자리를 제의 받았다고 말하고는 그 급여와 복지혜택에 대해 이야기하고 있으므로 (b)가 정답이다. (a), (c) 급여와 복지혜택에 관한 내용이 나오지만, 불평하거나 자랑하지는 않았다. (d) 현재 제의 받은 일자리의 조건을 협상하고 있는 것은 아니다.

어휘 condition 조건   benefit (기업의) 복지혜택, 복리후생
accept 받아들이다   terms (계약) 조건

23 (a)

해석 남자의 지도교수님에 관한 대화를 들으시오.

W Duncan 교수님을 찾고 있어. 혹시 봤니?
M 오늘 일과를 마치고 분명 집에 가셨을 거야.
W 교수님은 연구실에 거의 안 계시는 것 같아.
M 맞아. 나도 교수님을 찾고 있는 중이었거든. 썩 괜찮은 지도교수님은 아닌 것 같아.
W 너도 Duncan 교수님이 지도교수님이셔?
M 응. 그런데 그 선택을 너무 후회해. 다른 교수님을 찾아봐야겠어.

Q: 대화는 주로 무엇에 관한 것인가?
(a) 두 사람의 교수님 중 한 분
(b) 지도교수님을 바꾸는 방법
(c) Duncan 교수님이 어디에 계시는지
(d) Duncan 교수님의 근무 시간

해설 두 학생이 Duncan 교수님을 만나러 왔으나 찾지 못하고는 이렇게 늘 연구실에 계시지 않는다며 불평하고 있다. 따라서 대화는 주로 Duncan 교수님에 관한 것이므로 (a)가 정답이다. (b), (d) 대화에서 언급되지 않았고, (c) 지엽적인 내용이다.

어휘 advisor 지도교수, 고문   be gone 외출 중이다; 퇴근하다
regret 후회하다   office hours 근무 시간

24 (b)

해석 여자의 문제에 관한 대화를 들으시오.

W 여보세요? 컴퓨터 헬프 데스크죠? 컴퓨터에 이상이 있는

것 같아서요.
M 네, 헬프 데스크입니다. 정확히 무엇이 문제인가요?
W 인터넷 접속이 안 돼요.
M 그렇군요. 모뎀을 끄고 연결을 끊어 보세요.
W 본체 옆에 있는 작은 박스 말씀하시는 건가요?
M 네. 모뎀 케이블을 뽑으시고 다시 꽂으세요. 그리고 나서 전원을 켜고 리셋 버튼을 누르면 됩니다. 다시 작동될 거예요.

Q: 문제를 해결하기 위해 여자가 맨 먼저 해야 할 일은 무엇인가?
(a) 모니터에서 케이블 분리하기
(b) 모뎀 끄기
(c) 컴퓨터에 모뎀 연결시키기
(d) 모뎀의 리셋 버튼 누르기

해설 남자의 두 번째 말을 잘 들었다면 쉽게 풀 수 있는 문제다. 모뎀을 끄고 연결을 끊어보라고 했으므로 정답은 (b)이다.

어휘 connect 연결하다   turn off (전기, TV를) 끄다
disconnect 연결을 끊다; 분리하다   unplug (플러그를) 뽑다
hit a button 버튼을 누르다   remove 제거하다; 분리하다

25 (c)

해석 남자의 딸에 관한 대화를 들으시오.

W 따님이 학교 생활을 어떻게 하고 있나요?
M 일학년 생활에 상당히 만족하고 있습니다.
W 잘됐네요. 친구는 많이 사귀고 있대요?
M 네. 벌써 친한 친구 두 명이 생겼어요.
W 따님이 내성적인 걸로 알고 있었는데.
M 요즘 그 문제가 나아지고 있는 것 같아요. 이제는 수다쟁이라니까요.

Q: 남자의 딸에 대해 옳은 것은 무엇인가?
(a) 그녀는 외향적이고 활달한 사람이곤 했다.
(b) 그녀는 몇 명의 친구밖에 없어서 학교에 가는 것을 좋아하지 않는다.
(c) 그녀는 학교에 들어간 뒤로 매우 수다스럽게 되었다.
(d) 그녀는 수줍음을 극복한 것을 자랑스러워한다.

해설 여자가 남자의 딸이 학교 생활을 어떻게 하고 있는지 물어보자 내성적인 모습을 극복하고는 수다쟁이가 되었다고 했으므로 (c)가 가장 적절하다. (a) 남자의 딸은 본래 내성적이었고, (b) 두 명의 친구를 사귀어 학교 생활에 만족하고 있다. (d) 수줍음을 극복했지만 스스로가 이를 자랑스러워하는지는 알 수 없다.

어휘 grade 학년   make friends 친구를 사귀다
kind of 다소, 약간   shy 내성적인, 수줍어하는
overcome 극복하다   chatterbox 수다쟁이
outgoing 외향적인   talkative 수다스러운

26 (b)

해석 여자의 이사에 관한 대화를 들으시오.

W 2주 뒤면 이사해야 할 것 같아.
M 너 이사한다고? 왜?
W 다른 지역의 사무실로 전근 가게 되었어.
M 살 곳을 빨리 마련해야겠구나.
W 그래야지. 그리고 나서 이삿짐 회사에 연락해야 하고.
M 맞아. 너 많이 바빠지겠다.

Q: 대화에 따르면 여자에 대해 옳은 것은 무엇인가?
　(a) 그녀는 다른 지역에서 사업을 시작할 것이다.
　(b) 그녀는 새로 집을 구해야 한다.
　(c) 그녀는 이삿짐 회사의 전화를 기다리고 있다.
　(d) 그녀는 이사 비용을 지불하기 위해 집을 팔고 싶어 한다.

해설 남자의 두 번째 말을 듣는 것이 관건이다. 남자가 다른 지역으로 전근 가게 된 여자에게 거주할 곳을 마련해야겠다고 했으므로 (b)가 정답이다. (a) 여자가 자신의 사업을 시작하는 것은 아니고, (c) 이삿짐 회사에 연락은 하지 않은 상태다. (d) 집을 판다는 언급은 없었다.

어휘 **transfer** 옮기다, 이동하다; 전근 가다
out of town 다른 도시의; 시외의
moving company 이삿짐 회사
expect 예상하다; 기다리다

27 (a)

해설 연인이 교통 체증에 대해 이야기하는 것을 들으시오.

M 우리가 얼마나 느리게 가는지 정말 믿을 수 없는 정도다.
W 그러니까. 차가 왜 이렇게 막히는지 모르겠네.
M 아침에는 항상 이렇게 느리게 가던가?
W 여긴 안 그래. 분명 이유가 있을 거야.
M 그런데 그 이유가 뭔지 모르겠어.
W 잠깐만. 앞에 사고가 난 거 같은데.

Q: 남자와 여자에 대해 옳은 것은 무엇인가?
　(a) 그들은 왜 교통 체증이 있는지 궁금해 한다.
　(b) 그들은 사고의 원인이 무엇인지 알고 싶어 한다.
　(c) 그들은 교통 체증 때문에 우회할 생각을 하고 있다.
　(d) 그들은 파티를 열 예정이다.

해설 두 사람의 말 what the holdup is, There must be a reason, I've got no idea what it is 등을 종합해 보면 이들은 교통 체증의 이유를 알고 싶어 하는 것이므로 (a)가 정답이다. (b) 사고의 원인을 알고 싶어하는 것은 아니고, (c), (d) 언급되지 않은 내용이다.

어휘 **traffic congestion** 교통 정체 (holdup, traffic jam)
take a detour 우회하다　　**hold** 열다, 개최하다

28 (b)

해설 여자의 문제에 관한 대화를 들으시오.

W 오늘 집세를 내야 하는데 돈이 없어.
M 문제가 될 것 같은데.
W Smith 씨가 내일까지 기다려주지 않을 것 같아서 걱정이야.
M 왜 그렇게 생각하는데?

W 지난 석 달 동안 제때 집세를 낸 적이 없었거든.
M 너 돈 관리를 더 잘 해야겠다.

Q: 여자가 걱정하는 이유는 무엇인가?
　(a) 집주인이 자신을 계속 아파트에 살게 하지 않을 것이다.
　(b) 집세를 낼 돈이 충분하지 않다.
　(c) 돈 문제에 관해 잘 모른다.
　(d) Smith 씨와의 회의에 늦을 예정이다.

해설 첫 번째 문장에서 답의 근거가 나왔다. be short of는 '~이 부족하다'라는 뜻이므로 돈이 부족해 집세를 못 낸다는 것을 알 수 있다. 따라서 정답은 (b)이다. (a) 이번에도 집세를 내지 못한다면 집주인이 어떤 조치를 취할지 알 수 없고, (c) 여자가 돈 관리를 잘하고 있지 않다고 해서 돈 문제를 모르는 것은 아니다. (d) 관련 없는 내용이다.

어휘 **pay rent** 집세를 내다　　**be short of** ~이 부족하다
on time 제때에　　**take care of** (문제를) 관리하다
finance 재정; 자금　　**landlord** 집주인

29 (c)

해설 엄마와 아들 간의 대화를 들으시오.

W 뭐 하는 거니? 어두운 색과 밝은 색을 섞으면 안 돼.
M 음, 그게 무슨 말이에요?
W 따로 세탁을 해야 돼.
M 왜요?
W 색이 번질 수 있기 때문이지.
M 그건 몰랐네요.

Q: 남자에 대해 추론할 수 있는 것은 무엇인가?
　(a) 그는 집에 세탁기가 없다.
　(b) 그는 주로 빨래방에서 세탁을 한다.
　(c) 그는 직접 세탁을 하는 일은 자주 있지 않다.
　(d) 그는 어머니가 자신의 세탁물을 찾아주길 바란다.

해설 남자가 어두운 색 옷과 밝은 색 옷을 섞어서 세탁하면 안 된다는 것을 모르고 있으므로 주로 세탁을 직접 하지 않는다고 추론할 수 있다. 따라서 정답은 (c)이다. (a) 집에 세탁기가 있기에 지금 세탁을 하고 있을 것이고, (b) 세탁을 자주 하지는 않지만 그렇다고 빨래방에 간다고 할 수 없다. (d) pick up one's laundry는 세탁소에서 옷을 찾아오는 것이므로 관련 없는 내용이다.

어휘 **separately** 따로, 분리하여　　**run together** 섞이다
washing machine 세탁기　　**launder** 세탁하다
laundromat 빨래방　　**laundry** 세탁물

30 (b)

해설 연인이 메뉴에 대해 이야기하는 것을 들으시오.

W 자, 뭐 먹을지 결정했니?
M 잘 모르겠어.
W 왜 결정을 못하는 거야?
M 지금 식욕이 별로 없어서.
W 그래도 빨리 결정해.

M 알았어. 메뉴 한 번만 더 볼게.

Q: 대화로부터 추론할 수 있는 것은 무엇인가?
(a) 남자는 참을성이 없다.
(b) 그들은 식당에 있다.
(c) 여자는 지금 쇼핑 중이다.
(d) 그들은 현재 슈퍼마켓에 있다.

해설 an appetite와 the menu를 들었다면 쉽게 풀 수 있는 문제이다. 둘 다 식당에서 쓰일 만한 단어로 (b)가 정답이다. (a) 참을성이 없는 사람을 굳이 고르자면 선택을 재촉하는 여자일 것이다.

어휘 appetite 식욕   make up one's mind 결정하다
impatient 참을성이 없는

31 (a)

해석 만일 여러분이 슈퍼마켓에 정기적으로 물건을 사러 간다면 특히 과일이나 채소 코너에서 유기농 식품을 분명히 보았을 것입니다. 유기농 식품은 농약을 사용하지 않고 재배되고, 가공 처리될 때 어떠한 첨가제도 사용하지 않는 식품입니다. 많은 사람들이 유기농 식품이 다른 음식보다 영양도 풍부하고 맛도 더 뛰어나다고 생각하죠. 그러나 유기농 식품은 일반적으로 더 비싸서 많은 이들에게 인기를 얻는 것을 제한하곤 합니다.

Q: 강의의 요지는 무엇인가?
(a) 유기농 식품은 몸에 좋고 맛있지만 비싸다.
(b) 농부들은 더 많은 유기농 식품을 재배해 나가야 한다.
(c) 유기농 식품은 과일, 채소 코너에만 있다.
(d) 농부들은 농약이나 첨가제 사용을 피해야 한다.

해설 화자는 두 번째 문장부터 유기농 식품의 장점에 대해 설명하지만, 마지막 문장에서 However로 비싸서 인기가 제한적임을 덧붙인다. 따라서 정답은 (a)이다. (c) 유기농 식품이 과일이나 채소 코너에만 있는 것은 아니며, only와 같은 한정적인 의미의 단어는 유의해서 봐야 한다. (d) 올바른 정보이지만 화자가 하고자 하는 말은 아니다.

어휘 regularly 규칙적으로   undoubtedly 의심의 여지 없이
presence 존재   organic food 유기농 식품
pesticide 농약   additive 첨가제   process 가공 처리하다
nutritious 영양이 풍부한

32 (b)

해석 최근 들어서 사람들은 그 어느 때보다 세계 여행을 많이 한다. 대체로 개방적임에도 불구하고, 일부 사람들은 여전히 문화 충격이라는 것을 경험한다. 이것을 경험하는 가장 일반적인 경우는 사람들이 자신의 문화와 완전히 상이한 것을 보거나 경험할 때이다. 그 결과, 그 사람은 종종 "이 사람들은 왜 이런 행동을 하는 것인가요?"하고 묻게 된다. 문화 충격이 그 문화를 싫어한다는 뜻은 아니다. 이는 그저 어떤 사람이 다른 문화에서 발생하는 무언가에 의해 놀라거나 충격 받았음을 나타낼 뿐이다.

Q: 담화는 주로 무엇에 관한 내용인가?

(a) 문화 충격을 극복하는 방법
(b) 문화 충격의 원인
(c) 대부분의 사람들이 문화 충격을 의심하는 경우
(d) 문화 충격이 해롭지 않은 이유

해설 자신이 살고 있는 나라에서 할 수 없는 경험을 타국에서 하게 될 경우 문화 충격이 발생한다고 했으므로 문화 충격의 원인에 관한 글이라고 볼 수 있다. 정답은 (b)이다. (a), (c), (d) 언급되지 않은 내용이다.

어휘 open-minded 개방적인   culture shock 문화 충격
occasion 경우   alien to ~와 상이한   as a result 그 결과
wind up ~ing (결국) ~하게 되다   overcome 극복하다
feel[be] suspicious of ~을 의심하다

33 (d)

해설 미국에서는 3월과 4월이 되면 수백만 명의 학생들이 일주일 간의 봄방학을 이용해 여행을 하거나 재미난 놀거리를 찾는다. 그러나 학생들만 이 휴가 기간을 고마워하는 사람들인 것은 아니다. 그들의 선생님들도 봄방학을 환영한다. 일부는 단순히 집에서 휴식을 취하며 재충전을 한다. 어떤 사람들은 이 기회에 자신의 교수법 향상을 위해 마련된 워크숍에 참가한다.

Q: 봄방학 동안 선생님들이 하는 활동으로 언급된 것은 무엇인가?
(a) 학교에 머무르기
(b) 여행가기
(c) 계속 일하기
(d) 학회에 참석하기

해설 봄방학 동안 어떤 선생님들은 교수법 향상을 위해 워크숍에 참가한다고 했으므로 정답은 (d)이다. 담화의 workshop이 (d)의 conference로 패러프레이징 되었다.

어휘 appreciate 고마워하다; 감상하다   time off 한가한 시간, 휴식
recharge one's battery 재충전하다
take the opportunity 기회를 이용하다
participate in ~에 참석하다   workshop 연수, 워크숍
improve 향상시키다   remain 남아 있다
conference 학회, 회의

34 (c)

해설 자, 6시 주말 일기 예보입니다. 오늘 밤 흐린 날씨가 예상되고 가볍게 비도 내릴 것입니다. 그러나 내일 아침이 되면 하늘이 맑아질 것입니다. 토요일은 화창하고 시원한 날씨가 예상되는 가운데 기온은 화씨 50도 초반이 될 것으로 보입니다. 그러나 일요일에는 날씨가 나빠져 오후에는 폭우가 예상되므로 산책을 나가실 때는 꼭 우산을 챙기시길 바랍니다.

Q: 일기 예보에 따르면 옳은 것은 무엇인가?
(a) 오늘 밤에는 심한 폭풍우가 있을 것이다.
(b) 내일은 하늘이 흐릴 것이다.
(c) 토요일에는 날씨가 선선해 질 것이다.
(d) 일요일에는 맑을 것이므로 우산을 챙길 필요가 없을

것이다.

해설 토요일에는 화창하고 시원한 날씨가 예상된다고 하였으므로 정답은 (c)이다. (a) 오늘 밤에는 이슬비가 내릴 것이고, (b) 내일은 맑을 것이다. (d) 일요일에는 폭우가 예상되므로 우산을 챙겨야 한다.

어휘 weather report 일기 예보
along with ~와 더불어, ~와 함께   drizzle 이슬비
deteriorate 악화되다   downpour 폭우
go for a stroll 산책하다   rainstorm 폭풍우
overcast 구름이 뒤덮인

35 (d)

해석 우리 사회는 비만 사회가 되어가고 있다. 그러나 많은 이들은 매우 활동적인 삶을 산다. 그렇다면 무엇이 사람들을 그렇게 과체중으로 만들어가고 있는 것인가? 주된 원인은 사람들이 몸에 좋은 음식을 먹지 않는다는 것이다. 오늘날 패스트푸드와 인스턴트 음식이 시장에 넘쳐나고 있다. 이 음식은 맛은 좋지만 사람들에게 필요한 영양소는 공급하지 못한다. 게다가 대개 칼로리가 높다. 그래서 체중 감량을 위한 가장 쉬운 방법은 몸에 더 좋고, 더 영양가 있는 음식을 먹는 것이다.

Q: 담화에 따르면 옳은 것은 무엇인가?
(a) 10년 전에 비해 비만인 사람들이 더 많다.
(b) 비만의 주요 원인은 운동량과 활동량의 부족이다.
(c) 점점 더 많은 사람들이 건강한 식사를 위해 외식을 한다.
(d) 건강한 몸매를 유지하기 위한 한 쉬운 방법은 더 좋은 음식을 먹는 것이다.

해설 비만 사회가 되어가고 있는 이유는 몸에 좋지 않은 음식 때문이며, 건강을 위해서는 영양가 있는 음식을 먹어야 한다고 했으므로 정답은 (d)이다. (a) 비만인 사람들이 많아지고 있다고 했지만, 10년 전과 구체적으로 비교하지 않았고, (b) 여전히 많은 이들은 활동적인 삶을 산다고 했다. (c) 외식 경향에 관한 언급은 없었다.

어휘 obese 비만의   overweight 과체중의
preponderance 과다; 우월   supply 공급하다
nutrient 영양소   frequently 빈번하게
high in ~이 많은, 풍부한   compared to ~과 비교하여
keep in shape 건강한 몸을 유지하다

36 (b)

해석 모레 컨퍼런스가 시작된다는 점을 모두 기억해 주시길 바랍니다. 여러분께서는 개막식에 반드시 참석하셔야 합니다. 개막식 이후에는 자유로이 여러분이 하고 싶은 것을 하시면 됩니다. 그러나 이 기회에 컨퍼런스에서 제공되는 몇몇 발표회와 강의에 참석해 보시기를 바랍니다. 교육적인 내용이 다루어질 것이며, 업무에 도움이 되는 것들을 배우실 수도 있습니다. 컨퍼런스는 3일간 계속됩니다.

Q: 안내 방송으로부터 추론할 수 있는 것은 무엇인가?
(a) 컨퍼런스는 직원들의 회사에서 열릴 것이다.
(b) 컨퍼런스는 직원들의 일과 관련되어 있다.

(c) 대부분의 직원들은 개막식에 관심이 없다.
(d) 화자는 컨퍼런스에서 강의를 할 예정이다.

해설 발표회와 강의에서 교육적인 내용이 다루어지며, 이를 듣는다면 업무에 도움이 된다고 했으므로 (b)가 정답이다. (a) 컨퍼런스가 열릴 장소나, (c) 개막식에 대한 직원들의 반응, (d) 화자의 강의 여부 모두 언급되지 않았다.

어휘 conference 컨퍼런스, 학회, 회의   attendance 참석
mandatory 의무적인   sit in on 참관하다
tend to ~하는 경향이 있다   workplace 일터, 직장
be related to ~에 관련이 있다

37-38 (c), (a)

해석 건물 관리소에서 모든 입주자 여러분께 알려 드립니다. 지역 환경 미화 용역 근로자들의 파업으로 이번 주에는 쓰레기 수거가 없을 것입니다. 모든 입주자께서는 꽉 찬 쓰레기 봉투를 당분간 여러분 아파트 내에, 되도록이면 발코니나 창고에 두시길 부탁 드립니다. 공용 구역에 쓰레기를 버리거나 공공 쓰레기통에 폐기물을 처리하지 말아 주십시오. 파업은 유리, 캔, 플라스틱, 종이 제품을 포함하는 재활용품 수거에도 영향을 미칠 것입니다. 이 규칙에 유일한 예외 사항은 음식물 쓰레기로, 아파트 밖에 놓인 음식물 전용 용기에 버리시면 됩니다. 불편을 끼쳐드린 데 대해 사과 드립니다. 이번 파업이 조속히 마무리되기를 바랍니다.

37 Q: 안내 방송에 따르면 옳은 것은 무엇인가?
(a) 지역 쓰레기 수거는 이번 주부터 영구적으로 중단될 것이다.
(b) 입주자들은 여전히 재활용품을 처분할 수 있다.
(c) 이번 규칙에는 예외 사항이 하나 있다.
(d) 입주자 중 일부만이 쓰레기를 발코니에 보관할 수 있다.

38 Q: 담화로부터 추론할 수 있는 것은 무엇인가?
(a) 아파트는 쓰레기 수거를 위해 외부 업체에 의존한다.
(b) 쓰레기 수거 파업이 자주 발생한다.
(c) 관리소는 사람들이 파업 기간에 쓰레기를 버리도록 권장한다.
(d) 파업은 낮은 근로 급여 때문에 일어나고 있다.

해설 37 안내 방송의 마지막 부분에 유일한 예외 사항으로 음식물 쓰레기에 관한 방침을 설명하고 있으므로 정답은 (c)이다. (a) 쓰레기 수거는 파업으로 인해 우선 이번 주 동안 중단되는 것이고, (b) 이는 재활용품 수거까지 포함한다. (d) 두 번째 문장에서 모든 입주자에게 쓰레기를 발코니에 보관해 달라고 부탁하는 내용이 나온다.

38 첫 문장에서 파업을 진행하는 사람들이 지역 소속 환경 미화 근로자라고 밝혔으며, 독자적으로 파업을 진행하는 것으로 보아 이들은 외부 업체 사람들임을 알 수 있다. 따라서 (a)가 정답이다. (b), (d) 언급되지 않은 내용이며, (d) 관리소는 파업 기간에 쓰레기를 버리지 않도록 권장하고 있다.

어휘 management 경영; 경영진; 관리자   tenant 입주자, 세입자
strike 파업   preferably 되도록이면, 가급적이면
for the time being 당분간   litter 쓰레기를 버리다
dispose of ~을 버리다, 처리하다   lone 단독의, 유일한

compost 퇴비; 혼합물; 음식물   receptacle 용기, 그릇
permanently 영구적으로   rely on ~에 의지하다, 의존하다
agency 대행사; 기관

39-40 (d), (b)

해석 대다수의 사람들이 수술을 받으러 병원에 가는 것에 다소 두려움을 느낀다는 것을 알고 있습니다. 누구도 의사가 자신의 몸에 칼을 대는 것을 원하지 않겠죠. 적어도 지금은 마취제라는 것이 있는데, 이는 일반적으로 기체로 전달되어 환자로 하여금 일시적으로 의식을 잃게 만듭니다. 과거에는 의사가 무엇을 사용해야 했을지 생각해 보십시오. 때때로 그들은 수술 전 환자에게 일정량의 술을 마시게 하여 감각을 무디게 했습니다. 어떤 때는 고통을 완화시키기 위해 다양한 약초를 사용했죠. 어떤 이들은 에테르를 사용하여 약간 더 효과를 보기도 했지만, 대체로 과거의 수술은 고통스런 경험이었습니다.

39 Q: 강의로부터 추론할 수 있는 것은 무엇인가?
   (a) 약초를 사용한 의사들은 종종 수술 결과에 만족했다.
   (b) 약초 치료법은 에테르보다 더 효과적이었다.
   (c) 모든 환자들은 오늘날 수술을 받을 때 고통을 경험한다.
   (d) 수술은 오늘날 마취제 덕분에 덜 고통스럽다.

40 Q: 마취제의 주효과는 무엇인가?
   (a) 환자들의 감각이 무뎌지게 만든다.
   (b) 마취를 받는 사람은 주변 환경으로부터 의식을 잃는다.
   (c) 고통을 다소 완화시키는 데 도움을 줄 뿐이다.
   (d) 환자들은 마취제로부터 큰 안도감을 느낀다.

해설 39 과거에는 마취제가 없었기 때문에 수술이 매우 고통스러웠으나 오늘날은 마취제 덕분에 과거보다 고통이 덜 하다고 판단할 수 있다. 따라서 정답은 (d)이다. (b) 약초 치료보다 에테르가 더 효과적이었고, (c) 마취제 덕분에 오늘날의 환자들은 고통을 덜 경험할 것이다. everyone, all, 최상급과 같은 단정적인 의미의 표현은 오답일 가능성이 크다.

40 세 번째 문장에서 anesthesia를 which 이하의 문장으로 부연하고 있는데, 환자로 하여금 일시적으로 의식을 잃게 하는 것이라 설명하고 있으므로 (b)가 정답이다. (a) 감각을 무뎌지게 하는 것은 술이고, (c) 고통을 완화시키는 데 도움을 주는 것은 약초나 에테르에 대한 설명이다. (d) 환자의 안도감에 대한 언급은 없었다.

어휘 apprehensive 걱정되는; 두려워하는
perform surgery (외과) 수술하다   anesthesia 마취제
temporarily 일시적으로
consciousness 의식 (awareness)   quantity 양
dull 무디게 하다   operate 수술하다
herbal remedy 약초 치료법
alleviate 경감시키다, 완화하다   ether 에테르
be satisfied with ~에 만족하다   undergo 겪다, 경험하다
relaxation 휴식; 안도; 완화

Dictation 01-06

Dictation 01

Part I

1   How are you feeling / I'm right here
2   I haven't seen her / We're good friends
3   put on a lot of weight / you're probably right
4   it's the correct answer / What do you think
5   still working downtown / branch office
6   It's having a sale / It closes at seven
7   why he got promoted / that I have been here
8   what just happened / never going to happen
9   you could say that / I don't look like her
10 pour me / to put anything

Part II

11 Do you have plans / it's starting at nine / That sounds like fun
12 to take a look at it / I know about electronics / It's not a problem
13 seem to be coughing / I should do that / emergency room
14 not working / the battery is dead / You'd better recharge it
15 visiting one of our clients / I'm in a meeting / when I'm leaving
16 really good photographer / black and white photos / I didn't know that
17 The meeting finished / I was rather surprised / I'm giving a report
18 check your calendar / is supposed to be completed / It's due
19 stiff competition / I went there by myself
20 I've figured out / at the next light / The speed limit is 50

Part III

21 you need to be done / to push the deadline back / Don't be concerned / The details of a project

22 at a box office / are you referring to / twenty-two dollars / Make a reservation

23 on the bed table / on the kitchen table / look for my clothes / Searching for some possible locations

24 you remembered my birthday / must have made / He asked her out / He invited her

25 I'd drop by / It rarely hurts / just to say hello / her physical condition

26 hotel receptionist / any rooms available / fill out this form / book a couple of rooms / cancel his reservation

27 I've never seen artwork / Let's keep moving / from the Renaissance / for the first time

28 at this intersection / he didn't mess up / I've got no clue / Their final destination

29 I'm just looking around / window shopping / she purchased / has met the salesman

30 I've got a game / Can you make it / to be in the stands / tight work schedule

Part IV

31 memory storage devices / to prevent industrial espionage / may include termination / to the fullest extent / his strong work ethic

32 from biological matter / renewable, nontoxic / The only drawback / less food available / An alternative fuel

33 tomorrow is Election Day / your proper voting station / familiarize yourself / with a driver's license / Voter registration

34 today's gloomy weather / to be overcast / will hit the region / going to be like / There will be thunderstorms

35 get a smooth shave / It's guaranteed / was worth it / for the rest of your life / to develop it

36 in the Middle East / had completely destroyed / six days of combat / were unmolested / vital component

Part V

37-38 to research the lifespan / to observe the fruit flies / approximately 24 hours / To schedule your lab time / Assignments must be submitted / in a student laboratory / interferes with the experiment / in an animal's behavior

39-40 altering these physiological factors / psychological disorders / have severe depression / to make them feel fulfilled / need to be treated / by making changes / enough physical activity / have the greatest tendency

Dictation 02

Part I

1 who I ran into / Where did you meet him

2 for bothering you / I'm just browsing

3 What are you going to do / I haven't decided yet

4 does it hurt / I sprained my ankle

5 It hurts / I'll try to be gentler

6 who wrote that book / The author's name

7 buying that briefcase / it's made of leather

8 Watch your step / Thanks for the warning.

9 Don't wait for me / I can't go any faster

10 you're driving a new vehicle / I'm not really serious

Part II

11 I'd look good / it's on sale / expensive clothes

12 to walk the dog / Dinner's almost ready / half past seven

13 I'd like to speak with / returning his phone call / have him call

14 musical instrument / on the basketball team / I'm tone-deaf

15 has just taken up / in your free time / how to swim

16 this month's electricity bill / Dispose of the waste / turn on the lights

17 this outfit would look on me / what you think / Care for a cup of coffee

18 What can I do for you / It's landing at seven fifteen / two hours before departure

19 she's going to the museum / As far as I know / to get to see the exhibit

20 picking up my dry cleaning / I can pay you later /

Your clothes weren't ready

Part III

21 a receptionist and a patient / is all booked today / squeeze you in / Setting an appointment time

22 where the theater is / do you know its hours / what movies are playing / how much movies cost

23 wearing a new suit / for special occasions / Thanks for the compliment / The man's outfit

24 a sales clerk and a customer / You can't go wrong / be interested in a watch / for her father's retirement

25 at a grocery store / cost a fortune / all of these canned goods / The selection of foods / he must pay

26 It's having a sale / new pairs of pants / Make it seven thirty / going clothes shopping

27 finish this report / as soon as possible / once I'm done / get some assistance

28 I feel overloaded / finish a lab report / this semester / The amount of work / for his term papers

29 about a woman's sickness / I've come down with a cold / what he prescribes / to buy her some medicine

30 an aunt and a nephew / since the family got together / have not met for years / at a family reunion

Part IV

31 yet can be controlled / to control blood sugar levels / most sufferers develop complications / people can prevent diabetes / that diabetes primarily attacks

32 to continue exploring space / to wipe out all life / the worst possible disaster / make scientific discoveries / need to be able to exploit

33 can easily traverse the country / this system of interconnected roads / who are transporting goods / the interstates were built / Commuting from home to work

34 which are then followed / a period of tremendous growth / an economy posts bigger growth / situation improve dramatically / times of negative growth

35 You have been directed / check your current

account balance / make a suggestion or complaint / who wants to bank online / whose card is missing

36 have been abusing their privileges / after being checked out / remain in the possession / The cost of library fines / lending regulations

Part V

37-38 their twentieth annual reunion / will be in attendance / have yet to be determined / via the contact details / to secure a good location / Getting in touch with / Have a prom

39-40 The first movies produced / wasn't advanced enough / for the lack of sound / began to introduce sound / the same level of success / that allowed for sound / It was exceptional / at exaggerating his movements

Dictation 03

Part I

1 That's not the way / would you recommend

2 my driver's license / be in a lot of trouble

3 borrow your cell phone / but the battery's dead

4 how old you are / in my early thirties

5 lost some weight / I'm going to work out

6 a piece of advice / what I should do

7 what you think of this / to review the material

8 I am positive of / Have you considered

9 from the department store / to get dressed

10 you've ever come up with / I appreciate the compliment

Part II

11 You look horrible / Try this medicine / it works

12 try this jacket on / see how it looks / I'd like to return it

13 get in touch with you / was turned off / dialed the wrong number

14 a couple of days / he's doing so well / take as much time

15 could have stayed / I really enjoyed myself /

in four days

16 to organize these files / as fast as I can / Thanks for having me

17 some interesting news / they were even dating / who was surprised

18 has been on the market / offer medical aid / fairly affordable

19 Take a look at / that always confuses me / my weakest subject

20 still have that magazine / He's working late

Part III

21 find the wool sweaters / I'm not interested in / Find out the availability / Check out the price

22 such a romantic spot / It is rather stunning / setting on the water

23 we can make it home / at the next gas station / to run out of gas / Their current location

24 about a woman's speech / have a copy of it / I appreciate your assistance / The woman has no idea

25 about a woman's appearance / you might notice / You got a perm / about her outfit

26 catch a film with me / meeting after dinner / when you're done / will go to the movies

27 about a man's schedule / that was good for him / Four might work better / with his original suggestion

28 on my English essay / before turning it in / on a school assignment / made several mistakes

29 where the post office is / It hasn't been there / asking for directions / She enjoys traveling

30 in just under an hour / Don't take all day / purchased concert tickets / attending the concert

Part IV

31 look back on the career / to go into retirement / in the field of / during an entire fiscal year / upcoming speech

32 better reasoning skills / how to plan ahead / can be beneficial / to think more critically / play various games

33 public transportation / their existing bus routes / which can entirely avoid traffic / for the numerous cyclists / The relatively cheap prices

34 No one is available / will be with you / is putting on two concerts / can be purchased / They are being performed

35 history's greatest sea disaster / during the final months / the ship was sunk / by the military / It was carrying soldiers

36 are quick to disparage it / they insert into various places / invasive surgical procedures / This includes Western countries / not as effective as surgery

Part V

37-38 is being held / Parking will be limited / with shuttles starting at 9:30 / we'll be having a cookout / to bring side dishes / Describing an upcoming picnic / will be provided / only to company employees

39-40 becoming more flexible / standard nine-to-six shift / This is known as flextime / who take advantage of it / with no financial investment / in charge of complaints / to employee working conditions / must take a pay cut

Dictation 04

Part I

1 want me to drive / just get your license

2 do they hang out / on the rack

3 Haven't we met / You have me confused

4 that is going to work / he's working now

5 is heavily promoting / should become a bestseller

6 to call you back / on the second floor

7 what needs to be done / go for a walk

8 currency exchange rate / It's rated higher

9 a considerable amount of / I momentarily forgot

10 informing me about it / hasn't been very good

Part II

11 How'd you like / could have been better / how boring the film was

12 When are you planning / I'm working overtime /

you can go ahead

13 go on a picnic / take care of / I'll bring the drinks

14 so quiet / to stop talking / Good thinking

15 seem to be defective / for a refund / I'll exchange them

16 That really hurt / I slammed my hand / when you leave

17 Can you believe / from his explanation / when he's gone

18 you're overreacting / Give him a warning

19 on your cell phone / I don't recall / a burger and fries

20 to get my umbrella / weather forecast / it's raining now

Part III

21 flight attendant / We're scheduled to land / to get to our destination / The plane's arrival time

22 to sell our apartment / Where are you moving to / to raise kids / The best suburb

23 swimming lessons / going around the office / That's what I figured / The source of a rumor

24 Are there any advantages / make a decision / is going to be underpaid / to get promoted

25 discuss a food allergy / I'm allergic to fish / I've got no problem

26 There's a mailman / sign for the delivery / it's registered mail / for not picking up

27 make plans for a vacation / My thoughts exactly / prefer to do / They have the same opinion

28 a receptionist and a visitor / go to the elevator / you get off it / in a ten-story building

29 It keeps failing to pair / know a thing or two / an electronic device / is unfamiliar with

30 how much weight / Here's a business card / showing me some ways / belong to the same gym

Part IV

31 various extracurricular activities / more well-rounded individuals / to be formed of students / to get accepted / are varied

32 still managed to go global / as it was called / until it finally ended / to have died from it / has negative effects

33 some rough weather / to return to their seats / went through it / to announce the arrival time

34 The most beloved television shows / a serialized story line / the most demanding / have been airing continuously / regardless of

35 in their pure state / a combination of / several advantages / even be more flexible / what is brass made of

36 didn't have access / could have done / for their accomplishments / are not very impressive / in modern laboratories

Part V

37-38 breaking news report / appears to be heading northeast / All residents are urged / Under no circumstances / calling the electric company / is going to dissipate soon / has already restored power

39-40 untold amounts of human suffering / Vaccines give people immunity / take on a tremendous importance / kill or permanently damage / a matter of time / They can quickly spread / scientific technology

Dictation 05

Part I

1 if you could introduce us / I feel awkward

2 just business as usual / in the conference room

3 to a new department / has submitted a report

4 to fill me in on / filing cabinet

5 I'd like to be informed / I'll make a note

6 must have misunderstood / what you instructed me

7 I've completely forgotten / instruction manual

8 shouldn't have been left / for me to move it

9 as soon as / I've got the envelope

10 hasn't been attempted yet / as far as I know

Part II

11 holding this for me / in that case / It's located

12 take the subway / at the bus stop / See you then

13 I just moved here / I couldn't help you /
I love this neighborhood

14 What did you get Bill / buy him something /
during my lunch hour

15 Is there a vending machine / I appreciate it /
Don't mention it

16 dropped off / repairing it / will cost $10

17 pull into this gas station / Haven't you looked /
The oil is leaking

18 I'd like to purchase / do you take credit cards

19 in charge of this office / let me have /
contact information

20 purchasing a new car / be able to save money /
not very believable

Part III

21 to have much energy / It may be stress /
didn't do me any good / physical condition

22 get something to eat / I'm in the mood for /
what each of us wants / How tired the man is

23 I meant to go / to finish a project / What kind of
overtime / at the man's workplace

24 to bring my purse / to pay for that / purchase the
computer / no longer

25 shouldn't have criticized / before you speak /
He got in a fight / He told her colleagues

26 interesting awards ceremony / I'm very proud of
him / make sure / gets tired of

27 What are your plans / if I tag along / at their
respective houses / with a number of people

28 make a deal / won't make a profit / are
negotiating a contract / with lowering the price

29 you could lend me / you can't even afford /
budgeting your money / public transportation

30 what's been bothering you / not to let anyone
know / has a good relationship / are dating each
other

Part IV

31 make paper books obsolete / ever entirely
replace books / you can't leave notes / are still
bound to tradition / offer many conveniences

32 their myriad colorful fish / for countless species /
increase the diversity / which often cannot

maneuver well / provide protection

33 Thanks to the invention / in a matter of minutes /
require specialized knowledge / may take hours
to run / People do less work now

34 responsible for causing autism /
real breakthrough / to solve the mystery /
that contributes to autism / They are hopeful of

35 began constructing buildings / extremely high
structures / the most crucial invention /
are made entirely of steel / The skyscraper was
invented

36 how special your children are / they're our very
own / will be safe and sound / all throughout the
day / charges expensive rates

Part V

37-38 at a different location / the most successful
one / to welcome our guests / if they are
obviously tourists / I'm counting on your
support / by private businesses / To show
common courtesy

39-40 that may strike without warning / Caused by
an underwater disturbance / Prior to making
landfall / as high as 30 meters / how deadly
they can be / underwater earthquake /
because of manmade events

Dictation 06

Part I

1 in a couple of hours / You're always late

2 What's your honest opinion / adequate work

3 get some free time / I'm going to be available

4 in just a second / Traffic is backed up

5 with this analysis / What will we examine

6 what she's been up to / but I can't find it

7 is calling for rain / to bring your umbrella

8 I have figured out / is going to continue

9 has me totally confused / You can fill me in

10 Our flight leaves / in the suburbs

Part II

11 making all that noise / how annoying it is / I guess not

12 I just woke up / Today's date / It totally slipped my mind

13 I've got enough mileage / any recommendations / somewhere exotic

14 being produced / I agree completely

15 along with the calculator / as long as you like / you can't borrow it

16 I ordered Chinese food / running around / did the food cost

17 How do you like / got tired of / You look good

18 have a chat with him / if you complain enough / talking with you

19 renting an apartment / Are there any available / I've got several places

20 my passport has expired / the nearest government office / looking forward to the trip

Part III

21 I'd love to ride / I'm afraid of heights / we both enjoy doing / the amusement park is

22 I got offered a job / a pretty good salary / to consider it / Boasting about the benefits

23 man's academic advisor / that he's already gone / I totally regret the choice / How to change advisors

24 I'm having trouble / to turn off your modem / plug it back in / Remove the cable

25 being in the first grade / she's kind of shy / outgoing and active / very talkative

26 I've got to move / I'm getting transferred / moving company / to pay for her moving expenses

27 traffic congestion / what the holdup is / there's an accident / taking a detour

28 I'm short of money / in the last three months / might not let her stay / about financial matters

29 darks and lights / might run together / washing machine / to pick up his laundry

30 discuss a menu / Why can't you decide / make up your mind / very impatient

Part IV

31 you've undoubtedly noticed / without the use of pesticides / more nutritious / to limit their popularity / vegetable sections

32 Despite usually being open-minded / completely alien / dislikes the culture / How to overcome / feel suspicious of

33 In the months of / who appreciate the time off / recharge their batteries / Which is mentioned / Go to conferences

34 along with a light drizzle / with temperatures / heavy downpour is expected / if you go for a stroll / the skies will be overcast / there will be no need

35 lead very active lives / there is a preponderance / with the nutrients / more overweight people / to keep in shape

36 at the opening ceremony / take the opportunity / rather educational / at the employees' workplace / are not interested in

Part V

37-38 no garbage collection service / preferably on your balcony / dispose of your waste / The lone exception / the strike will be over / will permanently stop / relies on outside agencies / due to low worker salaries

39-40 performed on them / which is generally delivered / a certain quantity of alcohol / to alleviate the pain / were often satisfied with / when undergoing surgery / Recipients lose awareness / feelings of great relaxation